북한의 남한연구 (상)

현황과 인과적 특성

이 저서는 2008년 정부(교육과학기술부)의 재원으로 한국학술진흥재단의 지원을
받아 수행된 연구임(KRF-2008-322-B00003)

북한의 남한연구 (상) – 현황과 인과적 특성

초판 1쇄 발행 2010년 12월 30일

편저자 강성윤
펴낸이 윤관백
펴낸곳 선인
편 집 이경남 · 장인자 · 김민희 · 하초롱 · 소성순 · 주명규
표 지 김현진
제 작 김지학
영 업 이주하

등록 제5-77호(1998.11.4)
주소 서울시 마포구 마포동 324-1 곳마루빌딩 1층
전화 02)718-6252 / 6257
팩스 02)718-6253
E-mail sunin72@chol.com

정가 · 29,000원
ISBN 978-89-5933-165-9(set)
      978-89-5933-412-4 94900

· 저자와 협의에 의해 인지 생략.
· 잘못된 책은 바꿔 드립니다.

북한의 남한연구 (상)

현황과 인과적 특성

강성윤 편저

머리말

2008년 9월 1일 북한의 조선사회과학자협회 현대사분과가 집필 발간한 『력사과학(부록 5)』에 "남조선학자들이 ≪북한학≫을 설정하고 왜곡된 견해를 주장하고 있는데 대하여 론함"이라는 글을 통하여 우리사회에서 북한연구자들의 연구 활동에 대하여 그들의 관점에서 평가를 하였다. 이처럼 북한이 자신들에 대한 연구현황에 관심을 갖게 될 만큼 그간 북한에 대한 많은 연구가 진행되었고 괄목한 만한 성과도 도출되었으며 학문의 대상으로까지 발전하여 북한학으로 자리매김하기에 이르렀다. 그러나 이러한 연구의 대부분이 북한이 사회 각 분야의 제 현상을 분석한 학문적 또는 정책적 연구 일변도라는 특징을 지니고 있다.

예컨대, 북한의 ≪남한학≫, 북한에서 진행된 남한연구가 북한연구 대상에서 소외되어 왔다.

그러므로 북한이 남한사회에 대하여 어떻게 인식하고 평가하고 있는가라는 문제의식에서 북한에서 진행된 남한연구에 대한 기초적인 실태조차 파악하지 못하고 있는 것이 현실이다. 물론 정책적 필요에 의하여 북한의 대남정책을 분석하고 대응 정책을 개발하는 목적에서 일부 연구가 진행되었지만 그것으로 북한에서 행하여진 남한에 대한 연구가 어느 분야에서 누구에 의하여 무엇이 어떻게 연구되었는지를 총체적으로 이해하는 데는 한계가 있는 것이다.

이러한 북한에서의 남한연구에 대한 연구는 학문적 차원에서 북한연구의 이론적 체계확립을 위하여서도 필요할 뿐만 아니라 남북간의 사회문화통합, 학술교류 및 정책적 차원에서도 요구되는 연구인 것이다. 북한에서 남한연구가 한결같이 자신들의 체제 선전을 위한 수단이란 특성을 지니고 있기 때문에 학문적 관점에서 평가하는 데는 한계성을 지니고 있다. 그러나 북한에서 진행된 우리사회연구에 대한 체계적인 실태파악과 정리분석이 1차적으로 필요하며 이를 토대로 우리 사회에 대한 인식과 평가에 대한 실증적 연구가 북한연구의 또 하나의 축이라 하겠다. 그럼에도 불구하고 그간 북한의 ≪남한학≫에 대한 연구를 진행하지 못한데 에는 무엇보다도 자료수집에서부터 작업의 방대함과 그에 수반된 많은 연구역량의 필요 때문이었다. 이러한 상황에서 한국연구재단(구 한국학술진흥재단)의 기초연구과제의 지원을 받아 "북한의 남한연구(1948~2008)DB구축과 인과메커니즘 유형화"란 주제로 연구를 진행하게 되었다.

　따라서 북한에서 정기적으로 발간된 각종자료에 수록된 남한관련 연구논문 및 평론, 해설 등의 자료를 수집하여 DB를 구축, 분석하였다. 국내 각급기관이 소장한 자료는 물론 해외대학 및 연구기관과 각급 도서관에 대한 방문 수집과 해외 연구자들의 개인소장자료까지 협조를 받아 수집하였으나 자료의 특성상 전량 수집하는 데는 한계가 있었다. 분석대상으로 선정한 자료는 학술논문(김일성종합대학 학보, 사회과학원의 각 분야별 논문집)을 비롯하여 전문지(근로자, 남조선연구 등)를 중심으로 수집 분류하였다. 물론 북한체제의 특성상 한결같이 남한을 비판 비방하는 부정적인 내용으로 되어있으나, 연구목적에 따라 무엇이 주 연구대상이고 남한 사회에 대한 인식과 비판 논리를 분석하여 인과메커니즘을 규명하는데 중점을 두고 연구를 진행하였다. 이러한 연구는 김동한, 진유정, 전미영, 이미란(이상 전임교수)과 공동연구원으로 이주철(KBS), 이종국(동북아역사재단), 김용현(동국대), 한정미(통일부)가 참여하여 총 8명이 각기의 전공분야에 따라 분담하여 연구를 진행하였으며 전임교수들에 의하여 수집된 자료는 분류되었다. 분류된 자료는 연구보조원(안석룡, 한승대, 한승호, 권태상, 조민, 박수현, 김유리, 김성진, 김보람 등 북한학과 대학원 및 학부생)에 의하여 기초 DB 작업이 이루어졌다. 아울러 연구기간중 2회(2009.4.15/2010.4.23)에 걸쳐 공개 학술회의를 통하여 연구자들의 검증을 받아 보완하였으며 수차에 걸친 국내외 전문가들로부터 자문을 받았다.

이러한 과정을 통하여 진행된 연구결과를 『북한의 남한연구』(상, 하)권으로 나눠 출판하였다. 상권에는 북한의 남한연구에 대한 분석 결과를 수록하였으며, 하권은 향후 연구자들에게 도움을 주기 위하여 수집된 자료를 분야별로 정리하여 발간하였다. 이러한 자료는 DB화하여 CD에 수록 제작하였고, 북한학연구소 홈페이지를 통하여 연구자들에게 제공할 계획이다.

이러한 연구가 성공적으로 진행되고 결과물이 출판되기까지는 한국학술진흥재단(한국연구재단)의 재정적 지원이 있었음에 가능하였고, 이에 깊은 감사를 드린다. 아울러 자료수집에 적극적으로 협력하여준 국내외 관계기관 및 학연을 맺고 있는 해외의 동료 연구자들에게도 감사의 마음을 표한다. 특히 연구 기획에서부터 출판에 이르기까지 헌신적인 노력을 기울인 연구교수 전미영 박사와 자료 정리작업을 총괄한 박사과정의 안석룡 군, 연구지원을 담당한 이종민 군의 노고가 오늘의 성과를 이룰 수 있게 하였음을 밝힌다.

끝으로 수요가 한정된 북한관련 연구서임에도 불구하고 출판을 선뜻 맡아줌으로써 이 연구를 완성시키어준 도서출판 선인의 윤관백 사장께도 감사를 드린다.

2010년 12월
편저자 강성윤

차례

북한의 남한연구에 대한 유형화시론

인과메커니즘적 관점에서

강 성 윤*

Ⅰ. 머리말

우리 사회에서 북한에 대한 연구는 정책적 요구로부터 출발하여 학문의 대상으로까지 발전하기에 이르러 그간 많은 연구가 진행되었고 괄목할 만한 성과도 도출되었다. 그러나 이러한 연구의 대부분이 북한의 정치, 경제, 사회 등 각 분야의 제 현상을 대상으로 분석한 학문적 또는 정책적 연구 일변도라는 특징을 지니고 있다.

즉, 의도적이던 아니던 간에 '북한이 행한 남한연구'는 연구대상에서 소외되어 왔다. 따라서 북한이 남한사회에 대하여 어떻게 인식하고 평가하고 있는가라는 시각에서, 즉 북한에서 진행된 남한연구에 대한 체계적인 연구는 전무한 상황이며, 더욱이 북한에서 진행된 남한연구에 대한 기초적인 실태조차 파악하지 못하고 있는 것이 현실이다. 물론 정책적 차원에서 북한의 대남정책을 분석하고 대응정책을 개발하려는 목적에서 일부 연구가 진행되었지만 그것으로 북한에서 행하여진 남한에 대한 연구가 어느 분야에서 무엇이 어떻

---

* 동국대학교 북한학과 교수

게 연구되었는지를 총체적으로 이해하는 데는 한계가 있는 것이다.

이러한 북한에서의 남한연구에 대한 연구는 학문적 차원에서 북한연구의 이론적 체계 확립을 위해서도 필요할 뿐만 아니라 남북한의 사회문화통합, 학술교류 및 정책적 차원에서도 요구되는 연구인 것이다. 따라서 북한에서 진행된 남한연구에 대한 체계적인 실태 파악과 정리 분석이 1차적으로 필요하며 이를 토대로 남한에 대한 인식과 평가 등에 대한 실증적인 연구가 북한연구의 또 하나의 축이라 하겠다.

그러므로 본 연구는 북한의 남한연구에 대한 연구의 일환으로 북한에서 진행된 남한연구결과물을 수집 정리하여 데이터베이스를 구축하고 연구주제에 대한 계량 분석을 하였다. 이러한 분석을 통하여 북한의 남한연구를 인과메커니즘적 관점에서 유형화하는 것에 목적을 두고 진행되었다. 따라서 기초적인 연구현황을 파악하기 위하여 주제에 대한 분야별 분류와 시기별 추이를 비롯하여 평면적인 분석을 통하여 특징을 도출하였고, 기초 분석자료를 중심으로 다면 분석을 통하여 북한의 남한연구에 대한 인과메커니즘의 규명을 시도하였고 유형화하였다.

한편 연구자료는 북한에서 진행된 남한연구물의 내용에 대하여 형식 논리상으로 학술적, 정책적인 연구를 비롯하여 선전선동 및 대남비방 등으로 분류할 수 있으나 실제적으로는 엄밀하게 그 경계를 구분하는 데 한계성을 지니고 있다. 이러한 한계성을 극복하여 연구물을 선별하는 방안의 하나로 전문학술지와 단행본을 분석 대상으로 설정하였다. 전문학술지로서는 『김일성종합대학학보』(이하 『김대학보』)를 비롯하여 사회과학원의 학술지 등 총 8종[1]을 모집단으

---

1) 『김일성종합대학학보』, 『경제연구』, 『철학연구』, 『력사과학』, 『사회과학』, 『조선어문』, 『사회과학원학보』, 『정치법률연구』에 한정하였다. 이외에 수집된 부정기적인 각종 논문집은 분석 대상에서 제외하였다.

로 선정하였으며, 단행본의 경우는 남한의 사회 각 분야에 대한 연
구 분석서를 대상으로 하였다. 물론 북한에서 남한에 대한 연구물
은 본 연구에서 대상으로 선정한 학술논문집 이외에도 많이 있으며
『남조선문제』,『근로자』등 이론 잡지들이 있으나 자료의 체계적 수
집의 한계성과 유형화의 시론적 연구라는 점에서 제외하였음을 밝
힌다.

II. 북한의 남한연구 실태: 조사 방법

북한에서 발행되고 있는 간행물에는 양(빈도)과 질(연구, 선전선
동, 비방)의 차이는 있지만 남한에 관한 내용이 게재된 출판물이 다
양하게 출판되고 있다. 그러나 본 연구에서는 학술기관에서 발간하
는 학술지를 분석 대상으로 선정하였기 때문에 『남조선문제』[2]라는
남한문제를 전문적으로 다루는 전문서가 월간으로 발행되기도 하였
지만 제외하였다. 물론 분석 대상으로 선정한 학술지 외에도 부정
기적으로 발행되는 각종 학술논문집을 비롯하여 『남조선 문제 논문
집』[3]과 같은 남한문제를 연구한 전문 논문집들이 있지만 분석 대상
에 포함하지 않았다. 그러나 단행본의 경우는 일반논문과 차별성을
지니고 있다는 점에서 남한에 관한 문제를 주제로 발행한 단행본을

---

2) 『남조선문제』는 1964년 3월에 종합이론잡지로서 창간되어 1988년(누계
   264호)까지 발간된 것으로 남한문제를 종합적으로 다룬 이론잡지라는 성
   격을 지니고 있으며 후속 연구에서 분석 대상에 포함할 계획이다. 한편
   『근로자』도 조선로동당 중앙위원회에 발간하는 정치이론기관잡지로서
   월간으로 발간되고 있으며 한때(1949~1950)는 반월간으로 발간되기도 하
   였다. 근로자의 경우에도 『조국통일문제』,『남조선문제』라는 논설란을
   만들어 거의 고정적으로 매월 발표하고 있으며『남조선문제』와 같이 후
   속 연구에서 분석할 것이다.
3) 『남조선 문제 논문집』(평양: 남조선문제 출판사, 1965).

분석 대상에 포함하였다.

1. 분석 대상의 선정과 현황

북한에서 남한을 연구한 연구물은 발행주체와 내용과 형식 등을 종합하여 3가지로 대별할 수가 있다. 이러한 구별이 모든 내용이 남한을 비판한다는 공통점을 지니고 있다는 점에서 무의미할런지는 모르지만 그중에서도 비교적 연구라는 틀을 갖추고 있는 것은 연구기관에서 발간한 학술지와 일부 단행본이라 하겠다. 따라서 분석 대상으로 선정한 연구물들에 대한 발간 실태를 우선 살펴보고자 한다.

『김대학보』의 경우 1956년 6월에 창간호가 발간된 이후 2009년 현재 통권 427호가 발간되었다. 시기에 따라 사회과학편 또는 네 가지(철학/력사·법학/경제학/어문학)로 학문 분야를 묶어 발간하다가 1998년부터는 철학 경제학/력사 법학/어문학 등 3개 분야로 나누어 발행하고 있다. 특히 1964년 4호(통권 21호)는 남한에 대한 연구논문만을 게재한 남조선연구편으로 발간하기도 하였다.

한편 북한의 대표적인 학술기관인 과학원의 산하연구소에서 학술논문집을 발간하기 시작한 것은 1955년 력사연구소에서 『력사과학』을 발간한데 이어 조선언어문학연구소에서 1956년 2월에 『조선어문』을 발간하였고 동년 4월에 경제법학연구소에서 『경제연구』를 발간하였다.[4] 당시 경제법학연구소에서 『법학연구』도 발간하였으나 정기적이지 못하여 제외하였다. 『철학연구』는 1962년 4월에 이르러 창간되었다.

좀 더 구체적으로 살펴보면 『철학연구』, 『경제연구』, 『조선어문』,

---

[4] 사회과학원출판사 편, 『조선민주주의인민공화국 과학원의 연혁(1953~1957)』 (평양: 과학원출판사, 1957), 60~90쪽.

『력사과학』이 1967년 또는 1968년 발간이 중단되었다가 1973년부터 1986년까지 『사회과학』으로 통합되어 발간되었다. 따라서 『사회과학』은 1973년 1호가 발간된 이래 1986년까지 76호가 발간되고 폐간되었다. 이처럼 학술논문집의 발간이 장기간 중단되고 이후 통합 발간된 것은 1967년 5·25교시라는 북한판 문화혁명에 의한 조치라 하겠다. 그 후 1986년에 이르러 다시 원상으로 회복되어 『철학연구』, 『경제연구』, 『조선어문』 이름으로 복간되어 발간되었다.[5] 2009년 현재 『경제연구』는 통권 143호, 『철학연구』는 통권 116호, 『력사과학』은 200호, 『조선어문』은 153호가 발간되었다.

『조선문학』은 문예물이 중심을 이루고 있기 때문에 분석 대상에서 제외하였지만 북한정권이 공식적으로 수립되기 이전인 1947년 4월에 발간되기 시작하여 한때 『문학예술』로 개칭되었다가 다시 『조선문학』으로 발간되고 있다.

인문과학을 포함한 사회과학 분야의 연구기관을 총괄하는 사회과학원이 1994년부터 발간된 것으로 추정되는 『사회과학원학보』(년 4회, 2009년 현재 64호)와 정치학과 법률학부분의 학술지로 2003년부터 발간되기 시작하여 2009년 현재 26호까지 발간된 『정치법률연구』를 추가하였으며 이상의 내용을 정리하면 〈표 1〉과 같다.

한편, 본 연구에서 수집 분석된 단행본의 경우를 보면, 남한이 정권수립을 선포하기 직전인 1948년 7월 20일자로 발행된 『남조선의 문학예술』[6]을 시작으로 2008년 『사라져야 할 악법』에 이르기까지 총 225권을 수집하여 분석 표본으로 활용하였다.

---

5) 『력사과학』은 1976년에 속간되었음.
6) 오장환, 『남조선의 문학예술』(평양: 국립조선인민출판사, 1948).

〈표 1〉 분석 대상 학술지 발간현황

년도	김대학보	경제연구	철학연구	조선어문	력사과학	사회과학원학보	정치법률연구
1956	1956년 6월 창간 (통권 3호 제외하고 자연과학/ 사회과학으로 분리)	1956년 4월 창간		1956년 2월 창간 / 1960년 6호 (30호)까지	1955년 창간		
1961				『조선어학』 1961년 통권 31호~1965년 통권 52호 / 문학연구			
1962			1962년 4월 창간				
1964	1964년부터 세부 분야별로 발행						
1966							
1967		1967년 4호 (통권 51호) 중단	1967년 4호 (통권 25호) 중단	『어문연구』 1966년(통권 53호) ~ 1968년 (통권 61호) 중단			
1968					분기별 발간		
1973		『사회과학』 발행 1973년 창간호~1986년 통권 76호 (경제연구, 철학연구, 조선어문, 력사과학을 통합하여 발행)					
1976							
1982							
1986	『사회과학』 통합본						
1988					1976년 통권 77호 속간		
1991	『사회과학』 내 철학/력사법학/경제학 /어문학으로 분류	1986년 통권 52호 속간	1986년 통권 26호 속간	1986년 『조선어문』 통권 62호 속간		1994년 창간	
1994	위의 4가지 분류로 분리 발행						
1998	철학경제학/력사법학/ 어문학으로 분리 발행						2003년 창간
2009 현재	통권 427호	통권 143호	통권 116호	통권 149호	통권 207호	64호	26호

2. 남한연구논문 실태

현재(2009.6)까지 수집된 자료에서 본 연구에서 분석 대상으로 한 논문집에 수록된 남한과 관련된 연구논문은 695편이며 단행본 225권으로 총 920편[7]의 자료를 표본으로 하여 분석하였다. 물론 남한을 직접 연구주제화하여 거론하지 않았더라도 남한체제와 관련된 자본주의체제의 특징을 주제로 설정한 논문도 포괄적인 의미에서 남한연구에 포함하였다. 이러한 원칙에 따라 수집한 자료를 정리한 결과 『김대학보』에서 277편, 『경제연구』에서 203편, 『철학연구』에서 58편, 『력사과학』에서 64편, 『사회과학』에서 32편, 『조선어문』에서 13편, 『정치법률연구』에서 38편, 『사회과학원학보』에서 10편의 남한 관련 논문이 표본으로 조사되었다.

조사대상의 모집단으로 선정한 모든 학술지를 창간호부터 2009년 현재까지 모두 수집하여 분석하는 것은 현실적으로 불가능한 작업이다. 자료를 소장하고 있다고 판단되는 국내 소장처는 물론 북한을 제외한 일본, 중국, 러시아 등의 해외 연구기관 및 각급 도서관을 직접 방문하여 조사하였으나 어디에도 완벽하게 소장하고 있는 소장처가 없기 때문에 〈표 2〉에서 보는 바와 같이 수집을 하지 못한 부분이 있다. 따라서 결호에 대한 남한연구논문을 파악하지 못하였으나 조사된 695편의 논문과 단행본 225권으로 북한에서 이루어진 남한연구의 특징을 분석하는 1차 연구자료로서 가능하다고 판단하였다. 그러므로 조사된 자료 『남조선문제』와 『근로자』[8]를 본

---

7) 본 연구의 표본으로 설정한 920편의 논문과 단행본 목록을 지면의 형편상 첨부치 못하였으나 필요한 연구자들이 필자에 요청하면 파일을 제공할 것임.

8) 『남조선문제』에서 조사(1965.1~1988.4)된 남한연구논문은 총 2,497편이며 『근로자』의 경우(1946~2006)는 총 684편으로 조사되었으나 본 연구의 후속 연구에서 종합적으로 분석할 계획임.

연구에서 제외하였다.

이외에도 본 연구를 위한 자료 수집과정에서 『경제론문집』(1975, 1977, 1980, 1983, 1984), 『법학론문집』(1955, 1958, 1960, 1961, 1975, 1980), 『사회과학론문집』(1966, 1981, 1982, 1983, 1984), 『력사과학론 문집』(1957, 1958, 1959, 1960, 1961, 1973, 1975, 1978, 1984, 1987, 1988, 1995), 『김일성종합대학 학술론문집』(사회과학편, 1956), 『김일 성종합대학 창립15주년기념론문집』(1964) 등을 비롯한 많은 자료가 수집되었으나 체계적으로 수집하는 것이 불가능하여 표본의 적실성 을 유지한다는 의미에서 분석에 포함하지 않았다.

〈표 2〉 분석 대상 논문수집현황

간행물명	수집자료 보유 년도	미보유 분	남한논문 편수	검토 저널 수
김대학보	창간호(1956)~ 2009(누계 427호)	1959년 5호(불확실), 1958년 12월, 1962년(16~17), 1964년 7호(24), 1964년 10호(27), 1965년 1호(30), ?(37~148), ?(152~166), ?(168~169), ?(171~186), 1996년 42권(268),	277	277
경제연구	창간호(1956)~2009.2호		205	142
철학연구	창간호(1962)~2009.2호	1963년 4호(8), (24~25)	59	115
력사과학	창간호(1955)~2009.2호	1967~1976(75~76)	69	217
사회과학	1976.1호~1986.3호	(누계 1~13)	32	63
조선어문	창간호~2009년 2호	~1987년 2호(31~66)	13	123
사회과학원 학보	2000.1호~2009.3호		11	40
정치·법률 연구	창간호(2003)~2009.2호		58	26

한편 단행본의 경우는 남한을 소재로 한 문학작품을 제외하였으며 이러한 맥락에서 『조선문학』에서도 126편이 조사되었으나 분석대상에 포함하지 않았다. 단행본은 학술논문집과 같이 정기적으로 발간되지 않으므로 총 발행도서를 확인할 수가 없으며, 발행목록도 없으므로 자료 수집에 근본적인 한계성을 지니고 있다. 예컨대, 본 연구를 위하여 남한문제에 관한 225권의 단행본을 수집하였지만 그것이 북한에서 연구된 남한 관련 서적의 어느 정도 분량이 되며 대표성이 있는지 가늠하는 것이 불가능하다는 제약점을 지니고 출발한 연구이다.

<표 3> 단행본 수집현황

년대	단행본 수
1948~ 1950년대	오장환, 『남조선의 문학예술』(평양: 국립조선인민출판사, 1948) ; 현호범, 『남조선경제는 어떻게 파괴 예속되었는가』(평양: 조선로동당출판사, 1959) 외 24
1960년대	과학원 경제법학연구소, 『남조선경제의 식민지적성격』(평양: 과학원출판사, 1960) ; 『남조선의 매판자본』(평양: 조국통일사, 1969) 외 32
1970년대	『조국은 반드시 우리 세대에 통일되어야 한다』(평양: 조국통일사, 1970) ; 정성원, 『남조선사회경제제구조』(평양: 조국통일사, 1979) 외 31
1980년대	황한욱, 『미국독점자본주의 해외팽창성과 그 특징』(평양: 과학백과사전출판사, 1980) ; 신상흡, 『미제식민지지배하의 남조선농촌경제제구조』(평양: 백과사전출판사, 1989) 외 41
1990년대	최기완, 『민족통일론의 새로운 전개』(평양: 민중출판사, 1990) ; 홍희담, 정도상, 『남조선작가작품집』(평양: 문학예술종합출판사, 1999) 외 47
2000년대	김일성, 『남조선은 미국의 완전한 식민지이다』(평양: 조선로동당출판사, 2000) ; 김영일, 『사라져야 할 악법』(평양: 평양출판사, 2008) 외 36
년도 불명	『남조선편람4』(조선문제연구소편) 외 1
총계	225

그러나 본 연구는 단행본에 국한한 것이 아니라 논문집을 체계적으로 조사 정리한 자료와 함께 활용하였으므로 수집된 225권의 단행본이 수적으로 적다고 할지라도 논문과 비교하여 단행본의 특성을 도출해낼 수 있는 분석 자료로서 의미를 부여할 수 있다.

아울러 특정 분야에 편중되는 것을 방지하기 위하여 각 분야의 논문집의 비중을 고려하여 선정하였다. 예컨대, 『김대학보』의 경우를 보면 어느 한 분야의 논문집만을 대상으로 한 것이 아니라 3개(철학 경제/력사 법학/어문학)의 분야로 발간되는 모든 논문집을 표본으로 하였으며, 사회과학원에서 발간되는 논문집도 각 분야를 망라함으로서 특정 분야에 편중되는 것을 방지하였다.

III. 남한연구에 대한 주제 분석

본 연구를 위하여 수집된 표본 920편(단행본, 논문)에 대한 연구주제의 특성을 도출하기 위하여 다음과 같이 요인별 분석을 하였다.

첫째, 각 모집단의 연구분야(대상)별 표본 분류

둘째, 연구주제에 대한 학술과 정책연구로의 성격[9]구분

셋째, 연구주제의 범위에 기초한 분류

넷째, 연구의 동인(계기)에 기초한 분류

---

9) 본 연구에서 성격이라 함은 연구의 내용이 학술적인 논리에서 전개되고 있는가 아니면 정책전개를 비롯한 현실의 문제에 초점을 두고 있는가로 양분하여 편의상 학술과 정책으로 구분하고 학술적인 성격의 내용을 다시 학문의 정체성과 이론적 해석으로 세분하였으며, 정책적 연구는 북한의 정책, 현실합리화와 남한의 정책, 현실비판을 포괄하는 의미로 분류하였다.

1. 각 모집단의 연구분야(대상)별 표본 분류

북한이 남한의 어떤 분야와 문제에 연구를 진행하였는가를 파악
하기 위하여 표본을 간행물별로 수록된 연구주제에 대한 분석하였
다. 그 결과를 4개 분야로 대 분류하여 볼 때 정치 분야는 법·제도,
국내정치, 국제관계, 군사, 통일문제 등을 주 연구대상으로 하고 있
으며, 경제 분야는 경제체제, 거시경제, 부분경제로 구분할 수 있다.
또한 사회 분야는 사회문제와 사회운동, 교육, 사상, 역사로 분류할
수 있으며, 끝으로 문화, 문학, 예술, 언어를 연구대상으로 한 문화
예술 분야로 분류하여 보면 〈표 4〉와 같다.

북한의 남한연구에서 경제 분야가 40.21%를 차지하고 있으며 그
중에서도 경제체제와 관련된 연구가 전체의 20.54%에 이르고 있다.
그 다음으로 북한의 관심사항은 정치 분야의 통일문제로 14.78%이
며, 경제개발, 국민소득, 재정, 금융 등 거시경제에 관한 내용이
13.1% 순이다. 가장 빈도수가 낮은 분야는 문학 예술 분야로 35건
에 3.81%에 불과한 것으로 이러한 현상은 북한에서의 남한연구의
본질에 대한 비판에 있으며, 체제경쟁의 핵심이 경제나 정치 분야
에 있기 때문이라 하겠다. 사회 분야는 전체 남한 관련 연구의
18.04%로 나타났다. 정치 분야는 통일문제, 법 제도, 대외관계, 국
내정치 순으로 표본이 집계되었다.

한편 모집단별로 나타난 특징은 단행본의 경우 통일문제가 단행
본의 39.11%로 가장 많으며 그 다음이 대외관계, 국내정치, 경제체
제 순으로 나타났다.

반면에 북한의 대표적인 학술지인 『김대학보』는 경제 분야가 가
장 많은 연구결과물이 수록되어 있으며 그 다음이 정치 분야, 사회
분야이다. 사회과학원의 각 연구소에서 발행하는 논문집은 논문집
의 성격에 따라 분야가 편중되어 있음으로 의미를 부여할 수 없다.

〈표 4〉 각 모집단의 연구분야(대상)별 표본현황

분야 / 대상 시명		기타 총괄	정치 법제도	정치 국내정치	정치 국제관계	정치 군사	정치 통일문제	경제 경제체제	경제 거시경제	경제 부문경제	사회 사회문제	사회 사회운동	사회 교육	사회 사상	사회 역사	문화,예술 문화예술	문화,예술 문학	문화,예술 예술	언어	총합
단행본	빈도	7	8	19	24	9	88	17	2	3	14	7	4	7	0	4	9	0	3	225
	%	0.76	0.87	2.07	2.61	0.98	9.57	1.85	0.22	0.33	1.52	0.76	0.43	0.76	0	0.43	0.98	0	0.33	24.46
김대학보	빈도	0	61	11	18	0	23	61	47	16	6	3	0	24	1	0	5	1	0	277
	%	0	6.63	1.2	1.96	0	2.5	6.63	5.11	1.74	0.65	0.33	0	2.61	0.11	0	0.54	0.11	0	30.11
경제연구	빈도	0	0	0	0	0	0	98	67	38	0	0	0	0	0	0	0	0	0	203
	%	0	0	0	0	0	0	10.65	7.28	4.13	0	0	0	0	0	0	0	0	0	22.07
철학연구	빈도	0	0	8	1	1	1	0	0	0	0	0	0	46	1	0	0	0	0	58
	%	0	0	0.87	0.11	0.11	0.11	0	0	0	0	0	0	5	0.11	0	0	0	0	6.3
역사과학	빈도	0	0	5	7	0	9	2	2	2	5	20	1	11	0	0	0	0	0	64
	%	0	0	0.54	0.76	0	0.98	0.22	0.22	0.22	0.54	2.17	0.11	1.2	0	0	0	0	0	6.96
사회과학	빈도	0	1	1	3	1	5	10	3	0	0	0	0	8	0	0	0	0	0	32
	%	0	0.11	0.11	0.33	0.11	0.54	1.09	0.33	0	0	0	0	0.87	0	0	0	0	0	3.48
조선어문	빈도	0	0	1	0	0	0	0	0	0	0	0	0	0	0	3	3	2	4	13
	%	0	0	0.11	0	0	0	0	0	0	0	0	0	0	0	0.33	0.33	0.22	0.43	1.41
정치법률연구	빈도	0	19	2	3	0	7	1	0	0	2	0	0	4	0	0	0	0	0	38
	%	0	2.07	0.22	0.33	0	0.76	0.11	0	0	0.22	0	0	0.43	0	0	0	0	0	4.13
사회과학원학보	빈도	0	0	0	3	0	3	0	0	1	0	0	0	2	0	0	0	0	1	10
	%	0	0	0	0.33	0	0.33	0	0	0.11	0	0	0	0.22	0	0	0	0	0.11	1.09
분야별 계	빈도	7	89	47	59	11	136	189	121	60	27	30	5	102	2	7	17	3	8	920
	%	0.76	9.67	5.11	6.41	1.2	14.78	20.54	13.15	6.52	2.93	3.26	0.54	11.09	0.22	0.76	1.85	0.33	0.87	100
총합	빈도	7	342					370			166					35				920
	%	0.76	37.17					40.21			18.04					3.81				100

2. 연구주제에 대한 학술과 정책연구로의 성격구분

북한의 남한연구물을 대별하여 학술적인 것과 정책적인 연구로 나누어 볼 수 있다. 물론 북한에서 남한연구가 선전선동 비판을 비롯한 체제의 시녀로부터 자유로운 순수 학술적인 연구로 존재할 수 있는가는 부정적일 수밖에 없지만 학술적인 주제와 정책적인 주제로 분류할 수는 있다.

예컨대, 「남조선 반동 ≪정치학≫리론」,[10] 「남조선의 반동적 ≪사회학≫리론의 기본 조류」와 같은 논문은 선동·선전적이며 비판적인 수식어가 붙어 있지만 학문성격을 규정짓는 연구로 분류할 수 있다. 모든 논문이나 저서에 비난 내지 적대적인 수식어가 붙어 있는 것은 아니다. 「남조선 사회경제구조」,[11] 「남조선의 문학예술」, 「현대부르죠아경제리론의 특징」[12]과 같이 가치중립적인 제목으로 표기된 논문과 저서도 있다. 학술적인 분류에서도 「남조선경제의 식민지적 예속성과 기형성을 합리화하는 ≪불균형성장론≫의 허황성과 반동성」[13]과 같은 논문은 경제현상에 대한 이론적인 연구로 분류하였다.

한편 정책 관련 사항은 자신들의 정책을 합리화하기 위한 것과 남한의 현실과 정책을 비판 비방하는 데 목적을 두고 있는 것으로 나누어 볼 수 있다.[14] 남한사회에 대한 비판은 다른 어떤 것보다도 대남전략적인 것이라기보다는 북한인민에 대한 자신들의 체제우월

---

10) 리종문, 「남조선 반동 ≪정치학≫리론」, 『남조선문제』 7호(1965).

11) 정성원, 『남조선사회경제구조』(평양: 조국통일사, 1979).

12) 원정표, 「현대부르죠아경제리론의 특징」, 『김일성종합대학학보 - 철학 경제학』 제46권 제4호(2000), 71~76쪽.

13) 정성원, 「남조선경제의 식민지적 예속성과 기형성을 합리화하는 ≪불균형성장론≫의 허황성과 반동성」, 『사회과학』 3호(1986), 48~52쪽.

14) 김득삼, 「일본독점자본의 남조선침투와 그 특징」, 『사회과학』 2호(1985).

성을 선전하는 데 보다 큰 목적을 두고 있다고 본다.

이러한 관점에서 연구주제의 성격을 분석해 보면 〈표 4〉와 같이 학술적 관점에 학문의 정체성이나 이론적인 논리를 동원하여 남한을 비판한 것이 전체의 21.09%에 이른다. 그러나 북한의 남한연구는 학술적인 논리보다는 정책적 차원에서의 연구가 주류를 이루고 있는 것으로 78.91%에 달하며 그중에서도 남한의 정책 내지 현실 상황을 직접적으로 비판하는 내용이 57.07%로 전체 주제의 반을 넘고 있다.

〈표 5〉 연구주제의 성격

구분	성격	빈도	%	계
학술적 연구	학문 정체성	70	7.61	194 / 21.09%
	이론적 해석	124	13.48	
정책적 연구	체제 합리화	201	21.85	726 / 78.91%
	남한비판	525	57.07	
총계		920	100.00	

3. 연구주제의 범위에 기초한 분류

북한의 남한연구에서 연구범위는 당연히 남한이라고 하겠으나, 현실적으로 북한의 시각에서 남한의 문제에 대한 접근은 남한만의 고유한 문제도 있지만 미국과의 문제, 일본과의 문제, 자본주의체제에서 비롯된 문제 등의 크게 4가지 관점에서 남한의 제 현상을 비판하고 있다.

예컨대, 「미제의 남조선 경제침략사」,[15] 「일본다국적기업의 대대적인 침투에 의한 남조선 경제의 예속의 심화」,[16] 「남조선에서 류

---

15) 석두관, 『미제의 남조선 경제침략사』(평양: 김일성종합대학출판사, 1985).

포되고 있는 현대부르죠아철학의 반동적 본질」[17] 등과 같이 남한의 연구주제를 한·미, 한·일, 자본주의 내지 부르죠아와의 관계 속에서 남한의 문제를 다루고 있다.

이러한 구분 아래 북한의 연구주제를 보면 〈표 5〉와 같이 남한의 문제를 자본주의 내지는 제국주의, 부르죠아 등과 관련하여 포괄적으로 비판하는 내용이 50.98%로 과반수를 넘고 있다. 남한이 자본주의체제이므로 자본주의가 지닌 문제점을 비판함으로서 남한에 대한 비판의 효과 증대를 도모하고 있다. 아울러 미·일 제국주의와 연관하여 제국주의에 예속되어 있다는 점을 강조하고 있는 주제가 9.24%에 달하고 있다.

물론 자본주의나 부르죠아 등과 같이 반 사회주의 이데올로기와 관련 없이 남한의 문제를 다룬 주제도 39.78%에 이른다.

〈표 6〉 연구주제의 범위

주제범위	빈도	백분율
남한	366	39.78
한·미	71	7.72
한·일	14	1.52
자본주의·제국주의	469	50.98
총계	920	100.00

4. 연구의 동인(계기)에 기초한 분류

북한이 남한에 대한 연구를 하는 목적은 자명한 것이다. 대남정

---

16) 리순신, 「일본다국적기업의 대대적인 침투에 의한 남조선경제의 예속의 심화」, 『김일성종합대학학보 – 경제학』 제39권 제7호(1993), 54~57쪽.

17) 정동욱, 「남조선에서 류포되고 있는 현대부르죠아 철학의 반동적 본질」, 『철학연구』 3호(1967), 30~38쪽.

책에 활용한다던가 남한체제의 비판을 통하여 북한주민에게 자신들 체제의 우월성을 강조하기 위한 선전·선동활동에 목적을 두고 있다고 하겠다.

그러나 특정한 연구가 구체적으로 왜 진행되었는가라는 물음에 대하여, 즉 각 주제마다 연구의 동인 내지 계기가 무엇인가를 파악함으로서 해답을 얻을 수 있다는 점에서 연구동인에 대한 검토의 필요성이 있는 것이다. 북한이 남한의 특정문제에 대하여 연구를 하게 되는 계기는 크게 두 가지로 나누어 볼 수 있다. 즉 남한요인과 북한요인으로 나누어 볼 수가 있으며 좀 더 구체적으로 남한의 요인을 정책적인 요인과 일반 현상으로, 북한요인도 정책적인 요인과 일반현상으로 분류할 수 있다.

이러한 관점에서 연구의 동인을 분석해 보면 〈표 7〉과 같이 정리할 수 있다.

남한연구의 84.24%가 남한에 연구의 동인이 있지만 그 내용을 좀 더 구체적으로 살펴보면 남한의 정책, 제도와 관련된 주제가 26.63%에 달하고 있다. 예컨대, 「남조선에서 ≪로사협의제도≫와 그 반동성」18)이라던가 『남조선에서 조작된 치안입법의 변천과정과 그 반동적 본질』19)과 같이 남한의 새로운 정책 또는 제도의 시행과 관련하여 즉각적인 비판을 가하는 연구물에서 보듯이 동인으로 자리하고 있다.

반면에 남한보다는 북한이 동인이 되고 있는 주제도 15.76%를 점하고 있으나 그 내용을 보면 북한이 남한과의 비교를 통하여 자신들의 정책에 대한 정당성을 선전하려는 주제가 12.39%를 차지하

---

18) 김명옥, 「남조선에서 ≪로사협의제도≫와 그 반동성」, 『김일성종합대학 학보-력사법학』 제46권 제1호(2000), 73~77쪽.

19) 김규승, 『남조선에서 조작된 치안입법의 변천과정과 그 반동적 본질』(출판사 불명, 1989).

고 있다.

〈표 7〉 연구의 동인

동인	계기	빈도	백분율	계
남한	정책적 요인	245	26.63	775/84.24%
	일반상황	530	57.61	
북한	정책적 요인	114	12.39	145/15.76%
	일반상황	31	3.37	
총합		920	100.00	920/100.00%

Ⅳ. 인과메커니즘 규명을 위한 다면 분석

북한의 남한연구에 대한 인과메커니즘의 규명은 남한연구에 대한 유형화를 위한 선차적 과정이다. 인과메커니즘은 연구의 출발에서부터 결과에 이르기까지의 모든 요인(대상, 성격, 범위, 동인, 목적, 효과(활용)를 동일 공간적 시각에의 분석, 종합되어야 하므로 보다 연구의 적실성을 갖출 수 있다는 판단에서 4가지 관점에서의 조사결과에서 나타난 특성을 중심으로 상관성과 경향성, 지속성을 분석하였다.

1. 상관성

상관관계는 두 개의 특성 간의 관계를 중심으로 검토한 것으로 첫째로 연구의 성격에 대하여 범위와 동인과의 관계를 분석하였으며 둘째로 연구분야(대상)를 주제의 성격, 동인, 범위와 관계를 분석하였다. 이러한 분석결과 백분율은 상관성 정도를 나타내는 것이다.

1) 연구성격과의 상관성

연구의 성격이 학술적이던 정책적인 연구를 불문하고 50.98%가 자본주의, 부르죠아, 제국주의의 문제점을 지적하면서 이와 관련하여 남한을 비판하고 있는 것으로 〈표 8〉과 같이 조사되었다. 즉, 자본주의와 관련된 주제는 현실정책에 대한 비판만이 아니라 학술적인 논리 구조를 갖추어 비판하고 있다. 이에 반하여 남한을 직접적으로 비판하는 연구물도 39.78%에 달하고 있으나 대부분이 정책 내지 현실을 비판하는 내용이며 학술적인 차원에서 논리를 전개한 비판은 3.59%에 불과하였다.

〈표 8〉 주제의 성격과 범위와의 상관관계

성격		범위	남한	한·미	한·일	자본주의	계
학술적	학문 정체성	빈도	16	3	0	51	70
		백분율	1.74	0.33	0	5.54	7.61
	이론적 해석	빈도	17	1	0	106	124
		백분율	1.85	0.11	0	11.52	13.48
정책적	체제 합리화	빈도	181	3	4	13	201
		백분율	19.67	0.33	0.43	1.41	21.84
	체제비판	빈도	152	64	10	299	525
		백분율	16.52	6.96	1.09	32.5	57.07
총합			366	71	14	469	920
			39.78	7.72	1.52	50.98	100.00

한편 연구의 동인과 관련하여 볼 때 전체 연구의 84.24%가 남한 요인이며 그중 57.61%가 현실문제를 주제로 다루고 있지만 26.63%가 정책과 관련된 연구이다. 이러한 현상은 남한의 정권교체에 따

른 새로운 정책 또는 제도를 추진하게 되는 상황과 관련하여 이에
대하여 즉각적인 반응을 나타내고 있는 것이라 하겠다.

〈표 9〉 주제의 성격과 동인과의 상관관계

성격		동인	남한		북한		계
			정책	일반	정책	일반	
학술적	학문 정체성	빈도	8	61	0	1	70
		백분율	0.87	6.63	0	0.11	7.61
	이론적 해석	빈도	22	96	2	4	124
		백분율	2.39	10.43	0.22	0.43	13.47
정책적	체제 합리화	빈도	43	25	110	23	201
		백분율	4.67	2.72	11.96	2.50	21.85
	체제비판	빈도	172	348	2	3	525
		백분율	18.7	37.83	0.22	0.33	57.07
총합		빈도	245	530	114	31	920
		백분율	26.63	57.61	12.39	3.37	100.00

이러한 결과를 종합해 보면 북한의 남한연구는 정책적인 연구가
주류를 이루고 있으며 자본주의와 관련하여 남한을 비판하고 그 동
인을 남한에 두고 있음을 알 수 있다.

2) 연구분야와 대상 중심

북한의 남한연구를 4개 분야로 분류하고 각 분야별 연구대상을
세분하여 17개로 분류한 내용을 3가지의 요인(연구성격, 연구동인,
연구범위)과의 상관성을 분석하였다.

첫째, 연구성격과의 관계

연구주제의 성격별 분류에서 나타난 학술적 연구 194편과 정책적
연구 726편을 연구분야, 대상과 관련하여 보면 〈표 10〉과 같다. 학
술적 연구 중 73편이 사회 분야의 사상과 관련된 문제를 대상으로
하고 있으며 이어 경제체제에 관련된 논문이 70편이었다. 이데올로
기와 경제문제와 관련하여 학술적인 접근 방법을 전개하여 문제점
내지는 비판을 하고 있다. 그러나 경제 분야에서도 거시경제와 부
문경제와 관련된 문제는 학술적인 논리를 전개한 비판보다는 현실
정책, 제도에 중점을 두고 비판하고 있는 것이 특징이다. 군사, 교
육, 사회운동과 관련된 연구물에서는 학술적인 논리를 전개하며 비
판한 내용은 전무하다.

〈표 10〉 연구성격과의 관계

성격	대상		학술 ①	②	정책 ③	④	합계
정치	법 제도	빈도	9	7	3	70	89
		%	0.98	0.76	0.33	7.61	9.67
	국내정치	빈도	3	5	13	26	47
		%	0.33	0.54	1.41	2.83	5.11
	국제관계	빈도	1	2	4	52	59
		%	0.11	0.22	0.43	5.65	6.41
	군사	빈도	0	0	4	7	11
		%	0	0	0.43	0.76	1.2
	통일문제	빈도	0	1	126	9	136
		%	0	0.11	13.70	0.98	14.78
경제	경제체제	빈도	15	55	1	118	189
		%	1.63	5.98	0.11	12.83	20.54
	거시경제	빈도	0	6	1	114	121
		%	0	0.65	0.11	12.39	13.15

			①	②	③	④	총합
	부문경제	빈도	2	0	1	57	60
		%	0.22	0	0.11	6.2	6.52
사회	사회문제	빈도	0	2	4	21	27
		%	0	0.22	0.43	2.28	2.93
	사회운동	빈도	0	0	26	4	30
		%	0	0	2.83	0.43	3.26
	교육	빈도	0	0	0	5	5
		%	0	0	0	0.54	0.54
	사상	빈도	35	38	5	24	102
		%	3.80	4.13	0.54	2.61	11.09
	역사	빈도	0	1	0	1	2
		%	0	011	0	0.11	0.22
문화예술	문화	빈도	1	1	2	3	7
		%	0.11	0.11	0.22	0.33	0.76
	문학	빈도	3	2	6	6	17
		%	0.33	0.22	0.65	0.65	1.85
	예술	빈도	1	1	1	0	3
		%	0.11	0.11	0.11	0	0.33
	언어	빈도	0	3	0	5	8
		%	0	0.33	0	0.54	0.87
총람		빈도	0	0	4	3	7
		%	0	0	0.43	0.33	0.76
총합		빈도	70	124	201	525	920
		%	7.61	13.48	21.85	57.07	100

* 주: ① 학문의 정체성 ② 이론적 해석 ③ 북한 합리화 ④ 남한비판.

한편, 정책적인 논문 분야에서 가장 빈도가 높은 것은 통일문제로서 135편(14.68%)으로 분석된 반면에 학술적 관점에 통일문제를 다루고 있는 논문은 0.11%(1편)에 불과하다. 그 다음으로 경제체제와 관련된 비판논문이 119편(12.94%)에 달하며 이어 거시경제에 해

당하는 115편, 남한의 국내정치문제를 대상으로 한 논문이 73편 순
이었다. 특징적인 사항은 남한의 역사문제와 예술과 관련된 문제가
총 5편으로 북한의 주요 비판대상에서 벗어나 있음을 알 수 있다.
　위 내용을 정리하면, 법 제도－정책, 국내정치－정책, 대외관계－
정책, 통일문제－정책, 경제체제－정책＞학술, 거시경제－정책, 부
분경제－정책, 사회문제－정책, 사회운동－정책, 사상－학술, 문학
－정책, 언어－정책과의 상관성이 높다.

　둘째, 연구동인과의 관계
　북한의 남한연구 주제에 나타난 연구의 동인에서 남한요인이
84.24%(775편)가 나타난 것은 당연한 현상이라 하겠다.
　그러나 나머지 15.76% 중에서 통일문제와 관련해서 북한요인이
12.18%(102편)로 나타났다. 이러한 현상은 통일문제는 자신들의 정
책과 비교라는 맥락에서 자신들 정책의 합리성을 강조하고 남한의
정책이 반통일정책임을 부각시키기 위한 비교방법으로 연구동인을
활용하고 있는 것이라 하겠다.

〈표 11〉 연구동인과의 관계

동인	대상		남한		북한		총합
			정책변화	일반상황	정책변화	일반상황	
정치	법 제도	빈도	30	57	2	0	89
		%	3.26	6.2	0.22	0	9.67
	국내정치	빈도	18	24	2	3	47
		%	1.96	2.61	0.22	0.33	5.11
	대외관계	빈도	32	24	2	1	59
		%	3.48	2.61	0.22	0.33	5.11
	군사	빈도	6	1	3	1	11
		%	0.65	0.11	0.33	0.11	1.2

	통일문제	빈도	17	7	94	18	136
		%	1.85	0.76	10.22	1.96	14.78
경제	경제체제	빈도	46	138	0	5	189
		%	5	15	0	0.54	20.54
	거시경제	빈도	23	98	0	0	121
		%	2.50	10.65	0	0	13.15
	부문경제	빈도	20	40	0	0	60
		%	2.17	4.35	0	0	6.52
사회	사회문제	빈도	8	18	1	0	27
		%	0.87	1.96	0.11	0	2.93
	사회운동	빈도	20	10	0	0	30
		%	2.17	1.09	0	0	3.26
	교육	빈도	3	2	0	0	5
		%	0.33	0.22	0	0	0.54
	사상	빈도	16	84	2	0	102
		%	1.74	9.13	0.22	0	11.09
	역사	빈도	0	2	0	0	2
		%	0	0.22	0	0	0.22
문화 예술	문화	빈도	2	4	0	1	7
		%	0.22	0.43	0	0.11	0.76
	문학	빈도	2	10	5	0	17
		%	0.22	1.09	0.54	0	1.85
	예술	빈도	1	2	0	0	3
		%	0.11	0.22	0	0	0.33
	언어	빈도	1	5	0	2	8
		%	0.11	0.54	0	0.22	0.87
총람		빈도	0	4	3	0	7
		%	0	0.43	0.33	0	0.76
총합		빈도	245	530	114	31	920
		%	26.63	57.61	12.39	3.37	100

연구내용별로 동인과의 상관성 강도를 정리하면 법 제도-남한,
국내정치-남한, 대외관계-남한, 통일문제-북한>남한, 경제체제
-남한, 거시경제-남한, 부분경제-남한, 사회문제-남한, 사회운
동-남한, 사상-남한, 문화-남한, 문학-남한, 언어-남한과의 상
관성이 높은 것으로 나타났다.

셋째, 연구범위와의 관계
북한의 남한연구 주제에서 논의의 범위에서 가장 빈도가 높은 것
은 자본주의문제를 논하면서 남한의 문제를 비판하는 내용이 전체
표본의 과반수를 넘는 50.98%에 달하고 있다. 물론 분야에 따라 빈
도가 낮은 연구대상도 있다. 예컨대, 군사, 언어, 교육, 문화 등의
경우에는 자본주의문제가 전혀 대상으로 다루어지지 않고 있다.

〈표 12〉 연구범위와의 관계

범위	대상		남한	한·미	한·일	자본주의	총합
정치	법 제도	빈도	21	3	3	62	89
		%	2.28	0.33	0.33	6.74	9.67
	국내정치	빈도	29	4	0	14	47
		%	3.15	0.43	0	1.52	5.11
	대외관계	빈도	6	20	5	28	59
		%	0.65	2.17	0.54	3.04	6.41
	군사	빈도	8	3	0	0	11
		%	0.87	0.33	0	0	1.2
	통일문제	빈도	130	2	0	4	136
		%	14.13	0.22	0	0.43	14.78
경제	경제체제	빈도	36	6	0	147	189
		%	3.91	0.65	0	15.98	20.54

	거시경제	빈도	21	14	1	85	121
		%	2.28	1.52	0.11	9.24	13.15
	부문경제	빈도	22	3	0	35	60
		%	2.39	0.33	0	3.8	6.52
사회	사회문제	빈도	15	3	0	9	27
		%	1.63	0.33	0	0.98	2.93
	사회운동	빈도	24	1	4	1	30
		%	2.61	0.11	0.43	0.11	3.26
	교육	빈도	1	4	0	0	5
		%	0.11	0.43	0	0	0.54
	사상	빈도	19	4	1	78	102
		%	2.07	0.43	0.11	8.48	11.09
	역사	빈도	1	0	0	1	2
		%	0.11	0	0	0.11	0.22
문화 예술	문화	빈도	5	2	0	0	7
		%	0.54	0.22	0	0	0.76
	문학	빈도	11	2	0	4	17
		%	1.20	0.22	0	0.43	1.85
	예술	빈도	2	0	0	1	3
		%	0.22	0	0	0.11	0.33
	언어	빈도	8	0	0	0	8
		%	0.87	0	0	0	0.87
총람		빈도	7	0	0	0	7
		%	0.76	0	0	0	0.76
총합		빈도	366	71	14	496	920
		%	39.78	7.72	1.52	50.98	100

자본주의 다음으로 남한(39.78%), 한·미(7.72%), 한·일(1.52%) 순이다. 남한문제는 통일문제에서 전 표본에서 가장 높은 14.13%이다.

연구내용별로 범위와의 상관성을 정리하면, 법 제도-자본주의, 국내정치-남한, 국제관계-자본주의, 통일문제-남한, 경제체제-자본주의, 거시경제-자본주의, 부문경제-자본주의>남한, 사회운동-남한, 사상-자본주의 등이 두드러진 현상으로 나타나고 있다.

2. 경향성

북한의 남한연구에서 어떤 경향성 내지 패턴이 있는가를 파악하기 위하여 앞서 분석한 상관성(연구분야·대상·주제성격)에 제어변수(동인과 범위)를 대입하는 방법을 사용하였다. 경향성을 연구분야·대상별로 분석함에 있어 표본이 총 표본의 5%를 기준점으로 하여 미만은 대상별 분석에서 제외하고 분야별 경향성만을 분석하였다. 따라서 5% 미만 요인에 대하여는 그림에 표시되지 않으므로 백분율의 합이 100%가 되지 않았다. 이러한 기준에 따라 4개 분야와 8개 연구대상에 대한 경향성이 분석되었다.

1) 정치 분야

정치 분야의 총 표본 342개에 대한 경향성 분석을 한 결과는 〈그림 1〉과 같다.

정치 분야의 연구는 90% 이상이 정책적인 연구의 성격을 지니고 있으며 내용은 자연히 북한 합리화(43.86%)와 남한을 비판(47.95%)으로 되어 있다. 이러한 현상을 연구의 동기(계기)와 관련하여 보면 북한이 자신들의 합리화는 북한이 연구의 계기로서 정책의 정당성 또는 사회를 선전하려는 목적을 지니고 있는 것이 일반적인 현상이다. 이에 반하여 남한비판은 남한동인에 의한 것으로 나타나고 있다. 그러나 범위(남한, 한미, 한일, 자본주의)와 관련하여 보면 북한

합리화는 남한이 95.33%로 대부분을 차지하고 있으며, 남한비판은 자본주의와 관련한 비판이 48.17%에 달하고 있는 것이 특징이다.

〈그림 1〉 정치 분야 경향성

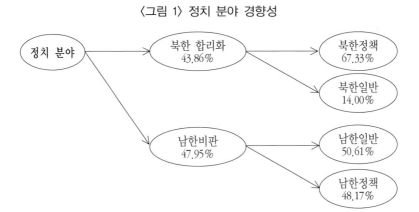

한편 정치 분야에서 총 표본의 5%를 넘는 대상은 법, 제도, 국내 정치, 대외관계, 통일문제로 이에 대한 경향성 분석은 〈그림 2〉와 같다.

연구의 성격과 내용에서 남한비판이 대외관계(88.14%), 법·제도 (78.65%), 국내정치(55.32%) 순으로 나타났다. 그러나 통일문제와 관련해서는 남한이 중심이 아니라 북한 합리화가 92.65%에 달하고 있다. 통일문제에 대하여서는 남한을 직접 비판하는 방식보다는 자 신들 정책의 합리화를 선전하면서 비교의 관점에서 남한의 통일정 책 내지는 방안을 비판하는 방식을 취하고 있다.

따라서 통일문제를 제외한 3개의 분석 대상은 연구동인에서도 통 일문제와 다른 특성을 나타내고 있다. 통일문제가 비교방법을 통한 남한비판이란 특성을 지니고 있다는 점에서 연구의 동인이 자신들 의 정책의 변화라든가 특정상황이 전개될 때를 계기로 하여 통일문 제를 다루는 것에 반하여 법, 제도, 국내정치, 대외관계는 남한의 정책이나 상황이 비판의 출발점이 되고 있다.

〈그림 2〉 정치 분야의 각대상별 경향성(성격-동인)

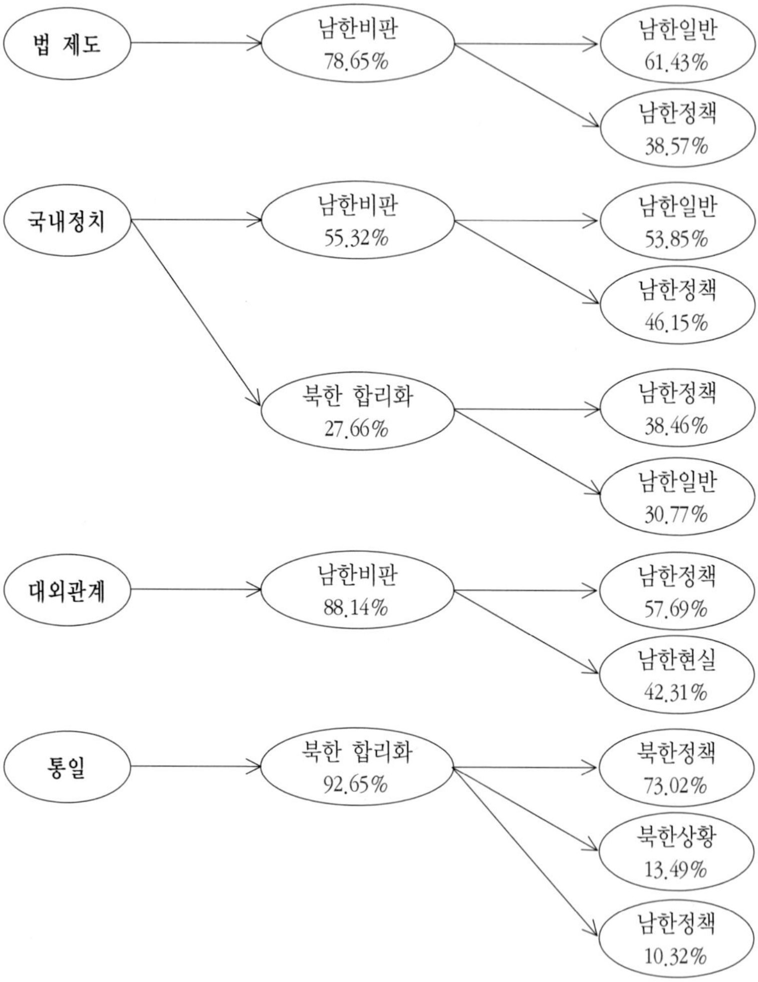

법 제도 → 남한비판 78.65% → 남한일반 61.43%
→ 남한정책 38.57%

국내정치 → 남한비판 55.32% → 남한일반 53.85%
→ 남한정책 46.15%
→ 북한 합리화 27.66% → 남한정책 38.46%
→ 남한일반 30.77%

대외관계 → 남한비판 88.14% → 남한정책 57.69%
→ 남한현실 42.31%

통일 → 북한 합리화 92.65% → 북한정책 73.02%
→ 북한상황 13.49%
→ 남한정책 10.32%

한편 정치 분야 각 대상에 대한 연구성격-범위별 경향성을 보면 〈표 13〉에서 보듯이 법·제도와 대외관계에서 남한비판의 범위를 자본주의 범주 속에서 비판하고 있으며 대외관계에서는 한·미관계가 38.46%를 나타내고 있는 것은 미국에 종속관계임을 부각하는 것에 목적을 두고 있기 때문이라 하겠다.

〈표 13〉 정치 분야의 각대상별 경향성(연구범위)

법·제도	남한비판	자본주의(67.14%), 남한(24.29%)
국내정치 →	남한비판 →	남한(65.38%), 한미(11.54%)
	↘ 북한합리화	
대외관계 →	남한비판 →	자본주의(46.15%), 한미(38.46%)
통일문제 →	북한합리화 →	남한(98.41%)

2) 경제 분야

경제 분야의 총 표본 수는 370개로서 경향 분석의 특징은 〈그림 3〉과 같이 남한의 일반적 상황에 대하여 학술적인 성격의 주제가 20.80%에 이르고 있다. 물론 남한비판이 78.12%를 점하고 있지만 정치 분야에서는 극소수였던 학술적인 성격의 주제가 비교적 많다는 것은 이론적 차원에서 자본주의와 사회주의를 비교하고 논의할 수 있다는 데에서 비롯된 것이라 하겠다.

〈그림 3〉 경제 분야의 경향성

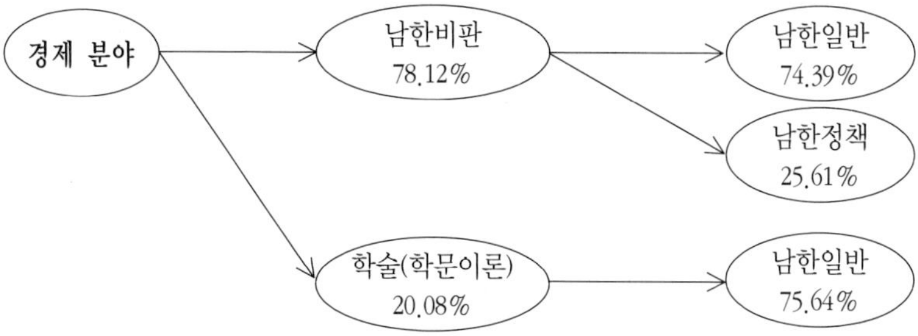

이처럼 정치 분야와 다른 특징을 나타내고 있는 것은 자신의 체제 합리화하는 성격의 주제가 경제 분야에서는 극소수란 점이다. 이러한 현상은 경제 분야에서 북한의 상황이 남한과 비교우위에 있지 못한 현실이 반영된 것으로 해석할 수 있을 것이다. 따라서 연구 동인도 남한요인에 의하여 연구되고 있는 것으로 나타나고 있으며 학술적 성격의 경우에도 남한요인이 75.64%에 달하고 있다.

〈그림 4〉 경제 분야의 각 대상별 경향성(성격-동인)

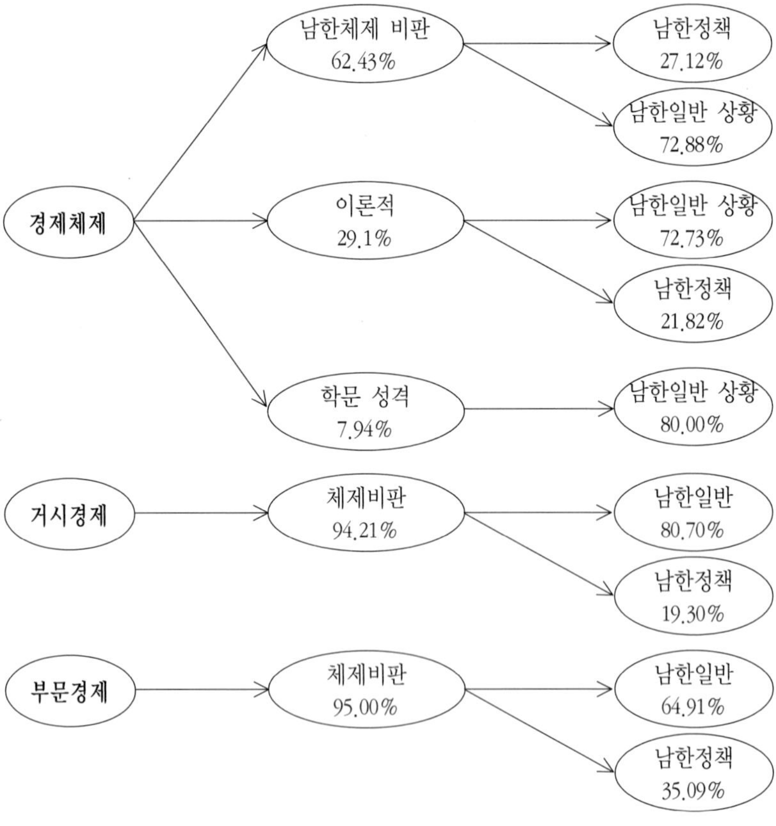

연구범위를 보면 학술적(학문이론) 요인의 92.3%가 남한을 직접
적으로 비판하기보다는 자본주의 또는 제국주의의 문제와 연관하여
다루고 있으며 이러한 현상은 남한을 비판하는 성격의 주제에서도
66.78%가 자본주의문제와 관련하여 비판하고 있다.

한편 경제 분야는 모든 대상의 표본수가 총 표본의 5%를 이상임
으로 3개(경제체제, 거시경제, 부분경제) 대상에 대한 경향성을 검
토하였다. 〈그림 4〉에서 보듯이 남한비판이 부문경제(95.00%), 거
시경제(94.21%), 경제체제(62.43%) 순으로 나타난 바와 같이 부분
경제와 거시경제와 관련된 문제를 대상을 한 연구물은 남한의 정책
이나 현실을 비판한 것이 90% 이상이다. 경제체제와 관련하여 37.04%
가 학술적(학문정체성, 이론적)인 성격을 지니고 있는 것으로 나타
났다. 이러한 현상은 거시경제(4.96%)나 부문경제(3.33%)와 비교할
때 경제체제에서만 나타난 특성이라 하겠다. 또한 정책이나 현실
분석의 성격을 지닌 표본 중에서 자신들의 체제합리화는 3개 대상
에서 각 1편이 조사되었으며, 연구동인을 보면 경제체제, 거시경제,
부분경제를 막론하고 남한비판의 성격을 지닌 표본은 모두가 100.00%
남한요인이라는 공통점을 지니고 있다.

연구범위를 연구대상과 성격과의 관계는 〈표 14〉와 같이 남한에
관한 문제임에도 불구하고 자본주의, 제국주의, 부르죠아 등에 대한
비판과 함께 남한을 비판하고 있다.

〈표 14〉 경제 분야의 각대상별 경향성(연구범위)

╱ 남한비판 → 자본주의(67.8%), 남한(27.12%)	
경제체제 → 이론적 → 자본주의(92.73%), 남한(7.27%)	
╲ 학문적 → 자본주의(100.00%)	
거시경제 → 남한비판 → 자본주의(70.18%)	
부문경제 → 남한비판 → 자본주의(57.89%), 남한(36.84%)	

경제체제의 경우 연구주제의 성격이 학술적인 경우에 이론적인 내용은 92.73%가 자본주의에 관한 문제이며, 학문적인 내용에서는 자본주의가 100.00%를 차지하고 있다. 물론 남한에 대한 비판이 기본적이고 연구범위에서 제외된 것은 아니지만 남한만의 고유한 문제를 범위로 하고 있는 주제가 자본주의에 비하여 상대적으로 적다는 것이다.

3) 사회 분야

사회 분야의 총 표본 166개에 대한 경향 분석을 한 결과는 〈그림 5〉와 같다.

사회 분야는 학술적(학문정체성, 이론전개)인 성격과 정책적(체제합리화, 남한비판)인 성격을 지닌 주제가 비교적 안배되어 있다. 예컨대, 남한비판이 33.13%, 이론전개 24.70%. 학문정체성 21.08%, 체제합리화 21.08%로 구성되어 있다. 다른 분야와는 달리 학술적인 접근을 통하여 남한문제를 비판하는 내용이 상대적으로 높은 비중을 차지하고 있다. 정치 분야에서의 8.19%, 경제 분야의 20.08%보다도 높은 45.78%에 달하고 있다. 연구의 범위를 성격과 관련하여 보면 자본주의문제가 이론에서 87.80% 학문적 성격을 지니고 있는 경우는 68.57%로 나타나고 있다.

사회 분야에서 나타난 현상을 연구동인과 관계를 보면 학술적인 성격이나 정책적인 성격의 주제를 막론하고 절대다수인 98.19%가 남한요인이다. 북한요인은 사회 분야의 표본 166개의 1.81%인 3개에 불과하다. 이러한 현상은 북한이 남한의 사회문제 및 운동, 교육, 사상, 역사문제를 대상으로 하고 있기 때문에 비롯된 결과라고 볼 수 있으며, 사회 분야의 남한문제를 거론함에 있어 자신들과의 비교 방법을 사용하지 않기 때문으로 판단된다.

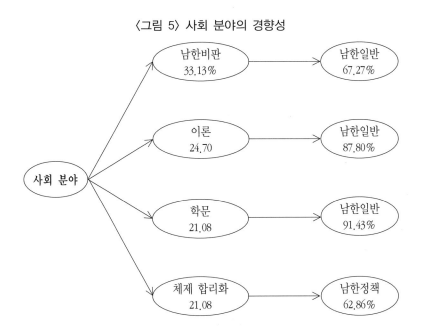

〈그림 5〉 사회 분야의 경향성

사회 분야에서 경향성을 검토하는 기준표본으로 설정한 5%를 넘는 대상은 유일하게 사상과 관련된 주제가 60.84%로서 검토대상이 되었다.

사회 분야의 특징 중에 하나가 학술적 성격의 연구가 45.78%로서 타 분야에 비하여 높은 것이었다. 그러나 사상을 대상으로 한 학술적 연구는 사회 분야의 평균치를 상회하여 71.56%에 달하고 있다. 따라서 이데올로기와 관련된 문제에서 학술적 차원이 아니라 정책적 비판성격을 지니면서 남한의 현실상황의 문제점을 단순히 비판하는 것은 23.53%에 불과하다. 이러한 현상은 타 분야에서는 나타나지 않은 특이한 현상이라 하겠다.

물론 학술적인 성격을 지니고 있다 할지라도 연구의 동인(계기)은 남한요인에 의하여 비롯되고 있다.

〈그림 6〉 사회 분야의 연구대상(사상)에 대한 경향성(성격-동인)

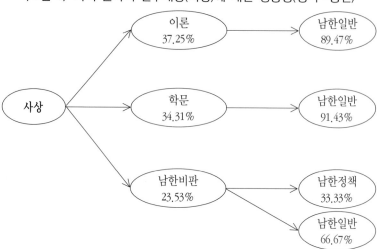

한편 사상문제에 대한 연구범위를 연구의 성격과 관계를 보면 〈표 15〉와 같이 남한의 문제에 한정하여 학술적 또는 정책적 관점에서 비판을 하기보다는 자본주의와 관련하여 남한의 문제를 비판하고 있다. 이러한 현상은 경제 분야에서도 나타나고 있는 것으로 그 이유는 자본주의와 사회주의라는 남북한 간의 체제의 우월성 비교에서 남한의 문제에 국한하는 것보다 자본주의체제의 문제와의 연관 속에서 논하는 것이 보다 효과적이란 판단에 기초한 것이라 하겠다.

〈표 15〉 사회 분야의 연구대상(사상)에 대한 경향성(연구범위)

╱ 이론 → 자본주의(67.58%), 남한(12.20%)
사상 → 학문 → 자본주의(68.57%), 남한(28.57%)
╲ 남한비판 → 자본주의(70.83%), 남한(16.67%)

4) 문화예술 분야

북한의 남한연구에서 문화예술 분야는 경제나 정치 분야보다 연구결과물이 극히 소량이다. 남한을 소재로 한 문학작품을 제외한 결과이기도 하지만 남북한 체제경쟁에서 핵심은 정치, 경제 분야라는 판단이 작용했기 때문으로 볼 수 있다.

그러므로 문화예술 분야는 총 표본의 3.81%에 불과한 35개가 표본으로 분석되었다. 어문학을 별도의 논문집으로 발간하고 있는 『김대학보』의 경우도 남한 관련 논문은 총 6편에 지나지 않는다.

이처럼 절대 표본수가 부족하므로 독자적인 분야로의 분석의미에 의문이 제기될 수 있겠으나 후속 연구를 위한 틀을 제공한다는 의미로 분석을 하면 〈그림 7〉과 같다. 연구성격이 남한비판과 북한합리화가 65.71%에 달하고 있지만 학술적인 형태를 갖춘 연구도 43.29%에 달하고 있다.

〈그림 7〉 문화예술 분야의 경향성

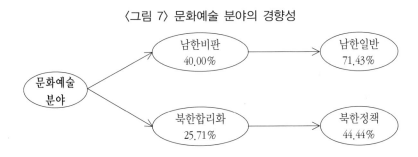

3. 지속성

북한의 남한연구는 시대적인 상황과 환경적인 요인에 따른 변화와 지속을 반복하여 왔다. 이러한 변화와 지속의 문제는 여러 가지 관점에서 분석하여 볼 수 있다. 변화에는 동일주제의 내용상의 변화도 있으며, 지속도 중단과 재개라는 의미도 포함되어 있는 개념이다.

우선 연구대상의 관점에서 보면 정치 분야에서 통일문제가 지속적으로 연구주제가 되어 왔다. 물론 일시적으로 중단(1962~67, 1983~84, 1986~87)된 것처럼 나타나지만 중단되었다기보다는 표본수집의 문제라고 판단하여야 할 것이다. 경제 분야에서의 특징은 부문경제가 1991년 이후부터 지속적으로 논의되었으며 그 이전에는 간헐적(1958, 1962~65, 1979~80)으로 연구대상이 되었던 것이다. 그러나 경제체제에 관한 문제는 1959년 이래 지속성을 띠고 있으며, 사회 분야에서는 사상문제가 비교적 지속적으로 대상이 되어왔다. 문화예술 분야는 지속성을 분석할 수 있는 표본 수(35)가 되지 못하므로 생략하였다.

한편 주제의 관점에서 볼 때 변화된 부분이 있는가 하면 전혀 변화되지 않고 지속되어온 연구주제가 있음을 발견할 수 있다.

우선 연구주제의 변화는 대남정책과 남북관계에서 나타났다. 1960년대에 북한의 대남전략의 핵심은 남조선혁명론이었다. 따라서 남한연구의 상당부분이 남조선혁명과 관련된 주제였다. 예컨대, 남조선혁명과 학생운동(로동운동, 농민문제, 반미구국전선, 인테리의 역할 등)과 같은 주제의 글들이 빈번이 발표되었으나 70년대 중반에 접어들면서 급격히 감소되었고 찾아보기가 힘들게 되었다.[20] 이러한 현상은 남조선혁명론이 남한에서 현실적으로 생명력을 다했기 때문에 나타난 결과로 볼 수 있다.

또한 남북관계가 정상회담을 비롯한 대화의 국면에 접어들면서

---

20) 『근로자』의 경우 1971년 이후 남조선혁명을 주제로 한 글을 찾아 볼 수가 없으며, 『남조선문제』에서도 70년대 초에 급격히 감소되었고 중반 이후는 극소수이다.

연구주제에서 남한 지도자에 대한 호칭의 변화를 가져왔다.

김영삼정부까지는 모든 남한 지도자의 이름 뒤에 '역적', '역도', '괴뢰정권', '괴뢰도당' 등을 붙여 제목을 사용하였다. 이러한 현상은 남한정부를 지칭할 때도 동일하게 「남조선괴뢰도당」, 「남조선괴뢰정권」, 「남조선군사독재」로 표기하였던 것이다. 그러나 김대중정부의 출범 후 정상회담이 개최된 2000년부터는 지도자를 호칭할 경우나 남한정부를 표기할 때 과거의 '역적', '괴뢰도당'과 같은 표현을 사용하지 않았다.

『김대학보』의 경우 호칭의 경우만이 아니라 연구대상에서도 남한을 직접적으로 비판대상으로 한 주제는 2000년에 「남조선에서 ≪로사협의제도≫와 그 반동성」21)이란 연구논문이 노무현정부가 끝날 때까지 10년간 유일한 남한 관련 논문이었다. 이러한 변화는 남북관계의 발전을 비롯하여 김대중, 노무현정부의 성향이 고려된 결과라 하겠다. 따라서 보수적인 이명박정부의 출범과 남북관계가 경색국면에 접어들자 북한의 대남호칭도 변화를 가져와 과거의 '남조선파쇼통치체제'라는 표현을 다시 사용하기 시작하였다.22)

한편 변화 없이 일관되게 지속적인 관점을 유지하고 있는 주제도 있다. 대표적인 사례가 남한을 비판하는 하나의 방법으로 포괄적으로 자본주의, 부르죠아, 제국주의에 대한 문제점과 병폐와의 연결을 지속적으로 전개하고 있다. 또한 한미관계와 남한사회의 제반문제(정치, 경제, 사회, 문화 등)에 대한 비판이다. 이는 대남 전략적 측면에서 남한은 미국에 종속 관계라는 인식에 변화 없이 행하여지고 있음을 발견할 수 있다. 이와 같이 지속성을 지닌 대외관계와 남한 상황과 관련된 문제는 시간과 공간의 개념을 초월하여 전개되고 있

---

21) 김명옥, 앞의 글(2000), 73~77쪽.
22) 심명진, 「남조선파쑈통치체제와 그 파산의 불가피성」, 『김일성종합대학 학보-력사 법학』 제55권 제2호(2009), 120~124쪽.

는 북한의 기본전략이라 하겠다.

〈표 16〉 연구주제의 지속과 변화

구분	요인	내용
변 화	대남정책	남조선혁명
	남북관계	정권성격, 호칭, 연구주제
지 속	대외관계	자본주의, 한미종속관계
	한국상황	정치, 경제, 사회 전반

　반면에 대외관계에서 남한과 공동보조를 취하는 문제도 있다. 예컨대, 일본의 역사왜곡, 과거사, 독도영유권문제 등에서는 남한과 같은 논리로 일본을 비난[23]하고 있다. 이러한 문제에 대하여 북한이 남한과 인식을 공유하는 것은 남한의 정책을 지지한다는 것이라기보다는 민족적 차원에서의 대응이라 하겠다.

V. 남한연구의 특성과 유형

　북한에서의 남한연구는 남한에서 북한연구를 시작하기 훨씬 이전인 1950년 후반부터 체계적으로 진행되었다. 1956년 4월 개최된 조선로동당 3차대회에서 '남조선'연구 및 대남 선전 선동사업 강화를 위해 '조국통일연구원'의 설립을 결정한 이래 중앙기관 및 주요대학에 남조선연구소를 설치 운영하였다. 그 결과 남한의 대학에서 북

---

23) 김은택, 「독도에 대한 몇가지 고찰」, 『력사과학』 통권 204호(2007), 28~32쪽 ; 조선민주주의인민공화국 력사학학회, 「일본당국의 력사외곡행위는 재침의지의 발현－일본당국의 력사교과서개악책동의 진상」, 『력사과학』 통권 181호(2002), 54~61쪽 ; 김정옥, 「일제의 ≪종군위안부≫범죄가 남긴 력사적교훈」, 『력사과학』 통권 177호(2001).

한문제를 외면하고 있던 시기인 1964년에 북한의 김일성종합대학은 학보에 「남조선편」을 발간하였다. 뿐만 아니라 과학원의 경제법학 연구소에 남조선 연구실을 설치하고 연구활동을 진행하였으며[24] 남 조선문제출판사(남조선문제논문집, 1965) 등에서 남한연구의 결과물 이 출판되었다. 전문지인『남조선문제』도 1964년에 창간되어 1988년 254호까지 발행되었으며 특히 1946년부터 당 이론지로 발간되기 시 작한『근로자』에도 남한과 관련된 내용이 비중있게 다루어지고 있 다.

이와 같이 북한에서 남한에 대한 연구는 분단 초기부터 정권차원 에서 조직적이고 광범위하고 심도 있게 진행되어 대남전략에 활용 되고 주민들을 대상으로 한 대남비방 및 체제유지를 위한 선전선동 에 활용되었다.

이러한 북한의 남한연구의 특징을 정리하면

첫째, 분야별로 볼 때 남한연구의 40.21%가 경제 분야이며 정치 분야가 37.17%, 사회 분야 18.04%이고 문화예술 분야가 가장 적은 3.81%로 나타났다.

둘째로 연구주제의 성격을 학술적 연구(학문의 정체성·이론적 해석)와 정책적 연구(체제 합리화·체제비판)라는 조작적 개념을 동 원하여 분류한 결과 학술적 연구가 21.09%, 정책적 연구가 78.91%를 차지하고 있었다. 학술적인 연구라 할지라도 정치성을 지닌 주제화 하여 연구제목을 설정하고 결론을 도출하고 있다. 물론 정치적 성 격을 지니지 않은 주제가 없는 것은 아니지만[25] 결론은 한결같이

---

24) 조선민주주의인민공화국과학원 경제법학연구소 남조선연구실,『남조선 경제의 식민지적성격』(평양: 과학원출판사, 1960).

25) 오장환,『남조선의 문학예술』(평양: 조선인민출판사, 1948) ; 김량제,『남 조선 로동운동』(평양: 조선로동당출판사, 1963) ;『남조선학생운동』(평양: 조선로동당출판사, 1964) 등과 같은 저서들을 발견할 수 있다.

부정적이며 비판적이다.

셋째, 연구범위(남한, 한·미, 한·일, 자본주의·제국주의)에서의 특징은 남한의 문제를 자본주의, 부르주아 등의 문제와 연관하여 비판하는 비중이 전체의 과반수(50.98%)를 상회하고 있으며, 직접 남한문제를 다룬 주제는 39.78% 정도이다.

넷째, 각 주제의 연구동인 내지 계기를 남한요인(정책적 요인, 일반상황)과 북한요인(정책적 요인, 일반상황)으로 나누어 보면 북한이 동인이 되고 있는 주제도 15.76%에 달하고 있다.

이상과 같이 분석된 내용을 중심으로 인과메커니즘 유형화를 위한 다면 분석을 시도하였다. 따라서 도출된 특성 간의 상관성, 경향성, 지속성을 검토하였으며 그 결과를 정리하면 다음과 같다.

첫째, 상관성에서 나타난 특징은

(성격) 학술적 연구 → (범위) 자본주의 → (동인) 남한일반

(성격) 정책적 연구 → (범위) 남한 → (동인) 남한정책

(대상) 경제체제 → (성격) 남한비판

(대상) 사상 → (성격) 학술

(대상) 통일문제 → (동인) 북한정책합리화

(대상) 법 제도 → (범위) 자본주의 등이다.

둘째, 상관성에 제어변수를 대입하여 분석한 경향성의 특징은

(대상) 대외관계 → (성격) 남한비판 → (동인) 남한정책 → (범위) 자본주의

(대상) 거시경제 → (성격) 남한비판 → (동인) 남한일반 → (범위) 자본주의

(대상) 사상 → (성격) 이론 → (동인) 남한일반 → (범위) 자본주의로 분석되었다.

셋째 지속성에서는

(변화) → (요인) 대남정책 → (내용) 남조선혁명, 남북관계 → 정

권성격, 호칭, 연구주제

(지속) → (요인) 대외관계 → (내용) 자본주의, 한미종속관계 등
이 특징으로 나타났다.

위와 같은 결과로부터 각 분야별로 북한의 남한연구에 대한 인과
메커니즘을 유형화하는 단초를 마련하였다.

정치(통일) → 성격(정책) → 동인(북한 합리화) → 범위(남한)

경제 → 성격(정책) → 동인(남한일반상황) → 범위(자본주의)

사회(사상) → 성격(학술) → 동인(남한일반상황) → 범위(자본주의)

이러한 유형화가 특정 분야에서 나타난 현상으로서 일반화하는
데에는 한계성을 지니고 있다는 점에서 각 분야별 연구에서 나타난
결과를 통하여 보완 검증되어야 할 과제가 남아있다.

남한 법·제도 및 국내정치

김 동 한*

Ⅰ. 머리말

북한이 남한을 어떻게 보느냐 하는 문제는 여러 측면에서 다양하게 접근하여 평가할 수 있다. 그러면서도 남한의 정치, 경제, 사회, 문화 전 분야에 걸쳐 체제경쟁적 차원에서 비판적이고 부정적으로 접근한 것이 주류를 이루는 것은 북한체제의 성격과 밀접한 관련을 갖고 있다는 것을 입증하는 셈이다.

남북관계는 지난 60년 동안 그 기간만큼의 부침을 거듭해왔다. 남북은 1948년 각자 단독정부를 수립하면서부터 대결구도를 형성하여 상대방을 비판하고 더 나아가 비난 일변도의 인식으로 일관하였다. 1950~1953년의 전쟁을 겪고 난 후엔 상대방 체제를 부정하고 자기 식으로 통일시켜야 할 대상으로 간주하였다. 남은 북을 '북괴'로, 북은 남을 '남조선괴뢰도당'으로 치부하고 국체와 정체를 인정하지 않았다. 서로 자기 쪽이 정통성을 가진 유일한 합법정부라고 강변해왔다. 그러던 남북이 숨은 의도를 차치하고서라도 1972년에 7·4 남북공동성명을 도출해냈다는 것은 변화의 하나로 평가할 수 있다.

* 동국대학교 북한학연구소 연구교수

물론 그 이후 약 20년 동안 대결상태가 더 지속되었다는 점에서는 반론의 여지가 없지 않다. 그 이후 1990년대 초 국제정세가 탈이념화하면서 남북관계도 변화의 조짐을 보이기 시작했다. 대표적인 상황이 남북유엔동시가입(1991.9.17)과 남북기본합의서 채택(1991.12.13)이었다. 연장선상에서 1994년 7월 남북정상회담합의(북의 김일성 주석 사망으로 무산), 2000년 6·15공동선언, 2007년 10·4정상선언으로 이어지는 남북 화해협력분위기가 조성되어왔다.

지난 60년 동안 남북은 각각 독특한 정치체제를 고수하여 오고 있다. 북은 김일성 수령체제를 1994년까지, 그 이후에는 김정일 국방위원장 1인체제를 유지하여오고 있다. 반면 남은 외형적으로는 1987년 6월항쟁을 계기로 이전의 독재체제에서 민주체제로 변화를 지향하고 있다.

북이 남을 보는 시각은 큰 틀에서 보면 지속적인 비난과 부정이지만 남쪽의 정세변화에 따라 구체적인 사안을 보는 시각에는 차이가 있다. 여기에서는 남한의 법·제도 및 국내정치에 대해 북한이 어떠한 반응과 견해를 피력했는가를 각종 문헌(『남조선문제』, 『근로자』, 『김일성종합대학학보』, 『정치법률연구』 등 북한문헌)을 통해 분석해보기로 한다. 또한 인과메커니즘의 분석틀을 유형화하여 연구주제의 성격과 연구주제의 지속과 변화, 메시지를 통해 연구의 효과와 활용정도를 파악하고 그 인과적 특성을 도출한다.

II. 북한의 남한 법·제도 및 국내정치연구현황 분석

1. 북한의 남한 법·제도 연구현황 분석

1) 연구영역 분류

(1) 연구대상 및 연구분야

연구대상은 남한의 법과 제도를 기본으로 하면서 남한의 법과 제도가 직간접적으로 영향을 받은 자본주의법(부르죠아법)을 중심으로 하고 있다.

연구분야는 법일반과 부문법(개별법)으로 대별하고 부문법을 헌법, 민형사법, 기타법으로 소분류를 하였다. 기타법에서는 조약·협정이 대부분을 차지하는 국제법을 비롯하여 학원안정법, 지적소유권, 농지담보법, 노동법, 노동관계법, 국회의원선거법, 국가보위에 관한 특별조치법, 국가보안법, 반공법 등이 비판의 대상이 되었다.

제도에서 대상이 된 것으로는 고지제도, 국회의원선거제도, 질서위반에 따른 벌금제도, 조세제도, 사법부 등이 있다.

〈표 1〉

대분류	중분류	소분류		세부분류
정치	법·제도	법일반		
		부문법	헌법	
			민·형사법	[민사법]
				[형사법]
			기타법	
		제도		

(2) 분석 대상 자료현황

분석 대상자료는 단행본과 학술지, 저널을 중심으로 분석했다.

〈표 2〉

간행물명 \ 소분류	법일반	부문법			제도	총계
		헌법	민형사법	기타법		
남조선문제	15	13	8	24	5	65
근로자	2	3	1	1		7
김일성종합대학학보	12	12	11	17	2	54
정치법률연구	8	4	6	9	1	28
조선녀성				7		7
국제생활		1		3		4
사회과학				1		1
법학연구	1					1
조선사회민주당				1		1
인민				1		1
법학론문집			1	2		3
조선대학학보(일문)				1		1
조선문제연구			2	2		4
사회과학론문집(일본)	1					1
단행본	1		2	4		7
총계	40	35	34	76	8	185

〈표 2〉에서 보듯이 분석 대상 자료로는 법·제도부분에서는 북한과 총련에서 발간된 14종의 학술지 및 저널과 7종의 단행본이 조사 수집되었다.

전문학술지로는 『김일성종합대학학보』, 『정치법률연구』, 『사회과학』, 『법학연구』, 『법학론문집』, 『조선대학학보』(일문), 『조선문제연구』, 『사회과학론문집』(일본) 등 8종에서 법·제도 관련 연구논문이 파악되었다. 저널로는 『남조선문제』, 『근로자』, 『조선녀성』, 『국제생활』, 『인민』, 『조선사회민주당』 등 6종에서 법·제도 관련 글들이 파악되었다.

　단행본은『재판소구성법』,1)『조선 민주주의 인민 공화국 국가 및 법률 제도』,2)『우리나라 법의 발전』,3)『매국적〈한일조약〉과 〈협정〉들은 무효이다』,4)『미제와 남조선괴뢰도당이 체결한 〈조약〉과 〈협정〉의 침략성과 매국성』,5)『남조선에서 조작된 치안입법의 변천과정과 그 반동적 본질』,6)『민사소송법』,7)『형법학 1』,8)『민사소송법학』,9)『현대국제법연구』,10)『조선민주주의인민공화국 가족법제도』,11)『사라져야 할 악법』12) 등을 대상으로 하였다

　이 가운데 순수이론적 연구차원에서 접근한 글들은 특히 단행본 중 대학교재를 통하여 비교법적으로 북한법의 우위를 강조하는 차원에서 다뤄지고 있다. 즉, 남한법의 문제점을 비판함으로서 상대적으로 북한법의 우월성을 강조하는 것이다.

　대표적인 문헌으로는 다음과 같은 자료를 들 수 있다.

　① 리재도,『재판소구성법』대학교재, 조선민주주의인민공화국 교

1) 리재도,『재판소구성법』(평양: 교육도서출판사, 1954).
2) 조선민주주의인민공화국 과학원 경제법학연구소 편,『조선 민주주의 인민 공화국 국가 및 법률 제도』(평양: 과학원출판사, 1958).
3) 안우형 편집,『우리나라 법의 발전』(평양: 국립출판사, 1960).
4)『매국적〈한일조약〉과 〈협정〉들은 무효이다』(동경: 재일본조선인총련합회 중앙상임위원회, 1965).
5)『미제와 남조선괴뢰도당이 체결한 〈조약〉과 〈협정〉의 침략성과 매국성』(평양: 과학백과사전출판사, 1979).
6) 김규승,『남조선에서 조작된 치안입법의 변천과정과 그 반동적 본질』(동경, 1989).
7)『민사소송법』(평양: 김일성종합대학출판사, 1978).
8) 김근식,『형법학 1』(평양: 김일성종합대학출판사, 1986).
9) 리황,『민사소송법학』(평양: 김일성종합대학출판사, 1992).
10)『현대국제법연구』(평양: 과학백과사전종합출판사, 1988).
11) 리송녀,『조선민주주의인민공화국 가족법제도』(평양: 사회과학출판사, 2004).
12) 김영일,『사라져야 할 악법』(평양: 평양출판사, 2008).

육성 비준, 초판.

- 제4장 공화국에서의 인민민주주의적 재판소 구성의 생성발
전 중 8. 미제강점하의 공화국 남반부의 재판소 구성.

② 조선민주주의인민공화국 과학원 경제법학연구소 편, 『조선 민
주주의 인민 공화국 국가 및 법률 제도』 중 김진태, 「조선민
주주의인민공화국과 국제법」 중 'Ⅴ. 공화국과 전쟁법규 및 관
습, 조선 전쟁에서 미제침략군에 의한 전쟁법규와 관습의 란
폭한 위반'.

③ 안우형 편집, 『우리나라 법의 발전』에서는 각 분야의 법을 설
명하면서 각각 마지막 절을 남한법 비판으로 할애하고 있다.
즉, 「공화국 민법의 발전」의 제5절은 "미제 강점 하 남반부 〈괴
뢰〉정권의 〈민사 립법〉의 반인민성"으로, 「공화국 토지법의 발
전」의 제4절은 "남반부 〈괴뢰〉정권의 반인민적 토지정책"으로,
「공화국 로동법의 발전」의 제6절은 "남조선 로동자들에게 식
민지 노예 로동을 강요하는 도구인 남조선 로동〈립법〉"으로,
「공화국 형사 립법의 발전」의 제4절은 "남반부 〈괴뢰〉정권하
에서 조작 개악된 파쑈적 〈형사법령〉"으로, 「공화국 재판 립
법의 발전」의 제5절은 "미제 강점 하 남반부 〈괴뢰〉정권의 재
판 제도의 반인민적 테로적 본성"으로 남한법연구의 단면을
보여주고 있다.

④ 김근식, 『형법학 1』「머리글」중 "……공화국형법학 앞에 나선
중요과업은 다음과 같다. ……넷째, 좌우경기회주의자들의 형
법과 그 〈리론〉의 반혁명적, 우경투항주의적 본질을 비판폭로
하며 부르조아형법의 반동성, 남조선괴뢰도당의 이른바 〈형법〉
의 반인민적이고 매국배족적이며 군사파쑈적인 본질을 철저
히 발기놓는것이다."

⑤ 리송녀, 『조선민주주의인민공화국 가족법제도』'2. 결혼나이' 중

"일본과 남조선에서는 각각 남자는 18살, 여자는 16살로서 결혼나이가 같다. 일본과 남조선에서 미성인의 경우에도 결혼할 수 있도록 허용한 것은 결혼과 가정에 대한 개념도 똑똑하게 서 있지 않은 미성인들에게 조혼을 조장시키는 것으로 된다" (57쪽), '3. 양부모와 양자녀관계' 중 "남조선에서의 양자제도는 그 목적이 사유재산을 보호하자는데 있기 때문에 양자로 되는데서 성인과 미성인의 구별이 없으며 여자와 직계장남을 배제하고 있다.……이처럼 남조선의 양자제도는 순수 아들 없는 사람의 재산을 보호하기 위한 제도인 것이다."(139~140쪽).

학술지와 저널은『남조선문제』의 비중이 압도적이고, 이어서『김일성종합대학학보』,『정치법률연구』,『근로자』,『조선녀성』등의 순이다.

2) 주제별 연구현황

〈표 3〉

대분류	중분류	소분류		세부주제
정치	법·제도	법일반		법사회학, 자본주의법, 남조선법체제, 3권분립설, 실증주의법학
		부문법	헌법	헌법, 국회의원선거법, 국가보위에관한특별조치법, 긴급조치9호, 사법권의 독립성
			민·형사법	[민사법] 민사소송법, 지불보증, 화해조서, 강제집행 [형사법] 형법, 형사소송법, 사회안전법, 국가보안법, 병역법위반범죄처벌특별조치법
			기타법	국제법(조약.협정), 로동법, 농지개혁법, 변호사법, 학원안정법, 지적소유권법, 교육공무원법, 언론법, 군사기밀보호법, 국적법
		제도		고지제도, 국회의원선거제도, 질서위반에 따른 벌금제도, 조세제도, 사법부

남한의 법과 법체제 일반에 대한 연구로 법이론 분야에서는 부르 죠아 법사회학, 실증주의법학 등 자본주의법에 대한 비판이 중심이 되었다. 또한 이것을 근거로 남한의 법과 법체제라는 틀에서 연구 된 것으로는 「군사파쑈독재체제하에서의 ≪법≫의 가일층 파쑈화」,[13] 「더욱 악랄해지고있는 파쑈악법」,[14] 「남조선괴뢰법체제는 남조선에 대한 미제의 군사적 강점과 예속을 합법화하는 수단」,[15] 「남조선에 식민지적예속을 강박한 ≪군정법체제≫ 조작의 반동성에 대하여」[16] 등을 들 수 있다. 특히 정치관련법을 일일이 열거하면서 비판의 강 도를 높이고 있다. 박정희정권의 유신헌법체제를 비판할 때 인용된 법률들을 보면 ① 일인파쑈독재체제에 기초한 괴뢰대통령의 종신집 권을 〈합법화〉, 공고화하기 위한 법－유신헌법, 선거관리위원회법, 선거관리위원회에 관한 특례법, 국회의원선거법, 통일주체국민회의 법, 국회법, 법원조직법, 법관징계법, 정부조직법, 감사원법, 경찰청 법, 헌법위원회법, 농업협동조합법, 수산업협동조합법, ② 반공체제 의 확립을 위한 악법－국가보안법, 반공법, 특수범죄처벌에 관한 특 별법, ③ 새 전쟁도발에 인적, 물적 자원을 총동원하며, 전시동원체 제 수립관련법－병역법, 군형법, 국방경비법, 병역법위반 등의 범죄 처벌에 관한 특별조치법, 군수조달에 관한 특별조치법, 외자도입법, 징발법, 양곡관리법, 군법회의법, 군사기밀보호법 ④ 형벌적용에서 횡포성과 야만성을 띤 법(특별형법)－형사소송법, 형사소송특별조치

13) 김춘선, 「군사파쑈독재체제하에서의 ≪법≫의 가일층 파쑈화」, 『남조선 문제』 1974년 5월호(루계 115호), 28~33쪽.
14) 길만호, 「더욱 악랄해지고있는 파쑈악법」, 『남조선문제』 1981년 7월호(루 계 196호), 33~34쪽.
15) 천세관, 「남조선괴뢰법체제는 남조선에 대한 미제의 군사적 강점과 예속 을 합법화하는 수단」, 『김일성대학학보』 1995년 41권 2호(루계 245호), 53~58쪽.
16) 천세관, 「남조선에 식민지적예속을 강박한 ≪군정법체제≫ 조작의 반동 성에 대하여」, 『김일성대학학보』 1998년 44권 4호(루계 300호), 65~71쪽.

법, 계엄법, 경찰관직무집행법 등을 구체적으로 분류하여 적시하고
있다.

헌법에 대해서는 이승만정권 시기 헌법[17]부터 현행헌법[18]에 이르
기까지 매시기 헌법에 대한 연구를 진행하였다. 특히 박정희정권 시
기 유신헌법 및 그와 관련된 연구는 다양하게 진행되었다. 통일주체
국민회의[19]와 긴급조치9호[20] 관련연구는 매우 상징적이다. 국회의
원선거법과 사법권의 독립성에 관한 연구도 같은 맥락에서 신랄한
비판을 가하고 있다.

민사법에서는 민사소송법에 대한 연구(증거제도, 강제집행제도,
판결의 선고와 효력)가 중점적으로 이루어졌다.[21] 형사법에서는 형
법에서부터 형사소송법, 사회안전법, 사법검찰기구까지 다양한 연구
가 진행되었다.[22] 넓은 의미에서 형사법으로 분류할 수 있는 국가
보안법에 대한 연구는 비교적 활발한 편이다. 국가보안법을 남북관

---

17) 최명소, 「리승만 도당의 『헌법 개정안』과 내부 알륵」, 『국제생활』 1954년
제21호, 7~9쪽.
18) 천세관, 「남조선괴뢰통치기구는 대통령의 일인독재정치를 실현하는 수
단」, 『김일성대학학보』 1994년 40권 2호(루계 230호), 42~46쪽.
19) 김춘선, 「박정희괴뢰도당이 꾸며낸 ≪통일주체국민회의≫의 반동성」, 『남
조선문제』 1973년 6월호(루계 104호), 22~26쪽.
20) 「박정희괴뢰도당은 ≪긴급조치9호≫를 왜 계속 유지하고 있는가」, 『남조
선문제』 1978년 5월호(루계 160호), 48~49쪽.
21) 김정숙, 「남조선괴뢰도당의 ≪민사소송≫에서 증거제도의 반동성」, 『김
일성종합대학학보』(사회과학편), 1983년 제1호(루계 151호), 168~178쪽 ;
천정수, 「남조선괴뢰민사소송법에서 판결의 선고와 그 효력의 반동성」,
『김일성종합대학학보』 1998년 44권 3호(루계 297호), 67~71쪽 ; 리황, 「부
르죠아민사소송의 강제집행제도와 그 반동성」, 『정치법률연구』 2006년 3
호(루계 15호), 40~41쪽.
22) 「박정희괴뢰도당이 꾸며낸 파쑈적인 ≪형법중개정법률≫에 대하여」, 『남
조선문제』 1975년 제6호(루계 127호), 39쪽 ; 박혜심, 「부르죠아형사소송
에서 상소제도의 반동성」, 『정치법률연구』 2003년 제3호(루계 3호), 45~
46쪽 ; 김규승, 「남조선의 재판·검찰기관과 판·검사의 실태」, 『조선문
제연구』 1976년 21호, 101~156쪽.

계가 평화협력단계로 나아가는 데에 대한 최대 걸림돌로 인식하는
북한은 이 법의 철폐에 강한 집착을 보이고 있다.[23]

국제법 분야는 '한일 조약·협정'과 '한미 조약·협정'으로 대별하
여 볼 수 있고, 한일 간의 문제에서는 일제강점기 이른바 〈을사5조
약〉문제, 한일기본관계조약, 독도문제로 분류할 수 있다. 한미 간
조약협정에 대해서는 미국과 이승만정권 간의 협정에서부터 박정희
정권의 한미행정협정, 상호방위조약, 한미동맹 등을 다루고 있다. 한
일 간 조약협정에 대해서는 1965년 한일회담에 근거한 한일기본관
계조약을 중심으로 한일공업소유권협정문제도 다루고 있다. 〈을사5
조약〉문제나, 독도문제는 남한연구로 보기에는 부적절하나 한일조
약을 을사5조약문제와 연계하여 언급하고 있다[24]는 측면에서 분석
대상에 포함시켰다.

노동법에서는 북한 로동법의 우월성을 강조하는 차원에서 일관
되게 매시기 남한의 노동법을 비판하고 있다. 반인민성과 반동성,

---

23) 김병원, 「이승만 정권의 정치적 위기와 「신국가보안법」」, 『조선문제연구』
1959년 3권 1호, 1~12쪽 ; [자료] 진보적정당의 출현과 활동을 탄압하기
위한 파쑈악법」, 『남조선문제』 1978년 제1호(루계 156호), 52~53쪽 ; 안명
철, 「해외동포들의 투쟁을 탄압하기 위한 새로운 파쑈악법의 조작」, 『남
조선문제』 1978년 제3호(루계 158호), 48쪽 ; 남기혁, 「≪국가보안법≫과
≪반공법≫은 민족분렬영구화를 위한 파쑈악법」, 『남조선문제』 1980년
제7호(루계 186호), 34~35쪽 ; 여우정, 「개악된 ≪국가보안법≫은 전대미
문의 파쑈악법」, 『남조선문제』 1981년 제10호(루계 199호), 39~40쪽 ; 김
영히, 「≪국가보안법≫은 반통일파쑈악법」, 『근로자』 1990년 제11호(루계
583호), 80~84쪽 ; 김재연, 「≪국가보안법≫, 투쟁으로 철폐시키자」, 『조
선사회민주당』 1996년 제4호(루계 583호), 44~45쪽.
24) "한일조약은 ―〈제2을사보호조약〉이다"(장선, 「법적으로 본 ≪한일조약≫
의 침략적 성격」, 『남조선문제』 1966년 제2호(루계 19호), 14~17쪽) ; "일
제의 조선강점의 시점을 이룬 〈을사5조약〉을 비롯한 구(조약)들의 〈합
법〉과 〈적법〉을 전제로 하고 조작된 1965년의 남조선 일본조약이 비법
무효한 협잡문서라는데 대하여 론증하려고 한다."(김길신, 「1965년 남조
선일본≪조약≫은 비법무효한 협잡문서」, 『김일성종합대학학보』 1993년
제39권 제8호(루계 218호), 24~28쪽).

악법성을 전제로 남한의 노동법, 노동쟁의조정법, 노동관계법을 연구주제로 삼고 있다.[25]

　제도에서 대상이 된 것으로는 고지제도, 국회의원선거제도, 질서위반에 따른 벌금제도, 조세제도, 사법부 등이 있다. 특히 박동근의 「남조선사회제도의 반인민적본질 해부」는 남한사회제도 전반을 다룬 연재물로서 주목할 만하다. 이 연구는 '≪독립≫과 ≪자유≫로 분식된 식민지사회제도'(『남조선문제』 243호), '≪자주≫와 ≪민주≫로 위장된 식민지정치제도'(『남조선문제』 246호), '남조선사회제도는 미제의 식민지예속화정책의 산물'(『남조선문제』 249호), '예속과 략탈을 심화시키는 식민지경제제도'(『남조선문제』 251호), '외래문화의 침투와 민족문화의 말살을 강요하는 식민지문화제도'(『남조선문제』 252호)라는 주제로 5회에 걸친 연재물이다. 이 연재물의 목적에 대해 "미제와 일본군국주의의 침략적본성과 지주, 매판자본가, 반동관료배들의 반동성과 부패성을 더 잘 알아 확고한 혁명적 관점과 립장을 바로가지기 위한 것"이라고 강조하고 있다.[26]

3) 시기별 연구현황

　이승만정권 시기(1948~1960)에는 남한의 법제를 비판의 주요대상으로 삼지는 않았다. 박정희정권 시기(1961~1979)와 전두환정권 시

---

25) 조몽우, 「남조선로동≪립법≫의 반인민성」, 『법학론문집』 1958년 제6집, 73~79쪽 ; 「[자료] 로동자들에게 착취와 압박만을 들씌우는 남조선의 로동관계악법들」, 『남조선문제』 1978년 제9호(루계 164호), 9쪽 ; 김선철, 「남조선≪로동법≫의 반동성」, 『남조선문제』 1987년 제5호(루계 259호), 31~34쪽 ; 김명옥, 「남조선 ≪로동쟁의조정법≫의 반동성」, 『김일성종합대학학보』 1991년 제37권 제7호(루계 193호), 75~80쪽 ; 김명옥, 「남조선 ≪로동관계법≫의 반동성」, 『김일성종합대학학보』 1993년 제39권 제4호(루계 214호), 56~61쪽.
26) 『남조선문제』 1985년 제7호(루계 243호), 56쪽.

기(1980~1987)에 집중적으로 남한법에 대한 비판을 가하였다. 이 시기는 남한은 민주화투쟁시기였고 북한은 남한의 상황을 예의주시하며 대남혁명전략과 연계시켜 남한법에 접근했던 시기였다.

〈표 4〉

시기\소분류	법일반	부문법			제도
		헌법	민·형사법	기타법	
1948~1960	2	1	1	9	
1961~1979	8	11	10	20	5
1980~1987	12	10	8	17	3
1988~1997	5	5	8	15	
1998~2007	7	8	6	11	
2008~2009	6		1	4	

1987년 이후에는 남한의 개별법에 대한 관심보다는 부르죠아법 일반론에 대한 연구문건이 상대적으로 더 많이 나타나고 있다. 즉, 체제경쟁 차원에서 자본주의법에 대한 사회주의법의 우월성을 강조하고 있다.

2. 북한의 남한 국내정치연구현황 분석

1) 연구영역 분류

(1) 연구대상 및 연구분야

연구대상은 북한의 남한 관련 연구로서 북한의 각종 학술지와 단행본에 언급된 남한의 국내정치에 대한 부분이다. 국내정치를 정치일반, 정치체제, 정당·선거, 정치변동으로 중분류하고 정치변동은 정치정세와 민주화운동으로 소분류하였다. 또한 정치정세는 정세일반, 정권비판, 정책비판, 기관비판, 미국비판으로 세분류하였고, 민주화운동은 인민봉기, 4월혁명, 광주항쟁, 민주화운동으로 세분류하였다(〈표 5〉 참조).

〈표 5〉

대분류	중분류	소분류	세부분류
정치	국내정치	정치일반	정치이론, 시사용어, 지역연구, 기타
		정치체제	체제성격, 정권비난, 헌법기관, 용어해설, 기타
		정당·선거	정당일반, 개별정당, 선거일반, 개별선거, 용어해설
		정치변동	[정치정세] 정세일반, 정권비판, 정책비판, 기관비판, 미국비판
			[민주화운동] 인민봉기, 4월혁명, 광주항쟁, 민주화운동

또한 자료별로는 『남조선문제』의 비중이 압도적이고(842편 중 544편), 이어서 『근로자』(99편), 『조선녀성』(55편), 『국제생활』(36편), 『조선사회민주당』(24편), 『김일성종합대학학보』(17편), 『교원선전수첩』(15편), 『인민』(13편) 등의 순이다(〈표 6〉 참조).

〈표 6〉

간행물명 \ 소분류	국내정치 정치일반	정치체제	정당선거	정치변동 정치정세	민주화운동	총계
남조선문제	39	91	37	227	150	544
근로자	8	19	7	45	20	99
김일성종합대학학보	9	2		3	3	17
철학연구	8					8
력사과학				1	4	5
정치법률연구	2					2
조선녀성	1	23	1	23	7	55
국제생활	1	8	7	13	7	36
사회과학	1					1
인민교육				1	1	2
조선어문				1		1
청년생활	1					1
직맹생활	1					1
상업			1			1
교원선전수첩		12		2	1	15
조선사회민주당			5	12	7	24
인민		2	2	7	2	13
사회과학론문집	1					1
철학론문집	2					2
조선대학학보(국문)					1	1
조선대학학보(일문)	4					4
조선문제연구		3	1	5		9
학술지(저널) 총계	76	162	61	340	203	842
단행본	5	4	1	9		19
총계	81	166	62	349	203	861

(2) 분석 대상 자료현황

〈표 6〉에서 보듯이 분석 대상 자료로는 국내정치부분에서는 22종
의 학술지 및 저널과 19종의 단행본이 조사 수집되었다.

전문학술지로는 『김일성종합대학학보』, 『철학연구』, 『력사과학』,
『정치법률연구』, 『사회과학』, 『조선어문』, 『사회과학론문집』, 『철학
론문집』, 『조선대학학보』(국문), 『조선대학학보』(일문), 『조선문제연
구』 등 11종에서 국내정치 관련 연구논문이 파악되었다. 저널로는
『남조선문제』, 『근로자』, 『조선녀성』, 『국제생활』, 『인민교육』, 『청
년생활』, 『직맹생활』, 『상업』, 『교원선전수첩』, 『인민』, 『조선사회민
주당』 등 11종에서 국내정치 관련 글들이 파악되었다.

단행본으로는 『미제와 리승만 도당은 남조선 인민들을 어떻게 착
취 억압하는가』(김기호, 1959), 『현시기 남조선 인민투쟁과 그 특징』
(배구락, 1961), 『멸망에 다다른 남조선군사독재정권』(송국진, 1962),
『미제 강점 하의 남조선: 정치편』(홍만호 외, 1963), 『남조선문제
100문100답』(조선문제연구소, 1968), 『반동적남조선단독정부선거를
반대하고 조선의 통일과 자주독립을 쟁취하기 위하여』(김일성, 1970),
『남조선괴뢰도당의 '자유민주주의체제'의 반동적 본질』(사회과학원
법학연구소 편, 1975), 『미제식민지통치하의 남조선이 걸어온 예속과
몰락의 30년』(김희일, 1976), 『남조선괴뢰도당의 군사파쑈정치체제』
(과학백과사전출판사, 1978), 『남조선정세자료』(조선문제연구소 편,
1979), 『미제와 남조선괴뢰도당이 체결한 〈조약〉과 〈협정〉의 침략성
과 매국성』(과학,백과사전출판사, 1979), 『남조선의 반파쑈 민주화
투쟁』(조선로동당출판사, 1981), 『날로 더욱 높아가는 남조선의 반미
반전두환 투쟁』(재일본조선인총련합회, 1982) 등 19종을 들 수 있다.

2) 주제별 연구현황

　정치일반은 정치이론, 시사용어, 지역연구 등으로 세분류하였으
나 그 비중은 정치이론에 치중되어 있다. 정치이론에서 다뤄진 주
제어로는 남한정권이 강조한 '자유', '동반자론', '민족적민주주의', '민
주주의토착화론', '민족주체', '반공', '정치발전론', '민주복지국가론',
'민주정치론', '민족자결론', '운명공동체론' 등이 대표적이다. 구체적
으로는「남조선 반동 ≪정치학≫리론」,[27]「파쑈독재와 남조선」,[28]
「괴뢰 정권의 반동적 본질」,[29]「남조선괴뢰정권의 예속성과 반인민
적성격」,[30]「박정희괴뢰도당이 떠벌이는 ≪민주주의토착화론≫의 반
동적본질」,[31]「≪유신정치체제≫의 반동적본질」,[32]「파쑈화의 정체
를 드러낸 ≪정치발전론≫」,[33]「≪민족주의론≫은 매국배족의 사상
적도구」,[34]「≪민주복지국가론≫의 정체」,[35]「남조선괴뢰들이 내든

27) 리종문,「남조선 반동 ≪정치학≫리론」,『남조선문제』1965년 제7호(루계
　　13호), 53~61쪽.
28) 학습참고자료,「파쇼독재와 남조선」,『남조선문제』1988년 제3호(루계
　　263호), 54~59쪽.
29) 심호국,「괴뢰 정권의 반동적 본질」,『남조선문제』1965년 제9호(루계 15
　　호), 14~20쪽.
30) 한원일,「남조선괴뢰정권의 예속성과 반인민적성격」,『남조선문제』1967년
　　제2호(루계 31호), 43~47쪽.
31) 한영일,「박정희괴뢰도당이 떠벌이는 ≪민주주의토착화론≫의 반동적본
　　질」,『남조선문제』1973년 제10호(루계 108호), 15~19쪽.
32) 김철웅,「≪유신정치체제≫의 반동적본질」,『남조선문제』1973년 제12호
　　(루계 110호), 15~20쪽.
33) 한계현,「파쇼화의 정체를 드러낸 ≪정치발전론≫」,『남조선문제』1980년
　　제8호(루계 187호), 32~33쪽.
34) 안은영,「≪민족주의론≫은 매국배족의 사상적도구」,『남조선문제』1980년
　　제10호(루계 189호), 44~46쪽.
35) 최달수,「≪민주복지국가론≫의 정체」,『남조선문제』1982년 제10호(루
　　계 210호), 43~45쪽.

≪민주정치≫론의 반동적본질」,36)「남조선괴뢰들이 떠들고있는 ≪민족자결론≫의 매국배족적본질」,37)「남조선괴뢰들이 떠벌이는 ≪평화적정권교체설≫의 반동적본질」38) 등이 대표적이다.

〈표 7〉

정치일반					
세부분류 간행물명	정치이론	시사용어	지역연구	기타	총계
남조선문제	27	8	2	2	39
근로자	6			2	8
김일성종합대학학보	9				9
철학연구	8				8
정치법률연구	2				2
조선녀성			1		1
국제생활	1				1
사회과학	1				1
사회과학론문집	1				1
철학론문집	2				2
조선대학학보(일문)	4				4
단행본	5				5
총계	66	8	3	4	81

정치일반과 관련된 시사적인 용어해설도 『남조선문제』에서는 지속적으로 다뤘다. 구체적으로 '흑색작전', '공동운명체', '한국민족회

---

36) 허준,「남조선괴뢰들이 내든 ≪민주정치≫론의 반동적본질」,『남조선문제』 1984년 제9호(루계 233호), 36~38쪽.
37) 박근동,「남조선괴뢰들이 떠들고있는 ≪민족자결론≫의 매국배족적본질」,『남조선문제』 1985년 제1호(루계 237호), 40~41쪽.
38) 안명철,「남조선괴뢰들이 떠벌이는 ≪평화적정권교체설≫의 반동적본질」,『남조선문제』 1986년 제4호(루계 252호), 51쪽.

복측진국민회의', '자생적공산주의', '새마을교육', '국민교육정신강화
방안', '전시정치' 등이 있다.

지역연구로는 '전라도', '경상도', '제주도'에 대해 정치적 배경을
중심으로 다루고 있다.

정치체제 분야에서는 남한체제의 성격을 비판하는 차원에서 '반
동성'에 초점을 맞춰 이른바 남한의 독재정권에 대해 지속적인 주장
을 전개하고 있다. 특히 박정희, 전두환정권을 '군사파쇼독재'체제로
규정하고 비판하고 있다. 박정희정권 시기 중 유신체제 기간에 대
해서는 '〈유신〉체제'에 대한 비판을 집중으로 시도하고 있다.

〈표 8〉

세부분류 간행물명	정치체제					
	체제성격	정권비난	헌법기관	용어해설	기타	총계
남조선문제	45	30	10	2	4	91
근로자	13	6				19
김일성종합대학 학보	2					2
조선녀성	2	19			2	23
국제생활	2	6				8
청년생활		1				1
직맹생활			1			1
교원선전수첩		12				12
인민	2					2
조선문제연구	2		1			3
단행본	4					4
총계	72	74	12	2	6	166

정당·선거 분야에서는 남한의 정당제도에 대한 비판을 기본으로

하면서 독재정권 시기 집권당이었던 민주공화당, 유신정우회, 민정당, 한나라당 등 개별 정당을 비판하고 있다. 선거제도에 대해서도 정당제도에서와 같은 맥락에서 비판하고 있으며 대통령선거와 국회의원(민의원)선거, 지방자치선거 등에 대해서도 비판하고 있다.

〈표 9〉

정당·선거						
세부분류 간행물명	정당일반	개별정당	선거일반	개별선거	용어해설	총계
남조선문제	8	8	11	6	4	37
근로자	2	1	1	3		7
조선녀성			1			1
국제생활		1	1	5		7
상업			1			1
조선사회민주당		2		3		5
인민				2		2
조선문제연구				1		1
단행본	1					1
총계	11	12	15	20	4	62

정치정세 분야에서는 우선적으로 '남조선정세' 분석을 년1회 또는 반기 1회씩 정례적으로 다루고 있다. '정권비판'은 정권이 새롭게 등장할 때마다 정례적으로 다루고 있으며, 특별히 대통령 개인(박정희, 전두환, 노태우)을 비판한 글들도 비중 있게 다루고 있다. '정책비판'성 글들도 이슈가 발생할 때마다 수시로 다루고 있다. '기관비판'성 글에서 언급된 기관으로는 통일주체국민회의, 중앙정보부, 정신문화연구원, 민방위대, 국가보위비상대책위원회, 향토예비군, 행정상담실 등이 있다. 국회를 비롯한 정당(민주공화당, 유신정우회,

민정당), 사회단체(청소년연맹), 경찰, 군부에 대한 비판성 글들도 다수 보인다. 5·10단선비판을 비롯한 선거(대통령선거와 국회의원선거)비판, 그리고 미국비판을 비롯한 '반공', '통일혁명당', '혁명전략' 등에 대한 주제를 다룬 글들이 일정부분을 차지하고 있다.

〈표 10〉

간행물명＼세부분류	정치변동(정치정세)					
	정세일반	정권비판	정책비판	기관비판	미국비판	총계
남조선문제	119	43	58	5	2	227
근로자	22	11	8	1	3	45
김일성종합대학 학보	3					3
력사과학					1	1
조선녀성	9	4	5	1	4	23
국제생활	6	3	1	1	2	13
인민교육			1			1
조선어문			1			1
교원선전수첩			1	1		2
조선사회민주당	5	6			1	12
인민	6			1		7
조선문제연구	2	1		2		5
단행본	9					9
총계	181	68	75	12	13	349

민주화운동 분야에서는 4·3항쟁 등 인민봉기, 4월혁명, 광주항쟁, 6월항쟁 등 민주화운동 관련 글들이 상당수 다뤄지고 있다.

북한에서 용어사용에 있어서 '인민봉기' 부분은 '제주도 4·3봉기', '4월 인민봉기', '6·3봉기', '광주인민봉기'를 사용함으로써 남한에서 사용하는 용어와 약간의 차이를 보인다.[39] 그러면서도 '10월인민항쟁', '려수군인폭동' 등의 용어를 혼용하고 있다. '민주화운동'부분도 '5.10단선반대투쟁', '반파쇼민주화투쟁', '반미자주화투쟁' 등으로 혼용하고 있으나 대부분은 '반파쇼민주화투쟁'으로 용어를 정리하고 있다.

〈표 11〉

세부분류 간행물명	정치변동(민주화운동)				
	인민봉기	4월혁명	광주항쟁	민주화운동	총계
남조선문제	3	10	11	126	150
근로자		2		18	20
김일성종합대학 학보				3	3
력사과학	2			2	4
조선녀성			2	5	7
국제생활		1	2	4	7
인민교육				1	1
교원선전수첩				1	1
조선사회민주당				7	7
인민	2				2
조선대학학보(국문)				1	1
총계	7	13	15	168	203

3) 시기별 연구현황

국내정치에 관한 연구경향이 시기별로 변화를 보이는 점은 남한

---

39) 여기에서는 4월혁명과 광주항쟁에 대해서는 별도로 분류했다.

의 정권의 성격이 반민주독재정권인 시기(1948~1998)에는 정권비판
과 정책비판에 집중되어 있고,[40] 남한의 정권이 비교적 민주화되어
있고 남북관계가 화해협력단계이었을 시기(1998~2008)에는 일반적
인 비판에 머무는 글들이 몇 편 있을 정도이다.[41] 그리고 이 시기
(1998~2008)에는 과거 시기(1948~1998)의 남한의 정세와 사건에 대
한 글들이 역사적인 해석을 통해 언급되고 있다.[42] 『남조선문제』에
게재된 글 중 '민주화운동'부분의 시기별 변화를 보면 1965~1966년
에는 과거사건들[43]에 대한 평가에 중점을 두었다. 1966~1980년에는
'반파쇼민주화투쟁'과 관련된 글들이 대부분을 차지하고 있으며, 1980~
1982년에는 '광주인민봉기'에 관한 글들이 그리고 1982년 이후에는
'반미자주화투쟁'과 관련된 글들이 다수를 차지하고 있다. 1983년,
1986년에는 '반전반핵' 관련 글이 등장한다.[44]

---

40) 이명박정권 시기에는 또 다시 비판의 강도가 높아지고 있다. 「≪리명박
  정권하에서 산다는것은 곧 슬픔이고 괴로움이다≫」, 『조선녀성』 2008년
  제9호(루계 604호), 56쪽 ; 「천추에 용납 못할 극악무도한 행위」, 『조선녀
  성』 2009년 제3호(루계 610호), 55쪽 ; 「대결광신자들의 어리석은 망동」,
  『조선녀성』 2009년 제3호(루계 610호), 56쪽 ; 「민심의 규탄을 받는 반역
  ≪정권≫」, 『조선녀성』 2009년 제4호(루계 611호), 56쪽.
41) 「남조선정치는 권력싸움으로 일관된 썩은 정치」, 『근로자』 1998년 12월호
  ; 「치욕과 죄악으로 일관된 현 남조선 괴뢰정권의 1년간 행적」, 『근로자』
  1999년 5월호 ; 「남조선통치배들의 정치는 부정부패로 얼룩진 금권정치」,
  『근로자』 1999년 12월호.
42) 「미제는 광주대참극을 배후조종한 장본인」, 『근로자』 2000년 5월호 ;
  「〈안기부불법도청사건〉에 대하여」, 『근로자』 2006년 8월호.
43) 10월 인민항쟁(1946), 4·3봉기(1948), 5·10단선반대투쟁(1948), 여수군인
  폭동(1948), 4월인민봉기(1960) 등이 대표적이다.
44) 「[자료]새로운 추세를 보이는 반전반핵기운」, 『남조선문제』 1983년 10월
  호(루계 222호), 31~32쪽 ; 안명철, 「남조선은 가장 위험한 핵전쟁기지」,
  『남조선문제』 1983년 10월호(루계 222호), 50~52쪽 ; 리길남, 「남조선인민
  들속에서 높아가는 반전, 반핵기운」, 『남조선문제』 1986년 3월호(루계
  251호), 34~35쪽.

〈표 12〉

시기＼소분류	정치일반	정치체제	정당선거	정치변동	
				정치정세	민주화운동
1948~1960	1	5	7	25	5
1961~1979	25	35	19	127	68
1980~1987	17	74	15	120	99
1988~1997	4	17	10	30	12
1998~2007	9	1	2	11	2
2008~2009					

III. 남한 법·제도 및 국내정치에 관한 인과 분석[45]

1. 남한의 법·제도에 관한 인과 분석

1) 인과 분석을 위한 변수 분류

(1) 학술연구와 정책연구로서의 성격 분류

연구주제의 성격을 학술적 연구와 정책적 연구로 대별하고 다시 학술적 연구의 성격을 학문정체성 차원에서 다룬 것과 이론적 해석 차원에서 다룬 것으로, 정책적 연구의 성격을 체제합리화 차원에서 다룬 것과 남한비판 차원에서 다룬 것으로 세별하여 분석할 수 있다. 빈도수에서는 학술적 연구(64편)가 정책적 연구(54편)에 비해 더 많

---

45) 인과 분석에 제시된 통계수치는 현황 분석에 제시된 통계수치에서 유의 미한 통계만을 대상으로 하였기 때문에 현황 분석에 제시된 통계수치와 일치하지 않음을 밝혀둔다.

게 나타났는데 이것은 남한법을 이론적으로 비판하는 데 초점이 맞춰졌다고 볼 수 있다. 헌법을 비롯한 개별법과 제도에 대한 '반동적 본질'을 분석한 문건들은 학술적 연구로 분류할 수 있다. 부르죠아 '법사회학'의 반동성이나 실증주의법학의 반동성 그리고 몽테스큐의 3권분립설의 반동성을 전제로 그 아류인 남한법의 이론적 반동성을 규명하여 사회주의법의 우월성을 학술적으로 강조하고 있다. 정책적 연구의 성격을 띤 문건들을 보면 남한헌법의 문제점으로 지적하는 기본패턴은 '주민의 극소수를 차지하는 부르죠아지를 위한 헌법'이라는 것이다.[46] 그리고 전두환정권의 '통일헌법' 개헌 움직임에 대한 반응은 조남훈의 「역적의 장기집권을 위한 개헌놀음」이라는 글에서 남한정권비판의 주요의제로 제시하는 것으로 나타났다.[47]

〈표 13〉 연구주제의 성격

구분	성격	빈도	%	계
학술적 연구	학문 정체성	25	21	64
	이론적 해석	39	33	
정책적 연구	체제 합리화	9	8	54
	남한비판	45	38	
총계		118	100	

(2) 연구주제의 범위에 기초한 분류

연구주제의 범위를 기초로 분류를 하여 보면 남한법에 국한한

---

46) 조성장, 「남조선괴뢰헌법의 반동적 성격에 대하여」, 『남조선문제』 1967년 제3호(루계 32호), 37~43쪽.
47) 조남훈, 「역적의 장기집권을 위한 ≪개헌≫놀음」, 『남조선문제』 1983년 제11호(루계 223호), 26~27쪽.

것, 한·미 관련 조약이나 협정, 한·일 관련 조약이나 협정, 자본주의(또는 제국주의)법 등으로 분류할 수 있다. 기본적으로 남한법에 대한 연구가 대부분을 차지하며(60%), 다음으로 남한법에 직접적인 영향을 미친 자본주의법에 대한 비판적인 연구가 일정부분(24%) 이뤄지고 있다. 남한이 외세의 영향권에서 자유롭지 못하다는 점을 강조하기 위해 한·미 관련 조약이나 협정(5%), 한·일 관련 조약이나 협정(11%)에 대한 연구도 이뤄지고 있다.

〈표 14〉 연구주제의 범위

주제범위	빈도	백분율
남한	71	60
한·미	6	5
한·일	13	11
자본주의·제국주의	28	24
총계	118	100

(3) 연구의 동인에 기초한 분류

연구의 동인을 남북한의 '정책적 요인'과 '일반상황'으로 분류한 결과 남한의 정책적 요인과 일반상황에 의해 연구된 결과물이 대부분(91%)을 차지하고 있음을 알 수 있다. 이것은 대상이 남한의 법제이고 정책적으로 비판에 초점을 맞췄다는 점에서도 알 수 있다. 즉, 연구주제가 시대상황에 따라 민감하게 변화되었음을 알 수 있다.

북한요인의 대표적인 문건으로는 남한의 유신헌법의 제정 배경에 대해서는 "남조선인민들속에서 급속히 높아진 수령님에 대한 끝없는 경모의 정과 공화국북반부에 대한 동경심 그리고 평화적 통일기운과 반파쇼 및 반정부투쟁의 급속한 강화, 적들내부에서 모순과

대립의 심화, 국제적고립 등은 박정희도당의 군사파쇼통치체제를
밑뿌리채 뒤흔들어놓았으며 놈들을 멸망의 길로 몰아넣었다. 이로
부터 박정희도당은 제놈이 처한 대내외적위기에서 벗어나기 위하여
비상사태우에 비상계엄령을 선포하였다. 그리고 더나아가 무너져가
는 파쇼통치체제를 더욱 강화하기 위하여 헌법을 개악하는 국민투
표놀음을 벌리었다"는 논리를 펴고 있다.[48]

유신헌법에 대한 비판에 집중했던 북한의 요인으로는 유신헌법
과 같은 시기에 제정된 북한의 사회주의헌법의 우월성 강조를 들 수
있다. 주체사상과 주석체제를 핵심으로 한 북한의 1972년 사회주의
헌법은 권력의 집중이라는 측면에서는 유신헌법과 유사하다. 그럼
에도 북한 헌법의 우월성을 강조하여 북한인민들에게 김일성우상화
작업의 일환으로 동의를 구하고자 하였다는 상황 분석이 가능하다.
국가보안법에 대한 연구도 대남혁명전략차원에서 남한의 독재정권
시기에 집중했음을 볼 수 있다.

남한요인으로는 전두환정권의 1980년헌법에 대해서는 "개악된 헌
법의 반동적 본질은 우선 전두환역적의 일인군사파쇼독재와 장기집
권을 합법화하였다는데 있다. 또한 남조선인민들의 초보적인 민주
주의적 자유와 권리마저 무참하게 짓밟고 있는데서 드러나고 있다"
고 비판하고 있다.[49] 1987년헌법에 대해서도 비판적인 시각은 변함
이 없다. 남한의 권력구조를 '괴뢰통치기구'로 규정하고 '미제의 신
식민주의정책을 충실히 집행하는 도구'로 정의한다.[50] 이 논리는 부

---

48) 문광석, 「남조선≪헌법≫의 반동적본질」, 『남조선문제』 1973년 제3호(루
계 101호), 18쪽.
49) 윤자홍, 「개악된 괴뢰헌법의 반동적본질」, 『남조선문제』 1980년 제12호
(루계 191호), 37~38쪽.
50) 천세관, 「남조선괴뢰통치기구는 대통령의 일인독재정치를 실현하는 수
단」, 『김일성종합대학학보 - 력사 법학』 1994년 제40권 제2호(루계 230
호), 42~46쪽.

르죠아국가기구의 반동적 본질(근로인민대중의 자주성에 대한 구속
과 유린)을 보는 시각과 같은 맥락에서 주장되고 있다.[51]

국제법 가운데 조약협정 관련 분야에서 2000년대 이후에 을사조
약의 국제법적 합법성 여부에서 원천무효임을 강조하는 문건들이 다
수 보이는 현상은 을사조약 105년, 한일병합 100년이라는 시기적 상
황과 맞물려 있다.

<표 15> 연구의 동인

동인	계기	빈도	백분율	계
남한	정책적 요인	64	54.24	107
	일반상황	43	36.44	
북한	정책적 요인	11	9.32	11
	일반상황	0	0	
총합		118	100	

2) 변수 간 상관성 분석

(1) 연구성격과의 상관성 분석

가. 주제의 성격과 범위와의 상관관계

주제의 성격과 범위와의 상관관계를 분석해보면 학술적 연구에서
는 학문정체성과 관련하여서는 부르죠아법에 대한 비판적 연구(85%)
가 대부분을 차지하고 있으며, 이론적 해석 차원에서는 남한법에
대한 비판적 연구(83%)가 대부분을 차지하고 있다. 이것은 사회주

51) 오인선, 「부르죠아국가기구의 반동적 본질과 그 변화의 특징」, 『김일성종
합대학학보—력사 법학』 1994년 제40권 제2호(루계 230호), 47~52쪽.

의법의 우월성 강조가 자본주의법에 대한 학문적 정체성 비판으로
나타나고 있음을 밝혀주고 있다. 반면에 남한법에 대해서는 학문의
정체성과 같은 본질적인 문제 차원에서 접근했다기보다는 남한법
자체가 가지고 있는 악법적 요소를 거론하며 이론적 해석 차원에서
접근하고 있음을 알 수 있다.

정책적 연구인 경우에는 단연 남한체제를 비판하는 연구가 대부
분을 차지하고 있다(82%). 정책적 연구에서 체제합리화 차원에서
연구된 것의 빈도수가 가장 많은 것이 '한일 조약이나 협정' 관련
연구인데 이것은 북한입장에서 자신들이 제외된 한일협정이나 조약
은 근본적으로 무효임을 강조하는 것으로 분석할 수 있다.

〈표 16〉 주제의 성격과 범위와의 상관관계

범위 \ 성격			범위				계
			남한	한·미	한·일	자본주의	
학술적	학문 정체성	빈도	1	0	3	23	27
		백분율	4	0	11	85	100
	이론적 해석	빈도	30	1	2	3	36
		백분율	83	3	6	8	100
정책적	체제 합리화	빈도	3	0	5	2	10
		백분율	30	0	50	20	100
	체제비판	빈도	37	6	2	0	45
		백분율	82	13	5	0	100
총합			71	7	12	28	118
			60	6	10	24	100

나. 주제의 성격과 동인과의 상관관계

주제의 성격과 동인과의 상관관계를 살펴보면 학술적 연구에서
학문정체성은 남한의 일반상황(88%)과, 이론적 해석은 남한의 정책

적 요인(57%)과 상관관계에 있음을 알 수 있다. 정책적 연구에서는
체제합리화는 북한의 정책적 요인(64%)과, 남한체제비판은 남한의
정책적요인(87%)과 상관관계에 있음을 알 수 있다. 이를 종합 분석
하면 주제의 성격이 학술적이든 정책적이든 주제의 동인이 남한의
정책적 요인 및 일반상황과 밀접한 상관관계에 있음을 알 수 있다.
그 가운데서도 남한의 정책적 요인이 더 밀접한 상관관계라고 할
수 있다.

〈표 17〉 주제의 성격과 동인과의 상관관계

동인		성격	남한		북한		계
			정책	일반	정책	일반	
학술적	학문 정체성	빈도	2	21	1	0	24
		백분율	8	88	4	0	100
	이론적 해석	빈도	21	16	0	0	37
		백분율	57	43	0	0	100
정책적	체제 합리화	빈도	2	0	7	2	11
		백분율	18	0	64	18	100
	체제비판	빈도	40	6	0	0	46
		백분율	87	13	0	0	100
총합		빈도	65	43	8	2	118
		백분율	55	36	7	2	100

(2) 연구분야의 대상과 변수 간 상관성 분석

가. 연구성격과의 관계

법·제도 분야의 연구성격은 학술적 연구(52%)와 정책적 연구
(48%)가 유사하게 나타났다. 연구성격을 세분화하여 볼 때 남한비
판적 성격의 연구물이 제일 많다. 이것은 기본적인 시각 자체가 남

한을 비판적으로 보겠다는 관점에서는 당연한 결과이다. 법일반으로 분류된 연구물은 정책적 연구 중 남한비판적인 성격의 연구가 대부분이다(69%). 헌법 분야는 학술적 성격의 연구가 절대적이다. 이것은 체제경쟁 차원에서 남한의 헌법체계상 규정되어 있는 모든 헌법기관에 대한 북한연구자들의 비판적 인식의 결과라고 평가할 수 있다. 민형사법은 학술적 연구와 정책적 연구가 비슷한 양상을 보이고 있다. 그러나 구체적으로는 형사법과 관련하여 남한체제비판적인 연구물이 상당수 포함되어 있는 것을 감안하면 학술적 성격의 연구가 중심이라는 것을 알 수 있다. 그 밖에 남한의 개별법에 대해서는 이론적 해석이 주류를 이루고 있다.

〈표 18〉 연구성격과의 관계

성격 \ 대상			학술		정책		합계
			①	②	③	④	
법·제도	법일반	빈도	3	1	0	9	13
		%	23	8	0	69	100
	헌법	빈도	10	10	1	6	27
		%	37	37	4	22	100
	민·형사법	빈도	5	11	1	13	30
		%	17	37	3	43	100
	기타법	빈도	5	15	8	13	41
		%	12.2	36.6	19.5	31.7	100
	제도	빈도	0	1	1	5	7
		%	0	14.3	14.3	71.4	100
합계		빈도	23	38	11	46	118
		%	19.5	32.2	9.3	39.0	100

* 주: ① 학문의 정체성 ② 이론적 해석 ③ 북한 합리화 ④ 남한비판.

나. 연구동인과의 관계

연구대상과 연구동인 간의 상관관계를 살펴보면 연구동인이 남한의 정책적 요인이나 남한의 일반상황에 기인하고 있음을 알 수 있다. 남한의 정책변화에 기인한 연구(50%)가 남한의 일반상황에 기인한 연구(41%)보다 상대적으로 높은 것은 북한의 연구가 남한의 변화에 민감하다는 것을 반영하고 있다. 그러나 헌법 분야에서 남한의 정책변화에 기인한 연구(36%)보다 남한의 일반상황에 기인한 연구(60%)가 더 높게 나타난 것은 자본주의 헌법이나 부르죠아헌법에 대한 비판적인 글과 남한헌법기관이나 제도에 대한 비판적인 글들이 상대적으로 많았다는 것을 보여주고 있다.

〈표 19〉 연구동인과의 관계

동인 \ 대상			남한		북한		합계
			정책변화	일반상황	정책변화	일반상황	
법·제도	법일반	빈도	6	9	0	0	15
		%	40	60	0	0	100
	헌법	빈도	9	15	0	1	25
		%	36	60	0	4	100
	민·형사법	빈도	13	15	1	0	29
		%	45	52	3	0	100
	기타법	빈도	24	10	8	0	42
		%	57	24	19	0	100
	제도	빈도	7	0	0	0	7
		%	100	0	0	0	100
총합		빈도	59	49	9	1	118
		%	50	41	8	1	100

다. 연구범위와의 관계

연구범위와의 관계를 보면 기본적으로 남한법을 연구대상으로 하였고, 한일 조약이나 협정 그리고 한미조약이나 협정에 대한 비판적인 연구가 부르죠아법연구와 함께 비중있게 나타나고 있다. 한일 조약이나 협정 그리고 한미조약이나 협정은 북한의 입장에서 인정할 수 없는 조약이나 협정이기 때문에 부르죠아법에 대한 비판적 입장을 적용하여 학문의 정체성 차원에서 문제제기를 하고 있다.

〈표 20〉 연구범위와의 관계

대 상		범 위	범위				합계
			남한	한·미	한·일	자본주의	
법·제도	법일반	빈도	11	1	0	1	13
		%	84.6	7.7	0	7.7	100
	헌법	빈도	15	0	0	12	27
		%	56	0	0	44	100
	민·형사법	빈도	20	0	0	9	29
		%	69	0	0	31	100
	기타법	빈도	19	5	12	6	42
		%	45	12	29	14	100
	제도	빈도	7	0	0	0	7
		%	100	0	0	0	100
합계		빈도	72	6	12	28	118
		%	61	5	10	24	100

3) 연구의 인과적 경향성 분석

법제도 분야의 연구에서 일정한 경향성은 다른 분야와 마찬가지

로 남한의 법제도에 대한 비판적 성격의 연구가 대부분이라는 점이
다. 다만 동인에 있어서는 남한의 정책변화에 민감하게 반응하는
경우와(50%) 남한의 법제도 일반에 대한 비판적 연구(41%) 간에
큰 차이가 없다는 점이다(〈그림 1〉 참조).

〈그림 1〉 법·제도 분야 경향성

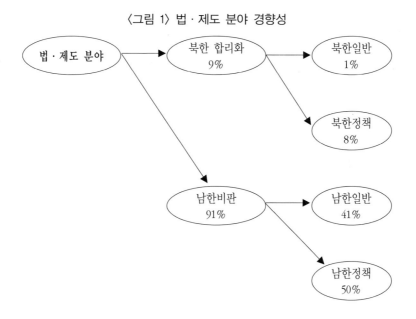

법·제도 분야의 각대상별 경향성을 보면 헌법과 기타법 부분에
서는 학술적 연구의 특성을 보이고 있다. 또한 제도부분은 남한의
정책변화에 기인된 연구가 전부라는 경향성을 띠고 있다(〈그림 2〉
참조).

〈그림 2〉 법·제도 분야의 각대상별 경향성(성격-동인)

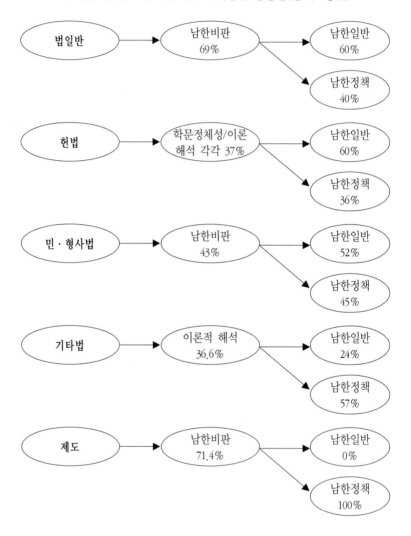

2. 남한 국내정치연구에 관한 인과 분석

1) 인과 분석을 위한 변수 분류

(1) 학술연구와 정책연구로서의 성격 분류

정치 분야 중 국내정치부분은 학술적 연구(113편)에 비해 정책적 연구(706편)가 절대적으로 많은 비중을 차지하고 있다. 학술적 연구에서 주목할 만한 대표적인 연구로는 남한의 '정치학'을 비판적으로 고찰한 학술적 논문의 틀을 갖춘 리종문의 「남조선 반동 〈정치학〉 리론」이다.[52] 이 글은 일반적 고찰을 통해서 남한의 정치학에 대한 비판을 가하고 있으며, 좀 더 구체적으로 부르죠아 정치학 이론의 기본내용을 상당한 분량으로 서술하고 있다. 기본내용으로 제시하여 비판하는 정치학 이론으로는 국가론, 권력분립론, 대의제정치론, 정당정치론 등이다. 비판을 위해 남한의 정치학, 헌법학 관련 저서를 인용하고 있다.

'민족적민주주의'[53] '자유민주주의'[54] '부르죠아민주주의'[55] 등 남한과 자본주의국가에서 체제이념으로 삼고 있는 '민주주의'에 대해서도 '반동적 본질'이라는 입장에서 이론적으로 비판하고 있다. 학

---

52) 리종문, 「남조선 반동 ≪정치학≫리론」, 『남조선문제』 1965년 7호(루계 13호), 53~61쪽.

53) 김상형, 「신식민주의와 ≪민족적민주주의≫(상)(중)(하)」, 『남조선문제』 1967년 4, 5, 6호(루계 33, 34, 35호).

54) 진유현, 「〈자유민주주의〉는 부르죠아독재정치」, 『김일성종합대학학보 – 력사법학』 2007년 제53권 1호(루계 399호), 101~105쪽.

55) 김지협, 「부르죠아민주주의의 반동적본질」, 『철학연구』 1995년 제1호(루계 제60호), 46~48쪽 ; 김영수, 「부르죠아민주주의의 반인민적본질」, 『철학연구』 2002년 89권 제2호(루계 제89호), 43~45쪽.

술적 연구를 위한 주제선정도 궁극적으로는 대부분 논문들의 제목
이 보여주듯이 남한의 이론과 현실정치를 비판하고 남한을 혁명의
대상으로 삼겠다는 의지가 표현되어 있다.

　오늘 남조선 인민들의 정치적 사조와 부르죠아 반동 〈정치학〉리
론의 연구는 매우 중요한 의의를 가진다.
　정치는 곧 주권에 관한 문제이며 주권에 관한 문제는 모든 혁명의
기본문제이다. 따라서 남조선혁명에서 미제 식민지 통치하의 괴뢰정
권을 비호 변론하는 온갖 사이비 리론의 본질을 깊이 연구하고 그를
폭로 분쇄함이 없이는 남조선 혁명을 옳게 수행할 수 없다. 그것은
반동〈정치학〉리론들이 남조선에 대한 미제의 사상침략공세의 일환
으로서 인민들을 사상적으로 무장해제시키려고 하고 있기 때문이
다.[56]

　정책적 연구는 남한체제를 비판함으로서 북한체제의 우월성을
강조하는 것이다. 대부분이(588편) 체제성격에 대한 비판과 정권에
대한 비난의 글들이다. 이러한 연구들은 남한의 역대정권들이 '반민
주'정권이라는 것을 부각시켜 인민의 국가인 북한체제를 합리화하
려는 의도가 엿보인다. 그 증거로 비교적 민주적인 정권이었다고 평
가되는 김대중, 노무현정권에 대한 비판이나 비난을 담은 문건은
거의 찾아볼 수 없다.

---

56) 리종문, 「남조선 반동 ≪정치학≫리론」, 『남조선문제』 1965년 7호(루계 13
　호), 61쪽.

〈표 21〉 연구주제의 성격

구분	성격	빈도	%	계
학술적 연구	학문 정체성	29	4	113
	이론적 해석	84	10	
정책적 연구	체제 합리화	118	14	706
	남한비판	588	72	
합계		819	100	819

(2) 연구주제의 범위에 기초한 분류

연구주제의 범위로 분류하여 보면 남한을 직접대상으로 한 연구가 대부분(756편)이며 한미관계나 한일관계에 관련한 연구도 시도되고 있다. 또한 미, 일과 관련하여 자본주의나 제국주의에 대한 비판적 연구도 정기적으로 발표되고 있다.

〈표 22〉 연구주제의 범위

주제범위	빈도	백분율
남한	756	92.3
한 · 미	39	4.8
한 · 일	2	0.2
자본주의 · 제국주의	22	2.7
합계	819	100

(3) 연구동인에 기초한 분류

연구동인에 기초하여 분류하여 보면 남한의 정책적 요인으로 연구된 것이 대부분(653편)이다. 정책비판이 상당수를 차지하고 있는

것은 남한의 정권들이 정책을 제시할 때마다 '반인민적'이라는 시각
에서 비판을 하였다는 것을 나타낸다. 일반상황에 기인한 연구는 소
수(56편)에 지나지 않는다. 북한의 정책적 요인에 의거한 것도 일부
(109편) 보인다. 이것은 남한을 혁명기지화하려거나 남한의 인민들
의 민주화운동을 북한체제에 동조하는 것으로 등식화함으로써 북한
체제를 합리화하려는 데에 기인한다고 볼 수 있다.

<표 23> 연구의 동인

동인	계기	빈도	백분율	계
남한	정책적 요인	653	79.73	709
	일반상황	56	6.84	
북한	정책적 요인	109	13.31	110
	일반상황	1	0.12	
합계		819	100	809

2) 변수 간 상관성 분석

(1) 연구성격과의 상관성 분석

가. 주제의 성격과 범위와의 상관관계

학술적 연구든 정책적 연구든 기본적으로는 남한이 대상이 되고
있음은 당연하다. 주목할 것은 학문정체성 차원에서의 연구는 남한
보다는 자본주의(부르죠아)의 본질을 비판하는 연구(66%)라는 점이
다. 상관성 차원에서 살펴보면 정책적 연구 중 체제비판과 남한과
의 관계에서 밀접한 상관성(94.9%)을 보이고 있다는 점이다.

〈표 24〉 주제의 성격과 범위와의 상관관계

범위＼성격			범위				계
			남한	한·미	한·일	자본주의	
학술적 연구	학문 정체성	빈도	10	0	0	19	29
		백분율	34	0	0	66	100
	이론적 해석	빈도	80	2	0	2	84
		백분율	95.2	2.4	0	2.4	100
정책적 연구	체제 합리화	빈도	108	9	0	1	118
		백분율	91	8	0	1	100
	체제비판	빈도	558	28	2	0	588
		백분율	94.9	4.8	0.3	0	100
총합			756	39	2	22	819
			92.3	4.8	0.2	2.7	100

나. 주제의 성격과 동인과의 상관관계

〈표 25〉 주제의 성격과 동인과의 상관관계

동인＼성격			남한		북한		계
			정책	일반	정책	일반	
학술적 연구	학문 정체성	빈도	4	25	0	0	29
		백분율	14	86	0	0	100
	이론적 해석	빈도	56	25	3	0	84
		백분율	66.67	29.76	3.57	0	100
정책적 연구	체제 합리화	빈도	10	2	105	1	118
		백분율	8	2	89	1	100
	체제비판	빈도	584	4	0	0	588
		백분율	99	1	0	0	100
합계		빈도	654	56	108	1	819
		백분율	79.9	6.8	13.2	0.1	100

학술적 연구는 절대적으로 남한의 정책변화(79.9%)나 일반상황 (6.8%)과 상관관계를 가지고 있다(86.7%). 정책적 연구도 대부분 남한의 정책변화나 일반상황과 상관관계를 가지고 있으나 북한의 정책변화에 기인하는 것도 상당수 조사되었다(13.2%). 주제의 성격과 동인과의 상관관계가 가장 두드러지게 나타나는 것은 정책적 연구 중 체제비판적인 성격을 띤 연구가 남한의 정책변화에 기인한다는 점이다(71.3% =819건 중 584건).

(2) 연구분야 대상과의 상관성 분석

가. 연구성격과의 관계

〈표 26〉 연구성격과의 관계

성격 \ 대상			학술		정책		합계
			①	②	③	④	
국내 정치	정치일반	빈도	28	23	7	12	70
		%	40	33	10	17	100
	정치체제	빈도	1	32	4	109	146
		%	0.7	21.9	2.7	74.7	100
	정당선거	빈도	0	10	3	49	62
		%	0	16	5	79	100
	정치정세	빈도	0	3	65	274	342
		%	0	1	19	80	100
	민주화 운동	빈도	0	17	32	145	194
		%	0	9	16	75	100
합계		빈도	29	85	111	589	814
		%	4	10	14	72	100

* 주: ① 학문의 정체성 ② 이론적 해석 ③ 북한 합리화 ④ 남한비판.

국내정치 분야에서는 정치일반은 학술적 연구[학문의 정체성(40%), 이론적 해석(33%)]와 상관관계에 있다. 반면에 정치체제(74.7%), 정당선거(79%), 정치정세(80%), 민주화운동(75%)은 정책적 연구 중 남한체제비판과 상관관계에 있다. 이것은 남북 대결구도상황에서 정치관련 연구가 갖는 특수성과 연관지어 볼 수 있다.

나. 연구동인과의 관계

국내정치 어느 분야를 막론하고 대부분 남한의 정책변화와 밀접한 상관성(79.5%)을 유지하고 있다. 정치정세 분야와 민주화운동 분야에서 북한의 정책변화와 일정정도 상관성을 갖는 것(각각 17%)은 남한에서의 사회주의혁명을 기대하거나 선동하려는 의도가 연구동인으로 작용하였다고 볼 수 있다.

〈표 27〉 연구동인과의 관계

동인	대상		남한		북한		합계
			정책변화	일반상황	정책변화	일반상황	
국내 정치	정치일반	빈도	29	31	10	0	70
		%	41.4	44.3	14.3	0	100
	정치체제	빈도	127	15	4	0	146
		%	87	10	3	0	100
	정당선거	빈도	51	8	3	0	62
		%	82	13	5	0	100
	정치정세	빈도	281	2	59	0	342
		%	82	1	17	0	100
	민주화 운동	빈도	160	0	33	1	194
		%	82	0	17	1	100
합계		빈도	648	56	109	2	815
		%	79.5	6.9	13.4	0.2	100

다. 연구범위와의 관계

연구범위와의 상관성은 남한이라는 범위로 집중되어 있다(92.3%). 상관성을 찾기에는 너무나 당연한 결과이다. 오히려 한·미관계나 한·일관계, 자본주의에 대한 연구가 남한의 국내정치와의 연계 속에서 상관성은 없지만 미미하나마 나타나고 있다(7.7%).

<표 28> 연구범위와의 관계

범위 / 대상			범위				합계
			남한	한·미	한·일	자본주의	
국내 정치	정치일반	빈도	49	1	0	20	70
		%	70	1	0	29	100
	정치체제	빈도	137	8	1	0	146
		%	94	5	1	0	100
	정당선거	빈도	60	2	0	0	62
		%	97	3	0	0	100
	정치정세	빈도	321	18	1	2	342
		%	93.8	5.3	0.3	0.6	100
	민주화 운동	빈도	184	10	0	0	194
		%	95	5	0	0	100
합계		빈도	751	39	2	22	814
		%	92.3	4.8	0.2	2.7	100

3) 연구의 인과적 경향성 분석

국내정치 분야의 연구는 정책적 연구의 경향을 강하게 띠고 있는 가운데 남한비판(72%)에 초점이 맞춰져 있으며, 연구동인도 남한정책변화에 편중되어 있다. 이것은 정치 분야의 성격상 체제 간 갈등

관계에 놓여있는 남북상황에서 일반적인 현상이라고 볼 수 있다
(〈그림 3〉 참조).

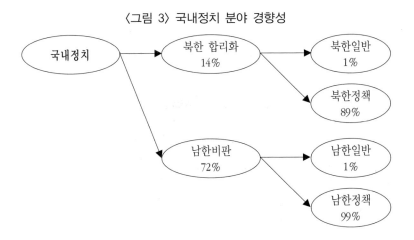

〈그림 3〉 국내정치 분야 경향성

연구대상 차원에서 경향성을 보면 정치일반은 학술적 연구의 성
격이 비교적 강하게 나타나는 반면, 그 밖의 연구대상(정치체제, 정
당선거, 정치변동)에서는 남한비판에 초점이 맞춰져 있으며 그것도
연구동인이 남한의 정책변화에 반응하는 경향을 나타내고 있다(〈그
림 4〉 참조).

〈그림 4〉 국내정치 분야의 각 대상별 경향성(성격-동인)

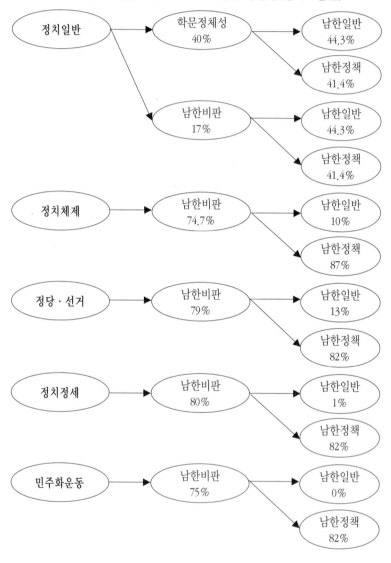

IV. 북한의 남한 법·제도 및 국내정치연구의 인과적 특징

1. 북한의 남한 법·제도연구의 인과적 특징

1) 헌법 분야에 나타난 학술적 성격의 연구경향

　세부분류된 대상(법일반, 헌법, 민형사법, 기타법, 제도) 가운데 헌법 분야는 학술적 연구의 성격을 비교적 강하게 띠고 있다(74%). 학술적 연구를 더 세분하여 볼 때 학문의 정체성에 관한 연구와 이론적 해석의 성격을 띤 연구가 동일한 비율을 나타내고 있다(각각 37%). 이것은 헌법이 가지고 있는 특성의 하나가 체제정체성의 표현이라고 본다면 자본주의헌법과 남한헌법에 대한 학문의 정체성 차원의 비판이나 이론적 해석 차원의 비판은 북한의 체제정당성 강조와 맞닿아 있다.

　기타법에서 이론적 해석의 비율이 높게 나타난 것(36.6%)도 같은 맥락에서 평가될 수 있다. 즉, 남한의 변호사법, 학원안정법, 지적소유권, 군사기밀보호법, 언론윤리위원회법에 관한 글들이 그것이다.

2) 남한체제의 비판을 통한 북한체제의 정당성 강조

　체제와 밀접한 관련이 있는 법제가 헌법이므로 매시기 헌법과 헌법 관련 법제에 대한 비판이 상당수를 차지한다. 남한헌법 특히 유신헌법과 전두환정권 시기 헌법을 비판함으로서 북한 사회주의헌법의 우월성과 체제의 정당성을 강조하고 있다.[57] 또한 같은 맥락에

---

57) 최명소, 「리승만 도당의 『헌법 개정안』과 내부 알륵」, 『국제생활』 1954년

서 남한헌법상 기관(통일주체국민회의, 평화통일정책자문회의)이나
제도(국회의원선거제도, 긴급조치 9호)도 주요 연구대상이다. 남한
의 헌법과 헌법상 기관이나 제도를 비판하는 것을 연구동인으로 삼
았을 때 상대적으로 북한체제의 정당성을 강조하는 결과를 도출해
낼 수 있는 점에서 인과적 특징을 찾아 볼 수 있다.

남한헌법상 유신헌법은 북한의 사회주의헌법과 여러 면에서 유사
성(대통령과 주석에 대한 권력의 과도한 집중)을 찾아볼 수 있음에
도 불구하고 남한의 유신헌법에 대한 비판에 비중을 두고 있는 것은
북한 사회주의헌법상 주석의 절대권한과 남한 유신헌법상의 대통령
의 절대적 권한을 구별하려는 의도로 해석할 수 있다. 이것은 남북
한이 견지하고자 하는 체제의 성격과 맞물려 있다고 볼 수 있겠다.
북한은 집단주의를 원칙으로 내세우며 주석의 절대권한을 당연시하
면서도 남한에 대해서는 남한 스스로가 자유주의와 개인주의를 내
세우면서 특정인(대통령) 개인에게 절대적 권한이 부여된 데 대해
비판하고 있다. 이러한 비판은 남한의 민주화세력의 유신독재에 대
한 비판과 유사한 주장이라는 분석으로 남한 당국에 의해 남한의
민주화세력이 용공으로 몰려 탄압받는 데 빌미로 작용하였다.

제21호, 7~9쪽 ; 조성장, 「[학습자료] 남조선괴뢰헌법의 반동적성격에 대
하여」, 『남조선문제』 1967년 제3호(루계 32호), 37~43쪽 ; 문광석, 「남조
선≪헌법≫의 반동적본질」, 『남조선문제』 1973년 제3호(루계 101호), 17~
22쪽 ; 윤자홍, 「개악된 괴뢰헌법의 반동적본질」, 『남조선문제』 1980년
제12호(루계 191호), 37~39쪽 ; 천세관, 「남조선괴뢰통치기구는 대통령의
일인독재정치를 실현하는 수단」, 『김일성종합대학학보』 1994년 제40권
제2호(루계 230호), 42~46쪽.

3) 남한이 미국, 일본과 맺은 조약과 협정에 대한 반민족성 강조

북한은 남한이 미국 및 일본과 맺은 조약이나 협정에 대해 식민지 예속적 지위에서 맺은 불평등 조약이나 협정으로 비판하고 '한일기본조약'에 대해서는 '제2의 을사보호조약'으로 평가하고 있다. 한미 사이의 각종 조약이나 협정에 대해서도 민족 주체성이 결여된 강대국의 침략성을 강조하고 있다. 특히 남한과 미국 사이의 대표적 협정인 '한미행정협정'에 대해 미국의 한국침략이라는 관점에서 그 본질을 비판하고 있다.[58] 또한 남한과 일본 사이의 한일협정에 대해서도 강하게 비판하고 있다. 특히 '한일기본관계조약'이나 '한일공업소유권협정' 등에 대해서 국제법적으로 여러 문제점에 대해 강도 높게 제기하고 있다.[59]

기본적으로 남한이 미국이나 일본과 맺은 조약이나 협정은 식민지 침략상태에서 맺은 조약이나 협정이기 때문에 국제법상 조약 당사국으로서의 정당성이 결여되어 무효라는 주장이다. 결국 민족 정통성이 결여된 남한이 미국이나 일본과 맺은 조약이나 협정은 불법무효라는 비판이다. 이것은 남한이 미국이나 일본과 맺은 조약이나 협정은 불법무효라는 연구동인으로 그 분석결과 남한의 민족정통성

58) 강수영, 「[한미 행정 협정]의 침략적 본질」, 『근로자』 1965년 제15호(루계 277호), 43~48쪽.
59) 강수영, 「매국흥정-한일회담 《한일기본관계조약》은 《을사보호조약》의 재판이다」, 『조선녀성』 1965년 3월호, 64~65쪽 ; 「범죄적 《한일회담》에서 체결 된 《조약》과 《협정》들을 철저히 분쇄하자」, 『남조선문제』 1965년 제7호(루계 13호), 2~7쪽 ; 장선, 「법적으로 본 《한일조약》의 침략적 성격」, 『남조선문제』 1966년 제2호(루계 19호), 14~17쪽 ; 한계현, 「《한일공업소유권협정》의 범죄적본질」, 『남조선문제』 1973년 제2호(루계 100호), 36~41쪽 ; 최윤기, 「《한일협정》은 침략과 매국의 문건」, 『남조선문제』 1973년 제2호(루계 100호), 42~48쪽.

이 결여되어 있다는 점을 부각시키고 있다.

4) 남한의 식민지예속정권(괴뢰정권)성 강조

아울러 남한의 법과 법학에 대한 평가도 매우 부정적이다. 개별
법률에 대한 비판을 중심으로 하는 점에서 부정적이며 다른 한편으
로는 남한법학의 주체성과 독립성을 인정하지 않는다는 점이다. 그
것은 부르죠아 법학에 대한 비판[60]을 하면서도 남한 법학에 대한
비판은 전무하다는 데서도 나타난다. 남한의 법을 '파쇼악법'으로 규
정하고 남한의 식민지예속정권성을 강조하는 것(연구동인)은 상대
적으로 북한법의 우월성과 주체성, 창조성을 강조하는 것이다(연구
결과).

2. 북한의 남한 국내정치연구의 인과적 특징

1) 정치일반 분야의 학술적 성격의 연구경향

국내정치 분야에서 세부분류(정치일반, 정치체제, 정당·선거, 정
치정세, 민주화운동) 가운데 정치일반 분야에서만 학문정체성을 띤
연구의 비율(40%)이 높게 나타났다. 이것은 정치일반 분야에서 연
구범위가 자본주의로 분류된 비율이(29%) 상대적으로 높게 나타난
것과 상관성을 갖는다. 즉, 부르죠아정치나 자본주의정치 일반론에
대한 비판적 연구의 비율이 상대적으로 높다는 것을 의미한다.

---

60) 김봉철, 「부르죠아≪법사회학≫의 반동성」, 『정치법률연구』 2003년 제4
호(루계 4호), 44~45쪽.

2) 체제비판과 정권비난이 주류

북한의 남한 국내정치 분야에 대한 연구의 특성 중 가장 두드러지는 것은 남한체제와 남한정권에 대한 비난성 비판이다. 남한체제는 파쇼독재체제라는 전제 아래 미제의 식민지성을 강하게 부각시키고 있다. 따라서 주권 독립국가로 인정하지 않는 것뿐만 아니라 나아가 타도되어야 할 대상으로 간주한다. 대표적으로 반복 강조되는 용어가 '괴뢰정권'이다.[61] '괴뢰경찰', '괴뢰국회', '괴뢰내각', '괴뢰도당' 등으로 남한체제의 주체성과 독립성을 완전 부정하고 있다. 다음으로 반복 강조되는 용어가 '파쇼독재'이다.[62] '군사파쇼독재', '박정희 군사파쇼독재', '전두환파쇼독재' 등으로 남한의 체제를 부정하고 있다. 결국 남한체제와 남한괴뢰파쇼정권의 비난(연구동인)을 통해 북한체제와 북한정권의 우월성을 강조하고 있다(연구결과). 한편으로 남한의 독재정권에 대한 비난성 글들은 남한의 민주화세력의 주장과 유사하다는 데서 남한 당국에 의해 남한 민주화세력을 탄압하는 명분으로 역이용된 측면도 없지 않다.[63]

3) 체제경쟁의 산물적인 성격

남한의 '반공'정책을 강하게 비판하는 글들과 '통일혁명당'의 역량과 활동을 강조하는 글들 속에서 체제경쟁 의식이 짙게 묻어난다.[64]

61) 한원일, 「남조선괴뢰정권의 예속성과 반인민적성격」, 『남조선문제』 1967년 제2호(루계 31호), 43~47쪽.
62) 정성호, 「전두환파쇼독재와 그 운명」, 『남조선문제』 1980년 제11호(루계 190호), 76~78쪽.
63) 북한의 이러한 주장들은 남한의 각종 조직사건이 조작되는데 호재가 되었다.
64) 현철오, 「미제와 박정희 도당의 〈반공〉 선전과 그 영향」, 『남조선문제』

따라서 '남조선혁명'에 강한 집착을 보이는 연구물들이 대부분이다.
또한 4·3항쟁, 여순사건, 대구사건 등 해방공간에 남쪽에서 일어난
사건들에 대한 사회주의시각에서의 긍정적인 평가도 같은 맥락에서
이해할 수 있다. 이른바 좌익 관련사건에 대해 긍정적인 평가를 한
것은 '남조선혁명'이라는 북한정권의 역사적 과제를 완수하려는 의
도가 짙게 깔려있다.[65]

4) 민주화운동에 대한 긍정적 평가

남한사회의 민주화운동을 남조선혁명의 기제로 활용하기 위한 혁
명전략 차원에서 긍정적으로 평가하는 연구물이 상당수를 차지한
다. 따라서 매시기 남한 국내정치상황 속에서 역사적 사건으로 자리
매김된 사건에 대한 연구가 두드러진다. 즉, 4월혁명, 광주항쟁, 6월
항쟁 등에 관한 연구가 대표적이다.[66] 그리고 지속적으로 이른바

1966년 제12호(루계 29호), 17~23쪽 ; 문하연, 「최근 박정희괴뢰도당의
〈반공〉책동」,『남조선문제』1972년 제6호(루계 93호), 27~32쪽 ; 차응팔,
「파산되어가는 박정희괴뢰도당의 광란적인 〈반공〉책동」,『남조선문제』
1974년 9호(루계 119호), 31~35쪽.
65) 김덕호, 「제주도인민들의 4.3봉기」,『력사과학』1965년 제4호(루계 60호),
23~31쪽 ; 김덕호, 「제주도 4.3봉기」,『남조선문제』1965년 제4호(루계 10
호), 43~48쪽 ; 박설영, 「5.10단선을 반대한 제주도인민들의 4.3봉기」,『력
사과학』1991년 제4호(루계 140호), 20~24쪽 ; 리영근, 「려수 군인 폭동과
그 경험 교훈」,『남조선문제』1965년 제11·12호(루계 17호), 29~35쪽 ;
리순, 「10월 인민 항쟁과 그 경험 교훈」,『남조선문제』1965년 제10호(루
계 16호), 58~64쪽.
66) 고철재, 「남조선인민들의 반미반파쑈투쟁사에서 전환점으로 된 4.19봉기」,
『국제생활』1990년 제4호(루계 51호), 27~29쪽 ; 김욱, 「6.3봉기 1주년」,
『남조선문제』1965년 제6호(루계 12호), 18~23쪽 ; 전군섭, 「남조선의 식
민지군사통치지반을 뒤흔들어 놓은 광주 인민봉기」,『국제생활』1990년
제5호(루계 52호), 13~15쪽 ; 방룡길, 「남조선인민들의 6월항쟁에 대하여」,
『남조선문제』1987년 제6호(루계 260호), 30~33쪽.

'인민봉기' 또는 '반파쑈민주화투쟁'을 강조하는 글들이 발표된 것도 남조선혁명에 대한 강한 집착을 엿보게 한다. '인민봉기' 또는 '반파쑈민주화투쟁'을 집중적으로 다루면서 긍정적으로 평가하는 이면에는 박정희, 전두환 군사독재정권에 대한 비난이 부정적 요인으로 작용하고 있다(연구동인). 이러한 연구는 결국 남조선혁명전략의 일환이라는 결과로 나타나고 있다(연구결과).

V. 맺음말

이상에서 북한에서 간행된 여러 출판물을 통하여 북한에서 남한의 법·제도 및 국내정치 분야에 대한 연구와 인식의 현황을 살펴보고 그것을 토대로 인과 분석을 시도해 보았다.

북한의 남한연구가 『남조선문제』라는 저널에 집중되어 있는 한계는 있으나 일정기간 동안 『남조선문제』라는 저널을 발간하였다는 자체가 시사하는 바는 크다고 할 수 있다. 또한 부정기간행물이지만 『남조선문제론문집』이 발간되었다는 것도 주목할 만하다.[67]

또한 남한에 대한 비난과 공격성 글들이 주류를 이루고 있던 시기가 남한의 국내정치나 법·제도가 비민주적일 때와 거의 일치한다. 이것은 북한이 이 시기를 남조선혁명을 시도할 적절한 시기로 판단한 것은 아닌가 하는 추론을 해 볼 수 있다. 그 이후 남북화해 협력분위기 속에서는 이러한 성격의 글들은 거의 보이지 않는다.

1990년대 이후에는 주요관심사가 통일문제로 집중되었다. 따라서

---

67) 『남조선문제론문집』(1965, 남조선문제출판사)에는 「남조선에 대한 미제의 식민지 예속화 정책의 특징」(리타), 「남조선의 사회경제관계의 재편성」(하석훈), 「남조선 괴뢰정권의 예속성과 반동적 본질」(심호국) 등 11편의 논문이 수록되어 있다.

남한의 국내정치나 법·제도에 대한 관심도가 낮아졌다. 통일문제도 공존차원에서 강조하는 것은 '일방이 먹거나 먹히우는' 관계를 벗어나 점진적 통일을 모색한다는 의지의 표현이라고 볼 수 있다.

연구주제선정은 학술적 연구나 정책적 연구 모두가 남한의 국내정치상황에서 아킬레스건으로 작용하는 주제들로 집중되어 있다. 즉, 부정부패, 군사파쇼독재, 부르죠아, 언론탄압 등이 대표적인 주제들이다.

연구동인은 북한요인보다는 남한요인에 따라 즉자적인 반응차원에서 연구가 이루어졌다.

연구주제는 남한정권을 독재정권으로 규정하고 남북 대결구도 속에서 체제경쟁이 심화되었을 때는 일관되게 네거티브적인 성향을 보였고, 이른바 민주화정권이 등장하고 남북 화해국면에 접어들면서 남한에 대한 직접적인 언급이나 비판 대신에 자본주의체제의 본질적인 반동성과 미국의 문제점에 치중하는 변화의 모습을 보였다.

연구효과와 활용 면에서는 남북 대결구도 속에서 국내정치적으로는 북한인민들에게 남한의 부정적인 면을 주입시키는 기재로 활용했을 가능성과 대남정책의 핵심인 남조선혁명차원에서 활용했을 가능성을 추정할 수 있다.

인과 분석을 통해서 나타난 가장 두드러진 특징은 남한의 상황을 긍정적으로 보든 부정적으로 보든 연구동인은 남한의 상황이지만 연구결과는 북한의 체제우월성 강조라는 점이다. 남한의 법·제도나 남한의 국내정치에 나타난 일련의 사건과 상황에 대해 그 자체가 주제이지만 학술적 차원에서 연구된 것보다는 정책적 차원에서 연구된 것이 대부분이다. 그리고 시기적인 변화는 남한정권의 성격이 독재정권일 경우 비난의 강도가 높았고, 이른바 남북화해협력 시기에는 비난의 강도가 낮았다는 점이다. 그리고 남한에 대한 연구도 남한이 독재정권 시기였을 때 양적으로 집중되어 있다. 그것은

『남조선문제』라는 정기간행물이 발간된 기간이 1965년에서 1988년
까지라는 점과 맞닿아 있다. 그 이후엔 연구 건수가 현격히 줄어들
었으며 남한에 대한 직접적인 연구보다는 부르죠아법, 자본주의체
제에 대한 비판적인 연구가 주류를 이루고 있다.

이러한 맥락에서 북한의 남한의 법·제도 및 국내정치에 관한 연
구는 체제경쟁 차원에서 사회주의의 우월성과 주체사상과 선군사상
의 독창성을 강조하는 것을 기조로 남한의 법·제도와 국내정치상
황을 분석 비판했다고 볼 수 있다.

남한 경제

진 유 정*

Ⅰ. 머리말

이 글의 목적은 1948년부터 2009년 상반기까지 북한에서 연구된 남한경제 관련 글들을 수집·조사하여 DB화한 자료를 기초로 북한의 남한경제 분야 연구의 현황과 인과관계를 분석함과 더불어 그 특성을 도출하는 것이다.

현대에 이르러 더욱 복잡하게 전개되면서 나타나고 있는 다양한 경제현상만큼이나 한 나라의 국민경제 전반에 대해 이해하고자 하는 연구도 그 만큼 다양한 연구영역과 연구주제들의 등장을 필요로 한다. 그동안 북한에서 이루어진 남한 국민경제에 대한 연구들도 다양한 연구영역의 주제 아래 수행되었을 것으로 보인다.

서두에서 밝힌 바와 같이 이 글은 이 연구들을 한데 모아 체계적으로 분류·종합하여 그 현황 및 인과관계의 분석과 함께 특성을 도출하는 것을 목적으로 하고 있다. 목적 달성을 위해서는 관련 연구주제들에 대한 영역분류가 우선적으로 전제되어야 하며 이는 체계성을 요하는 작업이다.

* 동국대학교 북한학연구소 연구교수

따라서 이 글의 제2장에서는 연구목적을 달성하기 위해 그동안 조사·수집된 북한의 남한경제 관련 연구들을 그 분류기준의 제시와 함께 연구영역별로 세분화하고 이를 다시 문헌별 및 시기별로 분류한 다음, 그 전체 현황을 표로 작성·제시함과 동시에 표를 중심으로 북한의 남한경제 관련 연구현황을 개괄적으로 살펴본다.

제3장에서는 그동안 이루어진 북한의 남한경제 분야 연구들을 영역별 및 시기별로 나누어 연구주제 선정 및 지속성의 연구영역과 상관성, 연구의 계기와 범위설정 및 접근방법의 연구영역과의 상관성 등을 중심으로 간략한 인과관계 분석을 시도한다. 그리고 제4장에서는 북한의 남한경제 연구 전반의 핵심적인 특성을 도출하면서 맺음말에 갈음하고자 한다.

II. 남한경제 연구영역 분류와 연구현황

1. 남한경제 연구영역 분류

경제현상 전반은 국내사회든 국제사회든 그 사회를 구성하는 경제주체들의 경제생활과 관련된 다양한 측면의 현상들이 결합되어 나타나는 복합적인 현상이다. 한 국가의 국민경제 전반도 하나의 영역이나 주제로만 접근해서 이해한다는 것은 거의 불가능에 가깝다. 따라서 한 국가의 경제현상 전반을 연구하기 위해서는 그 국가 경제현상 전반의 각 측면에 대한 연구가 선행되어야 하며 이후 이들 간의 적절하고 체계적인 종합이 이루어져야 한다. 분단 이후 2009년 상반기까지 북한에서 이루어진 남한경제 분야 연구들에 대한 전반적인 이해도 이러한 과정이 전제되어야 가능해진다. 이는 그동안 조사·수집된 북한의 남한경제 분야 연구 관련 글들을 검토함과 동시에 이들을 연구영역별이나 시기별로 체계적으로 분류하여 각각의 측면을 우선적으로 파악한 후에 이를 종합·분석해야 한다는 것을 의미한다.

그러나 연구영역에 대한 분류방법은 연구자의 관점이나 연구목적에 따라 여러 가지 기준으로 다양하게 제시될 수 있다. 이에 현재까지 수집·조사된 북한의 남한경제 분야 연구 관련 글들 전반에 대한 개괄적인 고려와 함께, 일국 국민경제 전반을 체계적이고 종합적으로 분석하는 영역분류의 시사점을 제공하고 있는 북한이나 남한에서 발간된 글이나 단행본들1)을 선별·검토하여 다음 〈표 1〉과 같이 북한의 남한경제 연구영역 분류표를 작성하였다.

공동으로 진행된 이번 연구과제에서 전체적으로 북한의 남한연구 영역을 크게 정치 분야, 경제 분야, 사회 분야, 문화예술 분야로 나눈 가운데 경제 분야의 경우 〈표 1〉에서 보는 바와 같이 경제체제영역, 거시경제영역, 부문경제(산업·기업)영역으로 중분류하였다.

경제체제는 린드벡(A. Lindbeck)의 정의에 의하면 "주어진 지리적 영역 안에서 생산, 소득 및 소비와 관련되는 의사결정과 이의 수행을 위하여 마련된 기구와 제도 등의 복합체"이며, 프라이어(F. Pryor)에 의하면 "경제행위와 결과에 직접·간접으로 영향을 주는 모든 제도, 조직, 법규, 전통, 신념, 가치, 금기 등을 포함한다."2) 이렇게 볼 때 경제체제는 어떤 이념이나 가치, 제도, 관습 등에 의해 형성된 일종의 경제질서를 의미한다. 따라서 경제체제에 대한 연구는 특정 경제질서의 형성과 전개에 영향을 미치는 이념, 가치, 제도, 관습 등에 대한 연구라고 할 수 있다. 그리고 이와 더불어 그 구조적 특성을 파악하는 연구도 포함되는 것으로 볼 수 있다.

---

1) 『도서분류표(군중도서관용)』(평양: 국립중앙도서관, 1964) ; 『한국경제연감(2008)』(전국경제인연합회, 2008) ; 김안호·이계수·오희국, 『한국경제의 이해』(두남, 2002) ; 김영봉, 『경제체제론』(박영사, 1994) 등의 목차와 본문을 참고하였음.
2) 김영봉, 『경제체제론』(박영사, 1994), 4쪽 참조.

<표 1> 남한경제 분야 연구영역 분류표

대분류	중분류	소분류	세분류
경제 분야	경제체제영역	경제제도·구조	경제제도
			경제구조
		경제이론·사상	경제이론
			경제사상
		자본주의일반	자본주의
	거시경제영역	경제성장· 국민소득	경제개발
			경제성장
			국민소득
		재정금융· 국민생활	재정
			화폐금융
			국민생활
		대외경제거래	무역
			자본수출입
			인력수출입
			남북한협력
		거시경제일반	경제정세전반
			경제위기전반
	부문경제 (산업·기업) 영역	산업	농림수산업
			광·제조업
			사회간접자본 및 서비스업
			기타
		기업	기업
			노동
			기타

경제체제를 이와 같이 전제한 가운데 이 글에서는 북한의 남한경제 분야 연구영역 중 경제체제영역에 대한 연구를 경제체제의 제도·구조, 경제이론·사상, 자본주의일반부문으로 소분류하고 각 부문을 다시 〈표 1〉의 세분류란과 같이 항목별로 세분하였다. 세분류 항목 중 경제제도의 경우 여기서는 어떤 특정 경제체제를 그 경제체제이도록 질적으로 규정하는 본질적인 제도, 즉 조정기구(시장, 명령, 의사결정 등), 재산소유(사유, 공유, 국유 등), 동기구조(긍정적 유인, 부정적 유인 등), 각종 경제 관련 기구나 조직 등과 관련되는 제도를 언급하는 주제들에 국한한다. 따라서 '○○법' 등으로 표현되는 세부적인 제도 관련 주제의 글들은 거시경제영역이나 부문경제(산업·기업)영역의 각 소분류 항목에 포함시켜 분류한다.

경제구조는 주로 남한경제의 내외적구조,3) 남한경제의 자본축적구조4) 등 남한 국민경제의 구조적인 측면 또는 특성과 관련된 주제를 담고 있는 글들을 포함시킨다. 경제이론·사상은 남한을 비롯한 자본주의세계의 경제를 적극적으로 옹호하거나 아니면 최소한 자본주의경제의 존속을 위해 복무하는 경제이론이나 사상 등과 관련된 주제를 담고 있는 글들을 포함시킨다. 그리고 자본주의일반은 남한을 직접적인 대상으로 하고 있지는 않으나 남한 국민경제가 자본주의경제인 것은 분명한 사실인 만큼 자본주의경제 전반의 다양한 특성이나 문제점 등을 언술하고 있는 주제를 담고 있는 글들을 포함시킨다.

거시경제는 한 국민경제 전체의 총생산, 국민소득, 이자율, 인플

___
3) 내적구조는 자본제나 봉건제 등으로 표현되는 제생산관계의 총체를, 외적구조는 식민지경제나 예속경제 등으로 표현되는 타 국민경제 또는 세계경제와의 연계구조 등을 의미하는 것으로 각각 전제한다.
4) 자본축적의 조건이나 제약요인, 매판 또는 예속자본, 민족자본 등과 관련된 글을 포함하는 영역으로 전제한다.

레이션, 실업, 대외경제거래, 경제성장 등과 같은 거시경제 변수들의
변동과 이들 간의 상호연관관계 및 이 변수들에 영향을 미치는 각종
경제정책 등과 관련되는 측면의 경제현상 범주를 의미한다. 이를 전
제로 여기서는 거시경제영역을 경제성장 · 국민소득, 재정금융 · 국민
생활, 대외경제거래, 거시경제일반부문으로 소분류했으며 각 부문을
다시 〈표 1〉의 세분류란과 같이 항목별로 세분하였다. 즉 경제성장 ·
국민소득부문의 경우 경제개발 · 경제성장 · 국민소득항목으로, 재정
금융 · 국민생활부문은 재정 · 화폐금융 · 국민생활항목으로, 대외경제
거래부문은 무역, 자본수출입, 인력수출입, 남북한경제협력항목으로,
거시경제일반부문은 경제정세전반과 경제위기전반항목으로 각각 세
분하였다.

　부문경제(산업 · 기업)영역은 경제체제나 거시경제영역 외에 남한
경제의 산업이나 기업에 대해 언술하고 있는 글들을 별도로 모아 분
류했으며 이를 산업과 기업부문으로 소분류하고 각각을 다시 〈표 1〉
의 세분류란과 같이 항목별로 세분하였다. 즉 산업부문은 농림수산
업 · 광제조업 · 사회간접자본 및 서비스업항목으로, 기업부문은 기업
과 노동으로 각각 세분했으며 그 외 산업이나 기업과 관련하여 여
러 항목을 복합적으로 언술하고 있는 글들은 각각의 기타 항목으로
분류하였다.

2. 남한경제 분야 연구현황

　이 절에서는 〈표 1〉 북한의 남한경제 분야 연구영역 분류표의
중 · 소분류를 기준으로 그동안 수집 · 조사한 각 간행물들5)에 수록

---

5) 관련 간행물들은 구체적으로 『남조선문제』, 『근로자』, 『김일성종합대학
　학보』, 『경제연구』, 『철학연구』, 『력사과학』, 『정치 · 법률연구』, 『조선녀
　성』, 『국제생활』, 『조선예술』, 『사회과학』, 『사회과학원학보』, 『조선문학』,

되어 있는 관련 전 글들을 1948~1959년, 1960~1979년, 1980~1999년, 2000~2009년의 네 시기6)로 대별하여 간행물별로 집계한 전체 현황 표를 다음 〈표 2〉와 같이 제시함과 동시에 다시 〈표 3〉과 〈표 4〉로 요약하고 이를 토대로 그동안 북한에서 이루어진 남한경제 분야 연구의 전반적인 현황을 개괄적으로 파악한다.

〈표 2〉 간행물별 · 시기별 남한경제 분야 연구현황(중 · 소분류 기준)

연대	간행물	경제체제영역				거시경제영역					부문경제영역			총계
		경제제도 · 구조	경제이론 · 사상	자본주의 일반	계	경제성장 · 국민소득	재정금융 · 국민생활	대외경제거래	거시경제일반	계	산업	기업 · 노동	계	
1948 ~ 1959	A													
	B	1		1		1		1	1	2			2	4
	C													

『인민교육』, 『조선어문』, 『어문연구』, 『조선어학』, 『재정금융』, 『조선영화』, 『상업』, 『통일문학』, 『교원선전수첩』, 『조선사회민주당』, 『인민』, 『경제론문집』, 『고고민속론문집』, 『남조선문제론문집』, 『법학론문집』, 『사회과학론문집』, 『언어학론문집』, 『철학론문집』, 『력사과학론문집』, 『조선민주주의인민공화국 창건 15주년 론문집』, 『대학교원론문집』, 『문예론문집』, 『민속학론문집』, 『조선로동당 제3차 전당대회 론문집』, 『위대한 사회주의 10월 혁명 40주년 기념 론문집』, 『김일성저작집』, 『김정일선집』, 『조선대학학보(국문)』(일본), 『조선대학학보(일문)』(일본), 『조선문제연구』(일본), 『사회과학론문집』(일본), 『8.15해방 15주년 기념 경제론문집』이며 기타 남한경제 연구분야 관련 단행본도 다수 포함되어 있다.

6) 지면상의 한계로 시기를 년 단위나 5년 또는 10년대 단위로 일관성 있게 구분하지 못하고 부득이 위와 같이 네 시기로 구분하였다.

D	2	1	9	12	1	2	2	5	10	5	3	8	30
계	2	2	9	13	1	3	2	5	11	7	3	10	34
E	1			1		2	2	1	5	3		3	9
F						4	3	1	8	2		2	10
G													
H						1		1	1			1	2
I													
J	2			2		3		3	6	3		3	11
계	3			3		9	6	5	20	9		9	32
K													
L							2	2	1			1	3
합계	5	2	9	16	1	12	8	12	33	17	3	20	69
A	41	8		49	10	46	62	8	129	55	21	76	254
B	4	16	1	21	1	5	6	1	13	8		8	42
C				1					1	1		1	2
D	4	5	7	16	2	2	7	3	14	7	1	8	38
계	49	29	8	86	14	56	75	12	157	71	22	93	336
E	5	2		7	2	7	8	1	18	8	3	11	36
F													
G													
H						3		3	2			2	5
I			3	3	1				1				4
J	2			2		3	3	4	10	2		2	14
계	7	2	3	12	3	10	14	5	32	12	3	15	59
K	4	1	1	6		3	3		6	1		1	13
L	3	2	1	6	1		1	2	4	1		1	11
합계	63	34	13	110	18	69	93	19	199	85	25	110	419

(1960~1979)

기간														
1980 ~ 1999	A	28	1		29	9	45	70	10	134	48	44	92	255
	B	8	11	19	38		6	12	1	19	5	4	9	66
	C	1	19	8	28	2	8	4	3	17	3	13	16	61
	D	5	6	4	15		1	9	8	18	5	1	6	39
	계	42	37	31	110	11	60	95	22	188	61	62	123	421
	E	1			1	1		2	1	4	2		2	7
	F	1	1		2	1	2	5	2	10				12
	G	2		2	4		3	6	2	11	3	1	4	19
	H	2			2		4		1	5				7
	I	3	2	2	7			2		2				9
	J	1			1		1	5	2	8	1		1	10
	계	10	3	4	17	2	10	20	8	40	6	1	7	64
	K		2		2				1	1	2		2	5
	L	4		2	6	1				1	1		1	8
	합계	56	42	37	135	14	70	115	31	230	70	63	133	498
2000 ~ 2009	A													
	B	11	37	14	62		18	3		21	6	11	17	100
	C	2	20	1	23		9	8		17	1	7	8	48
	D			2	2			1	1	2				4
	계	13	57	17	87		27	12	1	40	7	18	25	152
	E													
	F													
	G													
	H													
	I	1		2	3		2	2		4		2	2	9
	J	1		2	3		2	2		4		2	2	9
	계													
	K													
	L													
	합계	14	57	19	90		29	14	1	44	7	20	27	161

총계	A	69	9		78	19	94	132	18	263	103	65	168	509
	B	23	65	34	122	1	30	21	2	54	21	15	36	212
	C	3	39	9	51	3	17	12	3	35	5	20	25	111
	D	11	12	22	45	3	5	19	17	44	17	5	22	111
	계	106	125	65	296	26	146	184	40	396	146	105	251	943
	E	7	2		9	3	9	12	3	27	13	3	16	52
	F	1	1		2	1	6	8	3	18	2		2	22
	G	2		2	4		3	6	2	11	3	1	4	19
	H	2			2		4	4	1	9	3		3	14
	I	3	2	5	10	1		2		3				13
	J	6		2	8		9	10	9	28	6	2	8	44
	계	21	5	9	35	5	31	42	18	96	27	6	33	164
	K	4	3	1	8		3	3	1	7	3		3	18
	L	7	2	3	12	2		1	4	7			3	22
	합계	138	135	78	351	33	180	230	63	506	179	111	290	1,147

* 지면상의 한계로 간행물 란의 A는『남조선문제』, B는『경제연구』, C는『김일성종합대학학보』, E는『근로자』, D는『조선문제연구』, F는『국제생활』, G는『교원선전수첩』, H는『조선녀성』, I는『사회과학』, J는 기타 정기간행물(『조선대학학보(국문)』(일본), 『조선대학학보(일문)』(일본), 『정경론집』(일본), 『력사과학』, 『정치·법률연구』, 『사회과학원학보』, 『인민교육』, 『직맹생활』, 『재정금융』, 『상업』, 『조선사회민주당』, 『인민』), K는 부정기간행물(『경제론문집(1975)』, 『경제론문집(1977)』, 『남조선문제론문집(1965)』, 『조선민주주의인민공화국 창건 15주년 론문집(1964)』, 『8.15해방 15주년 기념 경제론문집(1960)』, 『사회과학론문집(1981)』, 『사회과학론문집(1983)』, 『사회과학론문집(1990)(일본)』), L은 남한경제 연구분야 관련 단행본(22종)을 각각 영문자로 대신 표기한 것임. 그리고 이하 본문과 각주에서는 낫표를 생략함. 그 외 앞의 각주 5)에서 언급된 간행물들 중 누락된 간행물들은 남한경제 분야 연구 관련 글들이 발견되지 않아 위 표에서는 제외시켰음(〈표 3〉도 동일함).

〈표 3〉 간행물별 · 시기별 남한경제 분야 연구현황(중분류 기준)

간행물	1948~1959			1960~1979			1980~1999			2000~2009			합계			계
	경제체제	거시경제	부문경제	경제체제	거시경제	부문경제	경제체제	거시경제	부문경제	경제체제	거시경제	부문경제	경제체제	거시경제	부문경제	
A				49	129	76	29	134	92				78	263	168	509
B	1	1	2	21	13	8	38	19	9	62	21	17	122	54	36	212
C					1	1	28	17	16	23	17	8	51	35	25	111
D	12	10	8	16	14	8	15	18	6	2	2		45	44	22	111
계	13	11	10	86	157	93	110	188	123	87	40	25	296	396	251	943
E	1	5	3	7	18	11	1	4	2				9	27	16	52
F		8	2				2	10					2	18	2	22
G							4	11	4				4	11	4	19
H		1	1		3	2	2	5					2	9	3	14
I				3	1		7	2					10	3		13
J	2	6	3	2	10	2	1	8	1	3	4	2	8	28	8	44
계	3	20	9	12	32	15	17	40	7	3	4	2	35	96	33	164
K				6	6	1	2	1	2				8	7	3	18
L		2	1	6	4	1	6	1	1				12	7	3	22
합계	16	33	20	110	199	110	135	230	133	90	44	27	351	506	290	1,147

〈표 3〉에서 보는 바와 같이 2009년 상반기 현재 발간물까지 수집 · 조사된 북한의 남한경제 분야 연구 관련 글은 조사대상 전 간행물을 합쳐 모두 1,147편인 것으로 집계되었다. 우선 간행물별 현황을 보면 위의 간행물 중 정기간행물의 경우 남한경제 관련 글이 10편 이상 발견된 것은 남조선연구(509편), 경제연구(212편), 김일성종합대학학보(111편), 근로자(111편), 조선문제연구(일본)(52편), 국

제생활(22편), 교원선전수첩(19편), 조선녀성(14편), 사회과학(13편) 등 9종이며 별도로 관련 단행본이 모두 22권인 것으로 나타났다.

그러나 하나의 특정 정기간행물별로 북한의 남한경제 연구현황을 분석하는 것은 큰 의미가 없어 보인다. 왜냐하면 전체 글의 44% 이상을 남조선연구의 글들이 차지하고 있으나 1948~1964년 시기와 1989년 이후 시기의 글들을 볼 수 없다는 한계가 있고 타 정기간행물들의 경우도 연도 또는 시기별 누락문제와 더불어 기본적으로 글의 편수가 너무 적다는 단점이 있기 때문이다.

이는 그동안 이루어진 북한의 남한경제 분야 연구현황을 전체적으로 파악하는 데 있어 하나의 특정 정기간행물별 분석은 그 중요성에도 불구하고 의미가 적음을 말해주는 것이 된다. 그리고 전 간행물들 전체, 또는 이상의 문제점들을 일정 정도 보완해 줄 수 있는 주요 정기간행물들이나 논문집 및 단행본 등을 한데 모아 시기별 및 연구영역별로 분류하여 접근하는 것이 불가피하다는 것을 의미한다. 따라서 여기서는 〈표 4〉를 제시하고 이를 토대로 그동안 이루어진 북한의 남한경제 분야 연구 관련 글들의 영역별·시기별 전체현황을 파악 및 서술한다.

〈표 4〉에서 보는 바와 같이 각 시기별 전체현황을 보면 수집된 전체 1,147편 중 1948~1959년에 발표된 글이 69편, 1960~1979년에 발표된 글이 419편, 1980~1999년에 발표된 글이 498편, 2000~2009년에 발표된 글이 161편인 것으로 나타났다. 1948~1959년 시기는 12년으로 상대적으로 짧게 설정된 기간인데다 일제로부터의 해방과 6·25전쟁 근년의 시기라는 당시 여러 가지 시대 배경상 연구와 출판이 이후 시기들에 비해서 용이하지 않았을 것이다. 그리고 2000~2009년 시기는 각각 20년으로 잡은 이전 두 시기의 절반 정도인 짧은 기간으로 설정되었다. 이러한 점을 감안하면 수집된 자료들은 시기별로 비교적 고른 분포를 보이고 있는 것으로 볼 수 있다.

〈표 4〉 영역별 · 시기별 남한경제 분야 연구현황

대분류	중분류	소분류	1948 ~1959	1960 ~1979	1980 ~1999	2000 ~2009	계
경제 분야	경제체제	경제제도		3	7	12	22
		경제구조	5	60	49	2	116
		경제이론 · 사상	2	34	42	57	135
		자본주의일반	9	13	37	19	78
		소계	16	110	135	90	351
	거시경제	경제성장 · 국민소득	1	48	14		33
		재정금융 · 국민생활	12	69	70	29	180
		대외경제거래	8	93	115	14	230
		거시경제일반	12	19	31	1	63
		소계	33	199	230	44	506
	부문경제 (산업 · 기업)	산업	17	85	70	7	179
		기업 · 노동	3	25	63	20	111
		소계	20	110	133	27	290
계			69	419	498	161	1,147

중분류영역별 전체현황을 보면 경제체제영역 관련 글이 351편, 거시경제영역 관련 글이 506편, 부문경제(산업 · 기업)영역 관련 글이 290편으로 거시경제영역 관련 글이 많은 편이나 그래도 영역별로 비교적 균등하게 분포되어 있는 것으로 볼 수 있다. 따라서 북한의 남한경제 분야에 대한 연구가 일단 표면상으로는 중분류의 세 영역 모두에 걸쳐 고르게 이루어져 왔다고 할 수 있다.

소분류 부문별로 세분화해서 살펴보면 경제체제영역[7]의 경우

___

7) 설명의 편의를 위해 〈표 4〉에서는 경제체제영역 소분류의 경제제도 · 구

〈표 4〉에서 보는 바와 같이 전체 351편 중 경제제도 부문 관련 글이 22편, 경제구조 부문 관련 글이 116편, 경제이론·사상부문 관련 글이 135편, 자본주의일반부문 관련 글이 78편으로 경제구조와 경제이론·사상부문 관련 글이 높은 비율을 차지하고 있다. 경제구조부문 관련 글들은 주로 반봉건성과 식민지적 예속성 등 남한경제의 불균형적인 내외적 구조를 집중적으로 부각시키고 있다. 경제이론·사상부문 관련 글들은 남한을 비롯한 자본주의세계의 경제를 적극적으로 옹호하거나 아니면 최소한 자본주의경제의 존속을 위해 복무하는 경제이론이나 사상을 마르크스주의 정치경제학의 입장에서 집중적으로 비판하고 있다. 모두 남한경제체제의 본질적인 문제점을 집중적으로 해부하여 근본적으로 비판하기 위해 이루어진 연구로 보인다. 시기적으로는 1948~1959년이 시대 배경상 해방 및 6·25전쟁 근년의 시기라 관련 연구활동이 이후 시기에 비해 불가피하게 부진할 수밖에 없었고 따라서 16편에 불과할 정도로 상대적으로 적었을 것이라는 점을 고려한다면, 경제체제영역 전반에 관한 연구도 전 시기에 걸쳐 비교적 고르게 이루어져 왔다고 볼 수 있다.

그러나 각 시기별 현황을 소분류부문별로 살펴보면 경제구조와 경제이론·사상부문에서 특이한 점이 발견된다. 우선 경제구조부문의 경우 1948~1959년을 제외한 나머지 세 시기를 비교하면 관련 글의 편수가 감소세를 보였으며 특히 2000~2009년 시기의 경우 상대적으로 짧은 기간임을 고려하더라도 2편에 불과할 정도로 급감했다는 점이다. 반대로 경제이론·사상 부문 관련 글의 편수는 증가세를 보였으며 특히 2000~2009년 시기의 경우 상대적으로 짧은 기간임에도 불구 59편으로 비교적 급증했다는 점이다.

전자의 경우는 세계경제에서 차지하는 남한 국민경제의 위상이

조부문을 경제제도와 경제구조로 별도로 분리하였다.

크게 달라져 이전 시기들과 같은 구조적 문제점의 부각을 통한 남한경제체제에 대한 비판의 적실성이 많이 감소된 것으로 판단하거나 남북한 경제협력의 급진전으로 남한경제에 대한 일방적인 비판을 의식적으로 자제하고 있기 때문인 것으로 보인다. 사실 자본주의일반부문으로 분류한 글들은 자본주의경제의 전반적 또는 영역별 문제를 다루고 있으나 남한경제를 직접적으로 언급하지는 않는다. 그러나 대부분의 글들이 자본주의경제인 남한경제의 문제점을 지적하는 것으로 판단해도 무방할 것으로 보인다. 따라서 변화된 남북한 경제관계를 일정 정도 고려하여 이전처럼 남한경제에 대한 직접적인 연구 또는 비판을 자제하고 자본주의일반에 대한 연구 또는 비판으로 우회하여 접근하고 있기 때문인 것으로도 비춰진다.

후자의 경우는—김일성종합대학학보와 경제연구를 중심으로 자본주의경제체제의 여러 영역과 전개과정의 각 단계에서 옹호 · 유포되고 있는 다양한 경제이론을 등장시켜 비판하고 있는 것으로 보아— 구소련과 동구권의 몰락 및 자본주의경제체제로의 전환과 더불어 확장되고 있는 자본주의경제의 세계화로부터 북한식 사회주의계획경제체제를 고수하기 위한 체계적인 방어논리 개발의 필요성이 증대되었기 때문인 것으로 보인다.

거시경제영역은 전체 506편 중 경제성장 · 국민소득부문 관련 글이 33편, 재정금융 · 국민생활부문 관련 글이 180편, 대외경제거래부문 관련 글이 230편, 거시경제일반부문으로 분류된 글이 63편으로 대외경제거래부문과 재정금융 · 국민생활부문 관련 글의 비율이 두드러지며 시기적으로는 1960~1979년과 1980~1999년 시기에 많이 집중되어 있다. 대외경제거래 부문의 경우 주로 남한 국민경제의 외세의존적인 측면을 집중적으로 부각 · 비판하기 위해 시도된 연구들인 것으로 보인다. 재정금융 · 국민생활부문 관련 글들도 기본적으로 대외경제거래부문 연구 관점의 연장선상에서 접근하고 있는 것으로 판단된다.

시기별 변화와 관련해서는 거시경제영역의 2000~2009년 시기의 관련 글의 편수가 각 소분류 부문 모두에서 급감한 것으로 나타나고 있다. 그러나 설정된 기간 자체가 이전 시기의 절반 정도밖에 되지 않는 짧은 기간인데다 남한 관련 글을 가장 많이 게재해왔던 남조선문제가 1988년 8월(누계 264호) 발간 분을 끝으로 발견되지 않아, 수집된 글의 편수가 전체적으로 대폭 줄어든 것이 가장 큰 원인인 것으로 보인다.

부문경제(산업·기업)영역은 전체 290편 중 산업부문 관련 글이 179편, 기업·노동부문 관련 글이 111편으로 역시 1960~1979년 및 1980~1999년 시기가 243편으로 압도적인 비율을 차지하고 있다. 〈표 4〉에서는 구체적으로 나타나지 않지만 산업부문을 좀 더 세분해서 살펴보면 전체 179편 중 농림수산업 관련 글이 121편, 광제조업 관련 글이 38편, 사회간접자본 및 서비스업 관련 글이 19편으로 농림수산업—그중에서도 농업 관련—글이 압도적인 비율을 차지하고 있다. 시기적으로는 1960~1979년(61편) 및 1980~1999년(47편) 두 시기에 집중되어 있으며 2000~2009년 시기의 경우 농업을 포함하는 농림수산업 관련 글이 단 한편도 발견되지 않았다.

그리고 기업·노동부문을 좀 더 세분해서 살펴보면 대기업 관련 글(20편), 중소기업 관련 글(8편), 기타 관영 또는 국영기업·공해기업·상장기업·부실기업 등을 비롯하여 그 외 기업 종류에 대한 별도의 구분 없이 기업 전반에 대해 언술하는 글(32편), 노사관계를 포함하는 노동 관련 글(51편) 등으로 구성되어 있으며 시기적으로는 역시 1960~1979년 및 1980~1999년 두 시기에 집중되어 있다. 산업부문 관련 글들은 주로 남한 국민경제의 각 산업영역에서 나타나는 내외적 구조의 불균형으로 인한 저발전의 문제를, 기업·노동부문 관련 글들은 기업의 경우 대기업 및 관영 또는 국영기업의 매판성과 중소기업의 취약성을, 노동의 경우 노동착취와 노사갈등·노사협조론의 은폐 또는 부당성 등을 각각 다루고 있는 것으로 나타나고 있다.

III. 남한경제연구의 인과 분석

이 장에서는 그동안 이루어진 북한의 남한경제 분야 연구를 영역별 및 시기별로 나누어 제1절에서는 연구주제 선정 및 지속성의 연구영역과의 상관성을 중심으로, 그리고 제2절에서는 연구의 계기와 범위설정 및 접근방법의 연구영역과의 상관성을 중심으로 간략한 인과 분석을 시도한다.

1. 연구주제 선정 및 지속성의 연구영역과의 상관성

이 절에서는 그동안 남조선문제, 경제연구, 김일성종합대학학보, 근로자에 게재된 북한의 남한경제연구 관련 글들에서 나타난 주요 세부주제들을 영역별 및 시기별로 분류하여 표로 제시하고, 그 표들을 토대로 연구동향을 살펴봄과 동시에 소분류 영역별로 연구주제 선정 및 지속성의 연구영역과의 상관성을 분석한다.

1) 경제체제영역

〈표 5〉 남한경제체제영역 연구의 부문별 · 시기별 주제현황

중분류	소분류	시기	주요 주제
경제체제	경제제도	48~59	
		60~79	공업소유권, 입찰, 고리대
		80~99	사적소유, 자본주의적 국가소유, 자유무역
		00~09	자본주의적 국가소유, 부르죠아국가, 고용, 기업회계 및

			의사결정, 유한회사, 시장거래
	경제구조	48~59	식민지군사경제
		60~79	식민지군사경제, 식민지반봉건경제, 민족자본, 매판(예속)자본, 식민지예속경제
		80~99	식민지군사경제, 식민지반봉건경제, 식민지예속경제, 식민지하청경제, 수출도형예속(대외의존)경제, 식민지반자본주의경제, 수출주도형식민지예속경제, 신식민지예속경제
		00~09	
	경제학	48~59	자유경제체제론, 케인즈주의, 과잉인구론, 후진국개발론
		60~79	경제적자유주의, 국가독점자본주의론, 후진국개발론, 부르죠아화폐신용론, 계획적자본주의, 신말사스주의, 케인즈주의, 남북문제론
		80~99	케인즈주의, 저임금정책변호론, 통화주의, 공급경제론, 후진국개발론, 노사협조론, 복지경제론, 후기공업사회론, 현대부르죠아 인플레론, 경제공황론, 임금론, 수요공급설, 사적소유소멸론, 경영전략론, 부르죠아조세론, 국민소득론,
		00~09	사회제도주의경제론, 신경제론, 소득분배론, 호상의존성론, 기술적상호작용론, 혼합경제론, 거시경제론, 미시경제론, 인플레론, 세계화론, 신말사스주의, 복지국가론, 자유방임주의, 케인즈주의, 공급경제론, 통화주의, 신보수주의, 계급협조론, 현대정보사회론, 중상주의무역사상, 국민소득론
	자본주의 일반	48~59	국가독점자본주의, 자본주의 위기, 자본주의 발전법칙
		60~79	독점자본주의, 자본주의와 노동계급, 자본주의와 경기순환, 자본주의경제위기
		80~99	제국주의와 부익부 빈익빈, 자본주의와 경기순환, 자본주의와 실업, 자본주의와 세계시장, 자본주의와 노동이동, 자본주의와 인구고령화, 자본주의와 경기순환
		00~09	공해와 자본주의, 자본주의와 시장경제, 자본주의 위기, 국가독점자본주의, 자본주의와 경기순환, 정보산업시대와 자본주의, 과학기술과 자본주의, 세계금융위기와 자본주의

* 조사 대상 자료: 남조선문제, 경제연구, 김일성종합대학학보, 근로자

(1) 경제제도

위의 4개 잡지에서 북한의 남한경제체제영역 연구 중 경제제도 부문 관련 글은 모두 20편이 실린 것으로 집계되었다. 시기별 주요 연구주제는 1948~1959년의 경우 관련 글이 발견되지 않았고, 1960~1979년의 경우 공업소유권제도·입찰제도·고리대제도 등으로, 1980~1999년은 사적소유제도·자본주의적 국가소유제도·자유무역제도 등으로, 2000~2009년은 자본주의적 국가소유제도·부르죠아국가제도·기업제도(고용제도, 회계제도, 의사결정제도, 유한회사제도), 시장거래제도 등으로 정리할 수 있다. 이 중 1960~1979년의 글들은 연구라기보다는 간단한 용어 해설에 불과하다. 1980년 이후의 글들은 대부분 남한경제를 직접적으로 언급하지 않고 자본주의경제일반과 관련된 제도를 언급하는 글들이나 남한경제도 자본주의경제인 만큼 밀접한 관련성을 가진다고 할 수 있다.

이들 연구주제들은 그 내용상 외적으로는 남한경제의 대외종속성을, 내적으로는 남한경제의 자본제적 또는 봉건제적 특성을 제도적인 측면에서 접근하여 비판하고 있다. 따라서 전적으로 마르크스주의 정치경제학의 관점에서 남한경제체제를 해석하여 설명하기 위한 목적으로 선정·연구되어온 것으로 보인다. 특히 1980년 이후의 세부주제들은 케인즈주의 또는 수정자본주의의 전개와 더불어 진행된 자본주의적 국가소유제의 확대나 신자유주의의 전개와 더불어 진행된 자본주의적 국가소유제의 축소를 사적소유제의 외형적 변화에 불과한 것으로 파악하고 있다. 뿐만 아니라 부르죠아지의 이해관철 수단으로서의 부르죠아국가제도 및 주식회사나 유한회사 등 자본주의 기업제도의 반동성을 지속적으로 주장하고 있다.

이와 같이 북한의 남한경제제도와 관련된 연구에서는 남한을 비롯한 자본주의세계의 각종 경제제도들이 그 외형상의 변화여부와는

무관하게 본질적으로 자본주의 경제의 존속을 위해 복무하고 있다
는 마르크스주의 정치경제학의 관점을 시종일관 반영하고 있다. 따
라서 북한의 남한경제제도에 대한 연구 관련 글들은 전적으로 마르
크스주의 정치경제학의 관점에서 남한경제체제를 해석·설명하여
북한 사회주의경제체제의 정당성과 우월성을 설파하기 위한 목적
으로 선정·연구되어 온 것으로 보인다.

(2) 경제구조

북한의 남한경제체제영역 연구 중 경제구조부문 관련 글은 위의
4개 잡지에서 모두 86편이 실린 것으로 나타났다. 연구들은 주로 남
한 국민경제의 구조적 특징을 규명하는 문제에 집중하고 있으며 이
는 내외적구조와 자본축적구조에 대한 주제들로 대별해 볼 수 있다.
내외적 구조 관련 글들의 주요 내용은 남한경제를 식민지군사경제,
식민지예속경제, 식민지봉건경제, 수출주도형예속경제, 외세의존예
속경제 등으로 표현하면서 남한 국민경제의 대외종속성, 특히 대미
및 대일 종속성을 일관되게 강조하고 있다.[8] 자본축적구조 관련 글
들의 경우 주로 남한에서의 자본축적의 조건이나 제약요인[9]을 다루
거나 매판 또는 예속자본의 형성과정과 그 해악성 또는 식민지성을
주장하는 내용[10]이 대부분을 차지하고 있으며 가끔씩 민족자본 형
성의 당위성과 한계를 밝히는 글들도 등장하고 있다.[11]

---

8) 김남수, 「더욱 심화되고 있는 남조선경제의 식민지적 예속성」, 『남조선
    문제』 1978년 12호, 44~46쪽 ; 김장철, 「≪수출주도형경제≫의 구조와 그
    문제점」, 『남조선문제』 1984년 6호, 49~52쪽 등을 참조.
9) 박노현, 「남조선에서 자본축적의 전제조건과 기본원천」, 『남조선문제』
    1966년 6호, 20~25쪽 참조.
10) 박량준, 「남조선에서의 예속자본육성정책」, 『남조선문제』 1966년 9호, 1~7쪽
    참조.

시기별 주요 연구주제는 1948~1959년의 경우 식민지군사(기지)경제 등으로, 1960~1979년은 식민지군사경제 · 식민지반봉건경제 · 민족자본 · 매판(예속)자본 · 식민지예속경제 등으로, 1980~1999년은 식민지군사경제 · 식민지반봉건경제 · 식민지예속경제 · 식민지하청경제 · 식민지반자본주의경제 · 수출주도형예속경제 · 신식민지예속경제 등으로 정리할 수 있으나 2000~2009년은 관련 논문이 발견되지 않는다.

이들 연구주제들은 남한경제에 대해 대외종속구조, 반자본 · 반봉제적 계급구조, 매판(예속)자본 중심의 왜곡된 자본축적구조 등 구조적인 모순이나 불균형성을 집중 부각시키는 방법으로 접근하여 비판하고 있다. 역시 마르크스주의 정치경제학의 관점에서 남한경제 체제를 해석하여 설명하기 위한 목적으로 선정 · 연구되어온 것으로 보인다.

그리고 이들 연구주제들은 대부분 1990년대에 이르기까지 지속적으로 이어지면서 재등장하고 있다. 이는 해방 이후 1990년대에 이르기까지 독점자본주의의 외적 표현인 제국주의 팽창의 부산물로서 외부로부터 조건 지어진 식민지(군사, 예속, 반자본, 반봉건, 하청) 남한경제체제의 전개과정이 제국주의 국가의 식민지에 대한 군사적 강점과 경제질서의 식민지적 재편성－원조－차관－투자－시장개방 등으로 이어짐과 동시에, 그 부작용으로서 각 단계별로 나타난 각종 경제위기 및 위기 해소방안이 마르크스주의 정치경제학의 관련 문제 분석 및 설명방식과 잘 부합했기 때문인 것으로 판단된다.

그러나 2000~2009년 시기의 관련 글은 발견되지 않고 있다. 이는 식민지경제로 보기에는 현저하게 달라진 2000년 전후의 남한경제의 세계적 위상으로 인해 전적으로 마르크스주의 정치경제학의 관점에만 입각해서 남한경제를 분석 및 해석하여 비판하거나 설명했던 이

11) 최민수, 「남조선의 민족자본과 그의 경제적 지위」, 『남조선문제』 1966년 11호, 50~57쪽 참조.

전의 북한식 접근방법의 적실성이 많이 줄어들었기 때문인 것으로 보인다. 아울러 2000년 이후 남북한 경제협력관계의 급진전으로 남한경제에 대한 비판을 의식적으로 자제하고 있기 때문인 것으로도 보인다. 후자와 관련해서는 남한경제구조에 대한 직접적인 비판 관련 글이 발견되지 않는 대신 자본주의 일반의 여러 가지 문제점에 대한 비판 관련 글이 상대적으로 많이 증가하고 있다는 사실이, 남북한 경제협력관계의 급진전과 더불어 남한경제에 대한 직접적인 비판을 삼가고 자본주의일반에 대한 비판으로 우회하고 있다는 점을 어느 정도 뒷받침해주는 것으로도 볼 수 있다.

(3) 경제이론 및 사상

북한의 남한경제체제영역 연구 중 경제이론 및 사상부문 관련 글은 모두 125편이 실린 것으로 집계되었다. 시기별 주요 연구주제는 1948~1959년의 경우 자유경제체제론·케인즈주의·과잉인구론·후진국개발론 등으로, 1960~1979년은 경제적자유주의·국가독점자본주의론·후진국개발론·부르죠아화폐신용론·계획적자본주의·신말사스주의·케인즈주의·남북문제론 등으로 정리할 수 있다. 그리고 1980~1999년은 케인즈주의·저임금정책변호론·통화주의·공급경제론·후진국개발론·노사협조론·복지경제론·후기공업사회론·현대부르죠아 인플레론·경제공황론·임금론·수요공급설·사적소유소멸론·경영전략론·부르죠아조세론·부르죠아국민소득론 등으로, 2000~2009년은 사회제도주의경제론, 신경제론, 소득분배론, 호상의존성론, 기술적상호작용론, 혼합경제론, 거시경제론, 미시경제론, 인플레론, 세계화론, 신말사스주의, 복지국가론, 자유방임주의, 케인즈주의, 공급경제론, 통화주의, 신보수주의, 계급협조론, 현대정보사회론, 중상주의무역사상, 국민소득론 등으로 정리할 수 있다.

이 중 1979년 이전의 연구주제들은 주로 '남조선에 류포되고 있는 부르죠아 경제리론'이라는 기본 전제하에 그 부당성을 강조함과 동시에 남한경제학의 식민지성을 강조하고 있다.[12] 따라서 이러한 연구들은 이들 이론이나 사상들이 미제국주의 식민지경제로서의 남한경제체제의 존속을 위해 직접적으로 활용되고 있다는 점을 집중적으로 밝히고 알리기 위해 선정·연구된 것으로 볼 수 있다.

반면에 1980년 이후의 연구주제들은 남한과 관련하여 직접적으로 접근하기보다는 자본주의경제일반의 변화과정에 조응하여 등장한 다양한 이론들의 반동성을 집중 부각시키고 있다. 특히 2000년 이후의 세부주제들은 신자유주의, 경제세계화, 후기산업사회, 정보사회 등으로 지칭되는 자본주의경제의 새로운 변화에 조응하는 이론이나 사상들에 대한 비판에 상대적으로 많이 집중되고 있다.

모두 자본주의경제체제의 존속을 위해 복무하는 주요 이론이나 사상들을 비판함으로써 사회주의경제체제의 우월성을 설파하기 위해 선정·연구된 것으로 볼 수 있다. 아울러 이러한 연구는 결과론적으로 남한경제체제를 근본적으로 비판하는 연구가 됨으로써 북한경제체제의 우월성을 자연스럽게 알리는 효과를 거두기 위해서 이루어진 것으로도 보인다.

2) 거시경제영역

〈표 6〉 북한의 남한거시경제영역 연구의 부문별·시기별 주제현황

중분류	소분류	세분류	시기	주요 주제
		경제	48~59	
		성장	60~79	경제개발 5개년계획, 중화학공업계획

---

12) 관련 주요 단행본으로는 리행호, 『남조선에 류포되고있는 부르죠야 경제리론비판』(평양: 사회과학출판사, 1976)을 참조.

거시경제	경제성장·국민소득		80~99	경제개발 5개년계획, 국토개발, 수출지향성산업, 경제사회발전계획, 안정성장정책, 국토계획
			00~09	
		국민소득	48~59	국민소득파탄
			60~79	국민소득측정방법, 국민소득수준, 국민소득분배
			80~99	국민소득지표, 빈부격차감축시책(＝국민소득분배정책)
			00~09	
	재정금융·국민생활	재정	48~59	재정파탄
			60~79	식민지군사재정, 재정지출의 군사성, 재정위기, 미제의 남조선 예산 약탈 및 수탈성, 식민지성 조세수탈, 국방비·군사비·폭압비 편중 예산
			80~99	국방·군사·폭압비 편중예산, 재정통화금융위기, 식민지군사침략성재정, 자본주의와 재정위기, 재정긴축정책
			00~09	자본주의와 조세원칙, 자본주의 세종구조
		화폐금융	48~59	
			60~79	환률, 은행 고리대금융, 사채시장, 국제통화위기와 경제파국
			80~99	화폐가치, 환율, 통화금융위기, 증권시장, 통화금융체계, 은행민영화, 사채시장(지하경제), 식민지금융기관들의 취약성, 외환위기, 주식시장침체, 금융자유화
			00~09	통화금융위기, 금융세계화, 증권투기
		국민생활	48~59	경제파탄과 빈곤
			60~79	경제파탄과 인민생활고, 생활개선투쟁, 내핍, 식량기근, 물가급등, 내자동원과 생활고, 조세수탈, 사교육비
			80~99	식량위기, 물가, 실업, 조세수탈, 근로대중 빈곤화
			00~09	실업대란, 조세수탈, 근로대중 생활고, 노년인구처지,
		무역	48~59	
			60~79	수출진흥정책, 무역불균형, 보세가공무역, 수출입국론, 무역을 통한 일본의 남조선 약탈

대외 경제 거래		80~99	무역의 식민지성, 미제의 남조선 대외무역지배책동, 밀무역, 무역적자, 수입자유화, 인플레와 무역, 시장 개방
		00~09	국가별 강행적 수출확대경쟁, 자본주의 무역과 비관세장벽
	자본 수출입	48~59	원조
		60~79	원조, 차관 투자, 외자도입, 대외부채, 기술제휴, 대외부채
		80~99	원조, 차관, 투자, 대외부채, 외자도입, 구제금융
		00~09	원조, 투자, 외자도입
	인력 수출입	48~59	
		60~79	인력수출정책
		80~99	인력수출실태
		00~09	
	남북한 협력	48~59	
		60~79	
		80~99	북남경제협력의 전제, 북남경제회담에서의 북한 방안 정당성
		00~09	
거시 경제 일반	경제 정세	48~59	산업파탄, 경제정세, 경제형편
		60~79	남북한 경제통계 수치비교
		80~99	경제파국
		00~09	
	경제 위기	48~59	
		60~79	경제위기, 경제파국, 경제불안정성
		80~99	경제안정화, 경제위기, 경제파멸, 경제불안정성, 경제파국
		00~09	경제위기

*조사 대상 자료: 남조선문제, 경제연구, 김일성종합대학학보, 근로자.

(1) 경제성장·국민소득

북한의 남한 거시경제영역 연구 중 경제성장·국민소득부문 관련 글은 4개 잡지에서 모두 26편이 실린 것으로 나타났다. 시기별 주요 연구주제로는 1948~1959년의 경우 국민소득파탄 등으로, 1960~1979 년은 경제개발계획·중화학공업계획·국민소득측정방법·국민소득수준·국민소득분배 등으로, 1980~1999년은 경제개발계획·국토개발·수출지향성산업·경제사회발전계획·안정성장정책·국토계획·국민소득지표·빈부격차감축시책(=국민소득분배정책) 등으로 정리할 수 있다. 그러나 2000(실제로는 1995년 이후부터)~2009년 상반기에 이르는 시기에는 관련 주제의 글이 발견되지 않는다.

이들 연구주제들은 우선 경제개발 및 성장 관련 연구의 경우 주로 경제개발계획의 허황성과 군사화[13] 등을 강조하고 있다. 주로 박정희정권부터 남한에서 단계별로 전개하고 있는 경제개발이나 성장정책이 지주와 예속자본가들에 대한 경제적 지원을 강조하는 반동적 수탈정책이자 미제의 군사침략적 목적에 복무하는 정책이라는 점을 들어 비판하고 그 성과를 평가절하하기 위해 이루어진 연구로 보인다.

그리고 국민소득 관련 연구는 기본적으로 남한의 국민소득과 사회총생산액의 실태가 미제와 그 주구들의 악랄한 식민지수탈정책, 특히 경제의 군사화정책으로 인해 자립적 민족경제의 길이 가로 막혀 극히 낮은 형편에 머물고 있다고 전제하고 있다. 따라서 남한 국민소득의 식민지적 특성이나 불균등 분배[14]로 인해 근로소득의 대

---

13) 한원택, 「박정희괴뢰도당이 들고 나온 〈제4차 경제개발 5개년 계획〉은 매국과 수탈, 전쟁의 계획」, 『남조선문제』 1977년 3호, 28~32쪽 참조.
14) 방순철, 「남조선에서 빈부의 차이를 낳는 ≪국민소득≫분배의 격차 심화」, 『남조선문제』 1981년 10호, 43~45쪽 참조.

부분이 미제와 그 주구들에게 돌아가고 있다는 점과 남한 국민소득 지표의 허황성 등을 강조하여 남한경제의 취약성을 알리기 위해 이루어진 연구로 보인다.

그러나 1995~2009년 시기에 관련 주제의 글이 발견되지 않은 이유는 1990년대 중반을 전후하여 현저하게 달라진 남한경제의 세계적 위상과 더욱 크게 벌어진 남북한 간 경제력의 격차로 인해 관련 주제들로는 남한경제에 대한 효과적인 비판이 더 이상 용이하지 않게 되었기 때문이라고 할 수 있다. 아울러 2000년 이후 남북한 경제협력관계의 급진전이 남한경제에 대한 직접적인 비판을 자제하도록 어느 정도 영향을 미치고 있기 때문인 것으로도 보인다. 후자와 관련해서는 남한경제에 대한 직접적인 비판 관련 글은 거의 게재되지 않고 자본주의일반의 여러 가지 문제점에 대한 비판 관련 글이 많이 게재되고 있다는 점이, 남북한 경제협력관계의 급진전과 더불어 북한에서 남한경제에 대한 직접적인 비판을 삼가고 자본주의일반에 대한 비판으로 우회하고 있다는 것을 어느 정도 반증해 주는 것으로 볼 수 있다.

(2) 재정금융·국민생활

위의 4개 잡지에서 북한의 남한 거시경제영역 연구 중 재정금융·국민생활 부문 관련 글은 모두 146편이 실린 것으로 집계되었다. 세분류부문별로 주제를 살펴보면 재정부문의 경우 남한 재정지출의 군사적 성격[15] 즉 과도한 국방비 책정이나 과도한 군사비 지출, 재정위기와 조세수탈체계의 강화, 예산편성의 부당성, 부가가치세의 약탈

---

15) 김광수, 「남조선 재정 지출의 군사적 성격」, 『남조선문제』 1965년 7호, 26~33쪽 참조.

성 등과 관련된 문제들을 주로 다루고 있다. 화폐부문은 불환지폐의
남발과 통화량 팽창으로 인한 남한 화폐가치 하락문제를 집중 조명
하고 있다. 금융부문은 미국의 남한 식민지은행체계의 재편성을 통
한 착취, 높은 이자율의 고리대금융, 지하사채시장 성행으로 인한
금융부문 혼란, 증권시장의 투기성,[16] 보험산업의 수탈성, 매판재벌
을 위한 은행민영화 등과 관련된 문제들에 주로 집중하고 있다.

　그리고 국민생활부문은 물가문제에 많이 집중되어 있다. 남한에
서 매일 치솟고 있는 공산품을 비롯한 각종 요금문제를 주로 다루고
있으며, 새로운 전쟁준비를 위한 군사비팽창과 이에 따르는 통화팽
창의 격화를 그 주된 요인으로 설명하고 있다. 이와 더불어 남한에서
의 물가통계의 조작성 문제도 다루고 있다. 실업 관련 주제들은 남한
이 기본적으로 실업이 만연한 사회라는 전제하에 경제파국으로 인한
고졸 및 대졸 청년들의 실업문제와 기업체의 감원바람으로 인한 실
업문제를 추가로 다루고 있다. 그 외에도 남한의 식량위기문제와
산업공해로 인한 생활환경의 악화문제 관련 주제들도 발견되고 있다.

　시기별 주요 연구주제는 1948~1959년의 경우 재정파탄·경제파탄
과 빈곤 등으로, 1960~1979년은 식민지군사재정·재정지출의 군사
성·재정위기·미제의 남조선 예산 약탈 및 수탈성·식민지성 조세
수탈·국방비/군사비/폭압비 편중 예산·환률·은행 고리대금융·사
채시장·국제통화위기와 경제파국·경제파탄과 인민생활고·생활개
선투쟁·식량기근·물가급등·내자동원과 생활고·조세수탈·사교육
비 등으로 정리할 수 있다. 그리고 1980~1999년은 국방/군사/폭압비
편중예산·재정통화금융위기·식민지군사침략성재정·자본주의와
재정위기·재정긴축정책·화폐가치·환율·통화금융위기·증권시
장·통화금융체계·은행민영화·사채시장(지하경제)·식민지금융기

16) 안은영, 「투기와 협잡으로 뒤엉킨 증권시장」, 『남조선문제』 1980년 9호,
　　49~51쪽 참조.

관·외환위기·주식시장침체·금융자유화·식량위기·물가·실업·
조세수탈·근로대중 빈곤화 등으로, 2000~2009년은 자본주의와 조세
원칙·자본주의 세종구조·통화금융위기·금융세계화·증권투기·실
업대란·조세수탈·근로대중 생활고·노년인구처지 등으로 정리할
수 있다.

이들 연구주제들 중 1999년 이전에 등장하는 주제들은 대부분 지
속적으로 반복되는 주제들로서 남한경제의 관련 부문들을 주로 직
접적으로 비판하고 있다. 모두 남한경제 전반을 효과적으로, 그리고
일정 정도는 실증적으로 비판할 수 있게 해주는 중요한 주제들이라
는 점에서 집중적으로 선정하여 연구한 것으로 볼 수 있다. 그러나
2000~2009년 시기에 발표된 관련 주제의 글들은 대부분 남한을 직
접적으로 언급하지 않고 자본주의경제일반과 연계하여 언술하고 있
다. 역시 2000년 이후 남북한 경제협력관계의 급진전이 남한경제에
대한 직접적인 비판을 자제하도록 어느 정도 영향을 미치고 있기 때
문인 것으로 보인다.

(3) 대외경제거래

북한의 남한 거시경제영역 연구 중 대외경제거래부문 관련 글은
위의 4개 잡지에서 모두 184편이 실린 것으로 나타났다. 연구들은
주로 원조, 차관, 기술이전, 대외부채, 합작투자, 직접투자 등과 같은
자본거래문제에 많이 집중되어 있으며 모두 미국이나 일본 독점자
본의 침투과정으로 규정하고 있다. 그리고 이를 통해 남한경제가 심
각한 위기국면으로 빠져들 수밖에 없다는 것을 원조-차관-합작투
자-직접투자 등으로 이어지는 대외 자본거래와 관련한 남한 국민
경제의 단계별 진행과정을 비교적 체계적으로 언술하면서 일관되게
비판하고 있다.[17] 남한의 대외 무역이나 시장개방의 문제도 자본거

래의 연장선상에서 설명하고 있다. 그 외 별도로 남한에서 한 때 벌어진 노동인력 수출 문제와 그 부당성을 비판하는 연구주제도 발견되고 있다.

시기별 주요 연구주제는 1948~1959년의 경우 원조 등으로, 1960~1979년은 원조·차관·투자·외자도입·대외부채·기술제휴·대외부채·수출진흥정책·무역불균형·수출입국론·무역을 통한 일본의 남조선 약탈 등으로 정리할 수 있다. 그리고 1980~1999년은 원조·차관·투자·대외부채·외자도입·구제금융·무역의 식민지성·미제의 남조선 대외무역지배책동·밀무역·무역적자·수입자유화·인플레와 무역·시장개방 등으로, 2000~2009년은 원조·투자·외자도입·국가별 강행적 수출확대경쟁·자본주의 무역과 비관세장벽 등으로 정리할 수 있다.

원조, 차관, 투자(직접, 합작), 기술제휴, 대외부채, 외자도입, 무역불균형, 수입자유화, 시장개방 등으로 대표되는 대외경제거래부문의 연구주제들은 남한경제체제의 식민지성을 실증하기 위해 북한에서 선정하고 있는 가장 핵심적인 주제들인 것으로 보인다. 마르크스주의 정치경제학에 의하면 이들 주제들은 대부분 '자본수출'의 범주에 포함될 수 있으며 자본수출은 독점자본주의의 기본적인 경제적 특징의 하나이자 타국의 주민들을 지배·착취하는 강력한 수단의 하나이다. 그리고 자본수출은 원조로부터 시작하여 단계별로 차관이나 기술제휴-합작 또는 직접투자 등의 형태로 필연적으로 진행된다. 또한 그 과정에서 자본수입국의 대외부채가 증가하게 되고 그 해결을 위한 외자도입과 외자도입 조건으로서의 각종 시장개방 등이 불가피하게 이어지면서 자본수입국의 경제가 자본수출국에 지속으로 종속 또는 식민지화 되어 파멸의 늪에서 벗어나지 못하게 된다.

---

17) 장호, 「최근 미국독점체들의 증대되는 직접투자와 그 침략성」, 『남조선문제』 1987년 5호, 38~41쪽 참조.

따라서 시기별로 관련 주제들이 집중 선정되어 연구된 주된 이유는 해방 이후부터 적어도 1990년대 말 이전까지 주로 미국과 연계된 남한경제의 진행과정이 단계별로 이와 유사한 패턴으로 일정 부분 진행되어 온 점이, 마르크스주의 정치경제학의 관점을 기본 전제로 하여 남한경제를 식민지경제로 보고 비판하고자 하는 북한의 연구목적에 잘 부합했기 때문인 것으로 볼 수 있다.

한편 주로 2000~2009년 시기에 발표된 관련 주제의 글들은 대부분 남한을 직접적으로 언급하지 않고 자본주의경제일반과 연계하여 언술하고 있다. 역시 식민지경제로 보기에는 현저하게 달라진 2000년 전후의 남한경제의 세계적 위상으로 인해 전적으로 마르크스주의 정치경제학의 관점에만 입각해서 남한경제를 분석 및 해석하여 비판하거나 설명했던 이전의 북한식 접근방법의 적실성이 많이 줄어들었기 때문인 것으로 보인다. 아울러 2000년 이후 남북한 경제협력관계의 급진전으로 남한경제에 대한 직접적인 비판을 의식적으로 자제하고 있기 때문인 것으로도 보인다.

3) 부문경제(산업 · 기업)영역

〈표 7〉 북한의 남한 부문경제(산업 · 기업)영역 연구의 부문별 · 시기별 주제현황

소분류	세분류	시기	세세분류 및 주요 주제
산업 · 기업	농림 수산업	48~59	* 농업: 농민투쟁, 농업정책
		60~79	* 농업: 농민착취, 농지개혁, 농업유통체계, 미농산물 강매, 농업근대화정책, 곡물가격과 농민생활, 미제 원조농업정책, 중농정책, 농촌과잉인구, 농촌고리대착취, 농업위기, 식량생산, 농업병, 곡물가격, 양곡매상, 매판자본의 토지매점, 공해와 농산물 피해, 농업생산력/ * 어업: 입어료, 어촌착취구조, 미제의 수산업 약탈정책, 어업협동조합, 수산업 파탄, 어민생활 참상, 한일어업협정/ * 임업: 산림자원 황폐화

		80~99	* 농업: 양곡매상, 농촌착취구조, 농업정책, 남새파동, 식량난, 농업의 물질기술적 토대, 농업협동조합, 미국잉여농산물도입, 농가부채, 농업소득추이, 식량 해외의존도, 경지면적과 식량난, 이농현상, 농산물수입자유화, 농업위기, 농업의 식민지적예속성, 미제의 농업말살정책/ * 어업: 유류값 인상과 어민생활참상, 수산업침체
		00~09	
	광·제조업	48~59	
		60~79	공업파탄, 공업구조, 공업근대화정책, 공업생산고 통계, 공업단지, 산업공해, 공업단지, 공업의 식민성적 예속성,정유공업, 군수산업, 공업위기
		80~99	석유위기, 매판자본 자금난과 공업파산, 석탄공업위기, 자본주의경제위기와 에너지산업, 원료 및 자원난, 중화학공업육성책동
		00~09	
	간접자본·서비스업	48~59	
		60~79	민족상업, 철도운수, 소상인과 수공업자, 고속도로, 입시산업
		80~99	해저터널건설책동, 고속도로, 사회간접자본(철도, 고속도로, 항만, 통신시설), 유흥업의 식민지예속성
		00~09	정보산업, 자본주의이윤경제, 자본주의상업과 광고
	기업	48~59	
		60~79	대기업, 중소기업, 관영(국영)기업, 부실기업, 기업일반(하청, 기업계열화)
		80~99	대기업, 중소기업, 관영(국영)기업, 상장기업, 기업일반(감량경영법, 사업부제, 하청, 기업관리법, 특허기술관리, 주식회사, 산업공학)
		00~09	기업일반(회계제도, 임시고용증대, 이윤분배, 금융기관 경영원칙, 기업경영전략, 주식회사 기업계열구조)
	노동	48~59	자본주의 강제노동, 식민지예속국가에서의 노동운동, 현대 자본주의 나라 노동운동
		60~79	저임금요인, 노동자 저임금정책, 제조업노동자 임금실태, 실질임금 통계 왜곡, 제국주의 독점기업 노예노동, 외래독점기업노동자들의 투쟁

	80~99	제국주의 독점기업 노예노동, 식민지적 임금체계, 실질임금저하요인, 저임금지대, 산업재해, 수당금제, 제국주의와 노동시간제, 노사정간담회, 노사협조론, 기업주·노동자 잉여 분배구조, 노동운동, 채불임금, 산업평화론
	00~09	기업관리제도, 자본주의 노동시장, 지능노동자, 정보산업시대의 착취, 노동조합관계관리, 노사협의제

* 조사 대상 자료: 남조선문제, 경제연구, 김일성종합대학학보, 근로자.

(1) 산업(농림수산업, 광·제조업, 사회간접자본 및 서비스업)

부문경제(산업·기업)영역 연구 중 산업부문의 경우 농림수산업, 광·제조업(공업), 사회간접자본 및 서비스업으로 나누어서 살펴볼 수 있으며 위의 4개 잡지에서 모두 146편이 실린 것으로 집계되었다. 연구들은 우선 농림수산업의 농업부문의 경우 조세와 유통체계를 통한 농민수탈,[18] 미국 잉여농산물의 유입과 남한 농업파괴, 농업근대화정책과 농업협동조합의 반인민적 수탈성, 곡물가격 책정의 부당성, 농가부채의 심각성, 이농현상과 농업위기 심화 및 식량의 해외의존성 등의 주제에 집중 할애하고 있으며 공해로 인한 농작물 피해나 농산물 수입자유화와 농업위기 관련 주제들도 발견된다.

수산업부문에서는 남한 어촌착취구조의 반봉건적 성격, 남한 수산업에 대한 미제의 약탈정책과 어업협동조합의 반인민적 수탈성 등의 주제를 주로 다루고 있다. 그러나 임업부문은 현재까지 미제의 전쟁정책과 식민지약탈로 인한 남한산림자원의 황폐화를 다루는 글 한편만 발견되고 있다. 그리고 광·제조업 부문에서는 주로 공업근

---

18) 량하호, 「남조선에서의 조세 및 류통체계를 통한 농민수탈」, 『남조선문제』 1966년 2호, 33~38쪽 참조.

대화정책이나 공업단지조성정책의 반동적 본질, 민족공업의 취약성, 남한공업의 군사적 및 식민지적 성격, 연료 및 자원난과 남한공업의 위기, 중화학공업육성정책의 군사적 성격 등을 주요 주제로 하고 있다. 마지막으로 사회간접자본 및 서비스업부문의 경우 주로 철도, 고속도로 등 교통운수와 통신시설 확대의 군사적 성격 등과 관련된 주제들을 다루고 있다.

  산업부문의 시기별 주요 연구주제들을 구체적으로 살펴보면 1948~1959년의 경우 농민투쟁·농업정책 등으로, 1960~1979년은 농민착취·농지개혁·농업유통체계·미농산물 강매·농업근대화정책·곡물가격과 농민생활·미제 원조농업청책·중농정책·농촌과잉인구·농촌고리대착취·농업위기·식량생산·농업병·곡물가격·양곡매상·매판자본의 토지매점·공해와 농산물 피해·농업생산력·입어료·어촌착취구조·미제의 수산업 약탈정책·어업협동조합·수산업 파탄·어민생활 참상·한일어업협정·산림자원 황폐화·공업파탄·공업구조·공업근대화정책·공업생산고 통계·공업단지·산업공해·공업의 식민성적 예속성·정유공업·군수산업·공업위기·민족상업·철도운수·소상인과 수공업자·고속도로·입시산업 등으로 정리할 수 있다. 그리고 1980~1999년은 양곡매상·농촌착취구조·농업정책·남새파동·식량난·농업의 물질기술적 토대·농업협동조합·미국잉여농산물도입·농가부채·농업소득추이·식량 해외의존도·영농방법·경지면적과 식량난·이농현상·농산물수입자유화·농업위기·농업의 식민지적예속성·미제의 농업말살정책·유류값 인상과 어민생활참상·수산업침체·석유위기·매판자본 자금난과 공업파산·석탄공업위기·자본주의경제위기와 에너지산업·원료 및 자원난·중화학공업육성책동·해저터널건설책동·고속도로·사회간접자본(철도, 고속도로, 항만, 통신시설)·유흥업의 식민지예속성 등으로, 2000~2009년은 정보산업·자본주의이윤경제·자본주의상업과 광고 등으로 정리할 수 있다.

위에서 보는 바와 같이 2000년 이전의 남한산업 부문 주요 연구 주제들은 분단 이후 전개된 남한경제의 각 산업부문에서 시기별로 드러나는 다양한 문제점들이나 사건들 그리고 관련 정책들을 집중적으로 수집하여 남한산업의 취약성이나 착취에 시달리는 관련 산업 종사자들의 열악한 처지와 연계시키면서 비판 일변도로 해석·언술하고 있다. 주로 북한산업 및 북한의 관련 산업종사자들 생활환경의 상대적인 우월성을 각인시켜 주기 위해 집중적으로 선정된 주제들인 것으로 보인다.

한편 철도, 고속도로, 항만, 통신시설과 같은 사회간접자본 및 중화학공업 육성 관련 정책의 경우 전적으로 미제의 군사침략적 목적을 위해 실시되고 있는 것으로 보고 있다. 이는 남한산업에 대한 평가절하와 더불어, 북한에 대한 미제와 남한정권의 침략성에 대한 강조와 함께 적대감의 조성을 통한 내부결속의 지속적인 공고화에도 적극 활용하기 위해 선정된 주제들인 것으로 보인다.

그러나 2000~2009년의 산업부문 관련 주제들은 남한을 직접적으로 비판하지 않고 자본주의 일반의 전개과정에서 새롭게 등장하는 정보산업이나 광고산업 등과 관련하여 나타나는 문제들을 마르크스주의 정치경제학의 관점에서 해석하여 비판하고 있다. 모두 남한경제와 무관하지 않으며 따라서 간접적이지만 우회하여 남한경제를 비판하는 것으로 볼 수 있다. 이 역시 2000년 이후 남북한 경제협력관계의 급진전으로 남한경제에 대한 직접적인 비판을 의식적으로 자제하고 있거나 달라진 남한경제의 위상 때문인 것으로 보인다.

(2) 기업(기업과 노동)

부문경제(산업·기업)영역 연구 중 기업부문은 기업과 노동부문으로 세분류했으며 이 중 기업부문은 대기업, 관영기업, 중소기업 등으로 나누어서 살펴볼 수 있다. 우선 대기업 부문의 경우 특권을 통해 성장한 소수 대기업의 남한사회 거의 전 영역에 걸친 지배, 대기업의 토지매점 또는 투기를 통한 치부, 대기업 상호 간의 결탁을 통한 재산 확충과 이로 인한 절대다수 근로인민대중의 빈곤 심화, 적산불하·원조·외자도입 등의 일련의 과정에서 이루어지는 대기업의 급성장과 부정축재, 부채와 자금난으로 인한 대기업의 파산위기 봉착, 주요 대기업의 부도사건 등과 관련된 주제들에 집중하고 있다.[19]

관영기업의 경우는 남한경제의 군사화에 복무하는 관영기업의 반동성 문제와 더불어 관영기업 민영화의 부당성 문제 등과 관련된 주제들을 다루고 있다. 중소기업의 경우는 남한정권의 소위 중소기업 육성정책의 부당성에 대한 비판과 더불어 중소기업의 경영위기 또는 파산위기 등과 관련된 주제들을 주로 다루고 있다. 그 외 공해기업의 문제도 다루고 있다.

노동부문의 경우 노동자들의 저임금 상태와 그 요인[20]을 기본적으로 외래독점자본과 남한의 예속자본의 이중적 착취 및 지속적으로 유지·보존되고 있는 봉건적 제도에서 연유하는 것으로 보고 있다. 이와 더불어 식민지적 임금체계, 외래독점기업에 의한 노예노동의 강요와 이에 대한 노동자들의 투쟁, 남한정권 특히 박정희정권의 약탈적 저임금정책, 노동자들의 산업재해 등과 관련된 주제들에 집중하고 있다. 그 외에도 소위 노사협조론의 부당성을 비판하는 주제도 등장하고 있다.

---

19) 방순철, 「매판자본가들을 살찌우기 위한 ≪기업체질개선대책≫」, 『남조선문제』 1981년 8호, 46~47쪽 참조.
20) 서재형, 「남조선 로동자들의 저임금상태와 그 요인」, 『남조선문제』 1995년 8호, 31~38쪽 참조.

기업과 노동부문의 시기별 주요 연구주제들을 구체적으로 살펴보면 1948~1959년의 경우 자본주의 강제노동 · 식민지예속국가에서의 노동운동 · 현대자본주의나라 노동운동 등으로, 1960~1979년은 대기업 · 중소기업 · 관영(국영)기업 · 부실기업 · 기업일반(하청, 기업계열화) · 저임금요인 · 노동자 저임금정책 · 제조업노동자 임금실태 · 실질임금통계 왜곡 · 제국주의 독점기업 노예노동 · 외래독점기업노동자들의 투쟁 등으로 정리할 수 있다. 그리고 1980~1999년은 대기업 · 중소기업 · 관영(국영)기업 · 상장기업 · 기업일반(감량경영법, 사업부제, 하청, 기업관리법, 특허기술관리, 주식회사, 산업공학) · 제국주의 독점기업 노예노동 · 식민지적 임금체계 · 실질임금저하요인 · 저임금지대 · 산업재해, 수당금제 · 제국주의와 노동시간제 · 노사정간담회 · 노사협조론 · 기업주/노동자 잉여 분배구조 · 노동운동 · 채불임금 · 산업평화론 등으로, 2000~2009년은 기업일반(회계제도, 임시고용증대, 이윤분배, 금융기관 경영원칙, 기업경영전략, 주식회사 기업계열구조) · 기업관리제도 · 자본주의 노동시장 · 지능노동자 · 정보산업시대의 착취 · 노동조합관계관리 · 노사협의제 등으로 정리할 수 있다.

위에서 보는 바와 같이 남한을 직접인 연구대상으로 하는 기업과 노동부문 주요 연구주제들은 주로 특히 1960년대에 접어들면서 집중적으로 발표되고 있으며 이 중 특히 대기업, 중소기업, 관영(국영)기업 등과 관련된 주제들은 1990년대에 이르기까지 지속적으로 등장하고 있다. 주로 관영(국영)기업의 식민지성 규명과 더불어 대기업의 매판성과 민족기업인 중소기업의 허약성을 대비시켜 부각하고 있다. 주로 대기업의 매판성, 비도덕성, 수탈성 등 남한경제에 대한 악영향의 근거들을 조사 · 제시함과 동시에 중소기업의 상대적으로 열악한 처지와 대비시켜 남한경제의 구조적 취약성과 식민지적 착취성을 집중 부각시키기 위해 지속적으로 선정된 주제들이라고 할 수 있다.

노동부문 관련 주제의 경우 노동실태나 강도, 임금실태 등을 다루는 주제들이 1960년대 이후부터 등장하기 시작하여 1999년에 이르기까지 지속적으로 이어지고 있다. 이는 이들 주제들이 자본주의경제 비판의 핵심적인 요소의 하나인 노동자에 대한 착취 또는 노동자 잉여의 분배구조 왜곡문제를 다루는 데 있어 없어서는 안 될 주제이기 때문에 계속 선정·연구되는 것으로 볼 수 있다.

한편 1948~1959년의 관련 주제는 예외로 치더라도, 1980년대 중반 이후로 남한경제에 대한 직접적인 언급 없이 자본주의 일반과 연계시켜 각종 관련 문제들을 언술하는 주제들도 상당수 등장하고 있다. 이는 1980년대를 전후하여 급격하게 변모한 자본주의경제에서 새롭게 등장하는 다양한 관련 문제들을 마르크스주의 정치경제학의 입장에서 해석하여 그 본질을 알기 위해 선정되어 이루어진 연구들로 보인다. 그리고 이러한 현상은 2000~2009년에는 더욱 두드러지게 나타나는데 이는 새롭게 등장하는 문제들에 대한 마르크스주의 정치경제학적인 해석 및 설파라는 기본 목적과 더불어 2000년 이후 남북한 경제협력관계의 급진전도 역시 중요한 변수의 하나로 작용한 것으로 보인다.

2. 연구의 계기와 범위설정 및 접근방법의 연구영역과의 상관성

이 절에서는 경제연구, 김일성종합대학학보, 근로자에 실린 북한의 남한경제 분야 관련 연구들에서 나타나는 연구의 계기, 범위설정 및 접근방법을 각각 몇 가지 기준점을 적용하여 구분하고 그 현황을 표로 제시한다. 이와 더불어 표에 나타난 통계치를 토대로 각 영역별 또는 부문별 연구의 특성이나 경향성을 파악한 후, 거기에 영향을 미친 요인 또는 변수를 찾아내는 방법으로 북한의 남한경제

분야 연구의 계기와 범위설정 및 접근방법과 각 영구영역과의 상관
성을 분석한다.

1) 연구의 계기

북한의 남한경제연구를 촉발하는 요인은 매우 다양할 수 있으나
가장 근본 적인 요인은 남한경제에 대한 비판을 통해 북한경제의
우월성을 확인 또는 강조하고 북한경제체제의 정당성을 설파하려는
목적일 것이다. 그러나 북한의 남한경제 관련 각 연구의 직접적인
계기는 기본적으로 남한요인과 북한요인 및 자본주의 등과 관련해
서 이루어지고 있는 것으로 파악되며 남한요인과 북한요인은 다시
각각 정책적인 요인과 일반적인 요인으로 나누어서 구분할 수 있
다. 이를 기준으로 조사한 3개 잡지에 실린 북한의 남한경제 분야
연구들의 연구계기와 관련된 전체 현황이 다음 〈표 8〉과 같이 집계
되었다. 이하에서는 〈표 8〉을 토대로 그동안 북한에서 이루어진 남
한경제 연구의 계기와 관련된 전반적인 현황을 개괄적으로 분석함
과 더불어 간략하게나마 그 인관관계를 분석한다.

〈표 8〉에서 보는 바와 같이 3개 잡지에 수록된 남한경제 연구 관
련 글 전체 434편 중 남한의 경제정책이 계기가 되어 이루어진 연구
(이하 남한정책으로 표기함)는 69편, 남한경제의 일반적 상황이 계기
가 되어 이루어진 연구(이하 남한일반으로 표기함)는 81편, 북한정책
이 계기가 되어 이루어진 연구(이하 북한정책으로 표기함)는 2편(표
에서는 자본주의란에 +표시 형태의 숫자로 표기했음), 그 외 자본주
의 일반이 계기가 되어 이루어진 연구(이하 자본주의로 표기함)는
282편인 것으로 각각 나타났다.

〈표 8〉 영역별 · 시기별 남한경제 연구계기 현황

중분류	소분류	~1959			1960~1979			1980~1999			2000~2009			합계			계
		남한정책	남한일반	자본주의	남한정책	남한일반	자본주의	남한정책	남한일반	자본주의	남한정책	남한일반	자본주의	남한정책	남한일반	자본주의	
경제체제	A									4			12			16	16
	B	2			2	6		2	6	2			1	6	12	3	21
	C	1	1		2	4	15	1		35		1	56	4	6	106	116
	D			9			8			31			17			65	65
	계	3	1	9	4	10	23	3	6	72		1	86	10	18	190	218
거시경제	E		1		4			2						6	1		7
	F	2	1		4	3		4	4	7		1	26	10	9	33	52
	G	1	1		3	9	+1	7	11	6 +1		1	11	11	22	17 +2	52
	H	2	3		2	2		4	7	1		1		8	13	1	22
	계	5	6		13	14	+1	17	22	14 +1		3	37	35	45	51 +2	133
부문경제	I	7			8	8		7	6				7	22	14	7	43
	J			3	1			1	3	14		1	17	2	4	34	40
	계	7		3	9	8		8	9	14		1	24	24	18	41	83
합계		15	7	12	26	32	23 +1	28	37	100 +1		5	147	69	81	282 +2	434

* 지면상의 한계로 A는 경제제도, B는 경제구조, C는 경제이론·사상, D는 자본주의일반, E는 경제성장·국민소득, F는 재정금융·국민생활, G는 대외경제거래, H는 거시경제일반, I는 산업, J는 기업과 노동을 각각 대신 표기한 것임.
* 북한요인에 의한 글도 2편(모두 북한정책요인 임)이 발견되었으나 지면상의 한계로 표를 구성하는 기본 항목에서 제외했으며 대신 자본주의란에 +표시 형태의 숫자로 표기했음.

이를 다시 중분류영역별로 나누어서 살펴보면 우선 경제체제영역의 경우 전체 218편 중 남한정책 10편과 남한일반 18편에 비해 자본주의가 190편으로 압도적인 비율을 차지하고 있다. 따라서 북한의 남한경제체제영역 연구의 전반적인 계기는 북한보다는 남한, 남한보다는 자본주의에 의해 주로 이루어진 것으로 볼 수 있으며 이는 남한경제체제영역에 대한 간접적인 연구가 직접적인 연구보다 비율이 현저하게 높다는 것을 보여주는 것이 된다. 또한 남한경제체제영역을 직접적인 연구대상으로 한 연구의 경우 남한정책보다는 남한일반이 연구계기로 더 많이 작용했다는 것을 보여주고 있다. 자본주의로 표현되는 남한경제체제영역에 대한 간접적인 연구는 시기적으로 1980~1999년과 2000~2009년에 많이 집중되어 있다. 1980~1999년에 간접적인 연구들이 집중적으로 이루어진 이유는 주로 1980년을 전후하여 자본주의경제체제 전반을 구성하는 각 요소들이 새로운 모습으로 변화되자 마르크스주의 정치경제학의 관점에서 이를 해석하여 그 본질을 밝히고 알려야 할 필요성이 증가했기 때문이었던 것으로 보인다. 그리고 2000~2009년에 간접적인 연구들이 집중적으로 이루어진 이유는 앞의 경우와 더불어 2000년 이후로 급진전된 남북관계의 변화가 자본주의 연구를 통한 남한경제체제영역에 대한 간접적인 연구로 우회하도록 일정 정도 변수로 작용했기 때문인 것으로 보인다.

거시경제영역은 전체 133편 중 남한정책 35편, 남한일반 45편, 북한정책 2편, 자본주의 53편으로 나타나는 바와 같이 북한보다는 자본주의, 자본주의보다는 남한요인이 계기가 되어 이루어진 연구가 더 많았다. 그리고 남한거시경제영역을 직접적인 연구대상으로 한 연구의 경우 남한정책보다는 남한일반이 연구계기로 더 많이 작용하였다. 그러나 2000~2009년에는 남한 3편(모두 남한일반)에 비해 자본주의가 30편으로 압도적인 비율을 차지하고 있다. 이러한 현상 역시 자본주의 일반의 전반적인 변화를 사회주의 북한경제체제의 수호를 위해 마르크스주의 정치경제학의 관점에서 해석해야 할 필요성의 증가와 더불어 2000년 이후로 급진전된 남북관계의 변화도 일정 정도 변수로 작용했기 때문인 것으로 보인다.

부문경제영역은 전체 83편 중 남한정책 24편, 남한일반 18편, 자본주의 41편으로 전체적으로는 북한요인은 없고 남한(42편)과 자본주의(41편)가 비교적 균등하게 연구계기로 작용한 것으로 나타나고 있다. 그러나 2000~2009년에는 남한일반 1편에 비해 자본주의가 24편으로 압도적인 비율을 차지하고 있다. 이 역시 자본주의 일반의 전반적인 변화와 더불어 나타나는 산업, 기업, 노동 등 각 부문경제에서 발생하는 다양한 새로운 현상들을 사회주의 북한경제체제의 수호를 위해 마르크스주의 정치경제학의 관점에서 해석해야 할 필요성이 증가했기 때문인 것으로 보인다. 이와 더불어, 2000년 이후로 급진전된 남북관계의 변화도 일정 정도 변수로 작용했기 때문인 것으로도 보인다.

2) 연구의 범위설정

북한의 남한경제 연구에 있어 가장 기본적인 연구범위는 물론 남한이라고 할 수 있다. 그러나 자본주의경제체제의 세계적인 팽창과 더불어 일국의 국민경제에 대한 체계적인 연구 또는 이해를 위해서는 연구범위를 일국자체에만 국한시켜 파악할 수만은 없게 되었다. 이는 북한의 남한경제 연구에 있어서도 마찬가지일 것이다. 오히려 북한의 남한경제 관련 각 연구는 연구범위를 지나치게 확장시키고 있는 것으로 보이며 세분해 보면 주로 남한, 남한과 미국(이하 한미로 표기), 남한과 일본(이하 한일로 표기), 남한과 미국 및 일본(이하 한미일로 표기), 자본주의로 구분된다. 이를 기준으로 조사한 3개 잡지에 실린 북한의 남한경제 분야 연구들의 범위설정과 관련된 전체

현황이 〈표 9〉와 같이 집계되었다. 이하에서는 〈표 9〉를 토대로 그동안 북한에서 이루어진 남한경제 연구의 범위설정과 관련된 전반적인 현황을 개괄적으로 분석하고 간략하게나마 그 인관관계를 분석한다.

〈표 9〉 영역별 · 시기별 남한경제 연구범위 현황

중분류	소분류	~1959			1960~1979			1980~1999			2000~2009			합계		
		남한	한미	한일	남한	한미	한일	남한	한미	한일	남한	한미	한일	남한	한미	한일
		한미일	자본주의	계	한미일	자본주의	계	한미일	자본주의	계	한미일	자본주의	계	한미일	자본주의	계
경제체제	A								4	4		12	12		16	16
	B	2			7			4						13		
				2		1	8	1	5	10		1	1	1	7	21
	C	1			2	3		1						2	5	
			1	2		16	21		35	36		57	57		109	116
	D															
			9	9		8	8		31	31		17	17		65	65
	계	3			2	12		5						2	18	
			10	13		25	37	1	75	81		87	87	1	197	218
거시경제	E	1			1	1		2						1	4	
			1	2			4								2	7
	F	3			1	6		7						1	16	
				3			7		8	15		27	27		35	52
	G	2			7	3		7	2					16	5	
			2	2		+1	13	7	8+1	25	1	11	12	10	19+2	52
	H	5			1			2						1	7	
				5		3	4		2	8	1	12	12	1	2	22

계	11		3	13+1	4		18	2			3	43	5	
		11	7		28	15	18+1	54	2	38	40	24	56+2	133
부문경제 I	1	6		4	12		1	11				6	29	
			7			16	1		13		7	7	1	7	43
J				1				3			1		5	
		3	3			1		14	18		17	18	1	34	40
계	1	6		4	13			1				6	34	
		3	10			17	2	14	31		24	25	2	41	83
합계	1	20		9	37	3	1	37	2		1		11	95	5
		13	34	7	25+1	82	18	107+1	166	2	149	152	27	294+2	434

* 지면상의 한계로 A는 경제제도, B는 경제구조, C는 경제이론·사상, D는 자본주의일반, E는 경제성장·국민소득, F는 재정금융·국민생활, G는 대외경제거래, H는 거시경제일반, I는 산업, J는 기업과 노동을 각각 대신 표기한 것임.
* 연구범위가 남북한으로 분류되는 글도 2편이 발견되었으나 지면상의 한계로 표를 구성하는 기본 항목에서 제외했으며 대신 자본주의란에 +표시 형태의 숫자로 표기했음.

〈표 9〉에서 보는 바와 같이 3개 잡지에 수록된 남한경제 연구 관련 글 전체 434편 중 연구범위를 남한으로 설정하고 있는 글은 11편, 한미로 설정하고 있는 글은 95편, 한일로 설정하고 있는 글은 5편, 한미일로 설정하고 있는 글은 27편, 남북한으로 설정하고 있는 글은 2편, 자본주의로 설정하고 있는 글은 294편인 것으로 각각 나타났다.

이를 다시 중분류영역별로 나누어서 살펴보면 우선 경제체제영역의 경우 전체 218편 중 남한 2편과 한미 5편에 비해 자본주의가 197편으로 압도적인 비율을 차지하고 있다. 따라서 북한의 남한경제체제영역의 연구범위는 한일보다는 남한, 남한보다는 한미, 한미보다는 자본주의가 전반적으로 많이 설정되고 있으며 이는 남한경제체제영역에 대한 간접적인 연구가 직접적인 연구보다 비율이 현저하게 높다는 것을 보여주는 것이 된다. 또한 남한경제체제영역을 직접적인 연구대상으로 한 연구의 경우 남한보다는 한미가 연구범위로 2배 이상 많이 설정되었다는 것을 보여준다.

자본주의로 표현되는 남한경제체제영역에 대한 간접적인 연구는 시기적으로 1980~1999년과 2000~2009년에 많이 집중되어 있다. 이는 1980~1999년의 경우 1980년을 전후하여 자본주의경제체제 전반을 구성하는 각 요소들이 새로운 모습으로 변화되자 마르크스주의 정치경제학의 관점에서 이를 해석하여 그 본질을 밝히고 알리기 위해서 이루어진 것으로 보인다. 그리고 2000~2009년의 경우는 이와 더불어 2000년 이후로 급진전된 남북관계의 변화도 일정 정도 변수로 작용한 것으로 보인다.

거시경제영역은 전체 133편 중 남한 3편, 한미 43편, 한일 5편, 한미일 24편, 남북한 2편, 자본주의 56편으로 나타난다. 따라서 남한거시경제영역의 연구범위는 남북한보다는 남한, 남한보다는 한일, 한일보다는 한미일, 한미일보다는 한미, 한미보다는 자본주의가 더 많이 설정되고 있다. 그러나 경제체제영역만큼 자본주의가 높은 비율을 차지하고 있는 것은 아니다. 중요한 점은 자본주의를 제외하고 나면 남한에 비해 한미, 한일, 한미일을 합친 수가 훨씬 더 많은 비율을 차지하는 것이 되고 이는 기본적으로 남한경제를 동전의 양면과 같은 제국주의 팽창의 필연적인 부산물로 전제하고 있는 북한의 남한경제에 대한 인식론적 관점을 보여주는 중요한 근거가 될 수있다.

사실 남한경제를 직접적인 대상으로 하여 이루어진 연구에서 남한만을 연구범위로 설정하고 있는 연구는 전체 434편 중 11편에 불과할 정도로 비율이 아주 낮다. 따라서 연구범위 설정과 관련해서 나타나는 이와 같은 현상은 북한의 남한경제 연구에서 기본적으로 전제하고 있는 남한경제=식민지경제라는 등식을 성립시켜 줄 수 있는 근거를 거시경제영역의 주제들을 통해서 지속적으로 제공하려는 목적 때문에 나타나는 것이라고 볼 수 있다.

그러나 2000~2009년에는 한미일 2편에 비해 자본주의가 38편으로 압도적인 비율을 차지하고 있다. 이 역시 자본주의 일반의 전반적인 변화와 더불어 나타나는 재정, 금융, 자본수출입, 무역, 물가, 실업 등 거시경제영역의 각 세부부문들에서 발생하는 다양한 새로운 현상들을 사회주의 북한경제체제의 수호를 위해 마르크스주의 정치경제학의 관점에서 해석해야 할 필요성이 증가했기 때문인 것으로 보인다. 더불어 2000년 이후로 급진전된 남북관계의 변화도 일정 정도 변수로 작용했기 때문인 것으로도 보인다.

부문경제영역은 전체 83편 중 남한 6편, 한미 34편, 한미일 2편, 자본주의 41편으로 경제체제영역만큼 자본주의가 큰 비율을 차지하고 있는 것은 아니다. 전체적으로는 자본주의(41편)와 나머지(42편)가 비교적 균등하게 연구범위로 설정되어 있다. 그러나 2000~2009년에는 한미 1편에 비해 자본주의가 24편으로 압도적인 비율을 차지하고 있다. 이 역시 자본주의 일반의 전반적인 변화와 더불어 나타나는 산업, 기업, 노동 등 부문경제의 각 부문에서 발생하는 다양한 새로운 현상들을 사회주의 북한경제체제의 수호를 위해 마르크스주의 정치경제학의 관점에서 해석해야 할 필요성이 증가했기 때문인 것으로 보인다. 그리고 2000년 이후로 급진전된 남북관계의 변화도 일정 정도 변수로 작용했기 때문인 것으로도 보인다.

3) 연구의 접근방법

남한경제에 대한 북한의 연구들은 모두가 비판 일변도로 접근하고 있으며 접근 방법은 크게 직접적인 접근과 간접적인 접근 두 가지로 구분할 수 있다. 여기서 직접적인 접근은 남한경제를 직접적인 연구대상으로 설정하여 이루어진 연구를, 그리고 간접적인 접근

은 자본주의경제 전반이나 자본주의경제 일반의 각 측면들을 연구
대상으로 설정한 연구로 정하였다. 남한경제가 기본적으로 자본주
의경제인 만큼 자본주의경제 관련 연구도 간접적이나마 남한경제와
일정 정도 연계될 수밖에 없으며 남한을 직접적으로 언급하지만 않
을 뿐 거의 대부분의 관련 연구들이 남한경제의 모습을 일정부분
반영하고 있는 것으로 판단된다. 이를 기준으로 조사한 3개 잡지에
실린 북한의 남한경제 연구들의 접근방법과 관련된 전체 현황이 다
음 〈표 10〉과 같이 집계되었다. 이하에서는 〈표 10〉을 토대로 그동
안 북한에서 이루어진 남한경제 연구의 접근방법과 관련된 전반적
인 현황을 개괄적으로 분석함과 더불어 간략하게나마 그 인관관계
를 분석한다.

　〈표 10〉에서 보는 바와 같이 3개 잡지에 수록된 남한경제연구 관
련 글 전체 434편 중 남한경제를 직접적인 연구대상으로 하고 있는
연구(이하 직접접근으로 표기)는 158편이고 자본주의경제나 제국주
의 등으로 우회해서 간접적으로 접근하고 있는 연구(이하 간접접근
으로 표기)는 276편인 것으로 집계되었다. 그리고 이를 다시 중분류
영역별로 나누어서 살펴보면 우선 경제체제영역의 경우 전체 218편
중 직접접근 34편에 비해 간접접근이 184편으로 압도적인 비율을
차지하고 있다.

　남한경제체제영역에 대한 간접적인 연구는 시기적으로 1980~1999
년과 2000~2009년에 많이 집중되어 있는데 이는 1980~1999년의 경우
1980년을 전후하여 자본주의경제체 전반을 구성하는 각 요소들이 새
로운 모습으로 변화되자 마르크스주의 정치경제학의 관점에서 이를
해석하여 그 본질을 밝히고 알리기 위해서 이루어진 것으로 보인다.
그리고 2000~2009년의 경우는 이와 더불어 2000년 이후로 급진전된
남북관계의 변화도 제국주의 또는 자본주의경제연구를 통한 남한경
제체제영역에 대한 간접적인 연구로 우회하도록 일정 정도 변수로

〈표 10〉 영역별·시기별 남한경제연구의 접근방법 현황(중분류 및 소분류 기준)

중분류	소분류	~ 1959 직접접근	간접접근	계	1960~1979 직접접근	간접접근	계	1980~1999 직접접근	간접접근	계	2000~2009 직접접근	간접접근	계	합계 직접접근	간접접근	계
경제체제	A								4	4		12	12		16	16
	B	2		2	8		8	8	2	10		1	1	18	3	21
	C	2		2	8	13	21	5	31	36	1	56	57	16	100	116
	D		9	9		8	8		31	31		17	17		65	65
	계	4	9	13	16	21	37	13	68	81	1	86	87	34	184	218
거시경제	E	1		1	4		4	2		2				7		7
	F	3		3	7		7	8	7	15	1	26	27	19	33	52
	G	2		2	13		13	19	6	25	1	11	12	35	17	52
	H	5		5	4		4	11	1	12	1		1	21	1	22
	계	11		11	28		28	40	14	54	3	37	40	82	51	133
부문경제	I	7		7	16		16	13		13		7	7	36	7	43
	J		3	3	1		1	4	14	18	1	17	18	6	34	40
	계	7	3	10	17		17	17	14	31	1	24	25	42	41	83
합계		22	12	34	61	21	82	70	96	166	5	147	152	158	276	434

* 지면상의 한계로 A는 경제제도, B는 경제구조, C는 경제이론·사상, D는 자본주의일반, E는 경제성장·국민소득, F는 재정금융·국민생활, G는 대외경제거래, H는 거시경제일반, I는 산업, J는 기업과 노동을 각각 대신 표기한 것임.

작용한 것으로 보인다.

거시경제영역의 연구는 경제체제영역과는 반대로 전체 133편 중 간접접근 51편에 비해 직접접근이 82편으로 훨씬 높은 비율을 보여주고 있다. 이러한 점은 2000~2009년 시기를 제외한 나머지 세 시기에서 특히 두드러진다. 이는 원조, 차관, 투자(직접, 합작), 기술제휴, 대외부채, 외자도입, 무역불균형, 수입자유화, 시장개방 등으로 대표되는 대외경제거래 부문의 연구들을 통해 남한경제체제의 식민지성을 실증할 수 있는 핵심 근거들을 제공해야 할 필요성이 지속적으로 요구되었기 때문이라고 할 수 있다. 그러나 2000~2009년에는 직접접근 3편에 비해 간접접근이 37편으로 오히려 압도적인 비율을 차지하고 있다. 이는 자본주의일반의 전반적인 변화와 더불어 나타나는 거시경제영역의 각 세부부문들에서 발생하는 다양한 새로운 현상들을 마르크스주의 정치경제학의 관점에서 해석해야 할 필요성이 증가했기 때문인 것으로 보인다. 그리고 2000년 이후로 급진전된 남북관계의 변화도 일정 정도 변수로 작용했기 때문인 것으로도 보인다.

부문경제영역은 전체 83편 중 직접접근 42편과 간접접근 41편으로 비교적 균등한 것으로 나타났다. 그러나 2000~2009년에는 직접접근 1편에 비해 간접접근이 25편으로 압도적인 비율을 차지하고 있다. 이 역시 자본주의 일반의 전반적인 변화와 더불어 나타나는 산업, 기업, 노동 등 각 부문경제에서 발생하는 다양한 새로운 현상들을 마르크스주의 정치경제학의 관점에서 해석해야 할 필요성이 증가했기 때문인 것으로 보인다. 그리고 2000년 이후로 급진전된 남북관계의 변화도 일정 정도 변수로 작용했기 때문인 것으로도 보인다.

결론적으로 북한의 남한경제 연구에서 자본주의경제나 제국주의 등에 대한 연구로 대표되는 간접적인 접근방법의 비율을 높여준 주요 변수로는 자본주의경제체제의 큰 변동기(1980년 전후), 남북관계 진전 또는 남한경제의 위상변화(2000년 전후) 등인 것으로 판단된다.

IV. 맺음말: 남한경제 연구의 특성

지금까지 북한의 남한경제 연구 전반을 보다 체계적으로 이해하기 위한 기초 작업으로 작성한 북한의 남한경제 연구영역분류표를 바탕으로 분단 이후 현재(2009년 상반기)까지 진행된 북한의 남한경제 연구와 관련된 글들을 한데 모아 영역별 및 시기별로 정리하여 그 현황을 살펴보았다. 그리고 그동안 이루어진 북한의 남한경제분야 연구들을 영역별 및 시기별로 나누어 연구주제 선정 및 지속성의 연구영역과의 상관성, 연구의 계기와 범위설정 및 접근방법의 연구영역과의 상관성을 중심으로 간략한 인과분석을 시도하였다. 이 과정에서 발견된 북한의 남한경제 관련 연구의 핵심적인 특성을 우선 남한 국민경제를 기본적으로 미국에 예속된 식민지경제로 전제한 상태에서 해방 이후의 남한경제 전개과정을 미국 독점자본의 단계별 침투과정과 결부시켜 파악하고 있다는 점을 들 수 있다.

주지하듯이 마르크스주의 정치경제학에 의하면 자유경쟁이 지배하던 자본주의는 이미 1860~1870년대에 그 발전의 최고 절정에 도달했으며, 이후 서구의 많은 국가들이 독점자본가들이 지배하는 독점자본주의로의 이행이 시작되어 19세기 말에서 20세기 초에 그 이행이 완료된 것으로 보고 있다. 그중의 하나인 미국이 특히 제2차 세계대전을 기점으로 세계 최고의 독점자본주의 국가로 등장하게 되면서 남한을 강점함과 동시에 남한경제를 미국 독점자본자본가들의 이해가 철저하게 관철될 수 있는 새로운 식민지경제로 재편성했으며 남한경제에 대한 미국독점자본의 주된 착취 기제가 남한경제의 군사화와 남한경제에 대한 자본수출이라는 것이 남한경제를 바라보는 북한 연구자들의 기본 시각인 것으로 보인다.

마르크스주의 정치경제학에 의하면 독점자본들은 자국 내 주민들에 대한 이윤의 착취와 지배를 강화할 뿐만 아니라 타국의 주민들에 대한 지배와 착취도 강화하려고 노력한다. 독점자본들이 외국의 주민들을 지배하며 착취하려는 중요한 수단의 하나가 자본의 수출이며 어떤 형식이든지 자본수출의 본질은 자본을 수입하는 국가의 대중을 약탈하고 그 나라를 정치경제적으로 예속시키거나 노예화하는 주요 수단으로 보고 있다.

그리고 현대에 와서 자본수출의 형식은 주로 대외원조가 많이 채택되고 있고 원조의 형식에는 차관과 증여의 두 가지 방법이 있는데, 이 중 차관은 이자를 갚아야 하므로 자본수출의 성격을 명백히 갖고 있으나 증여는 자본수출의 본질을 숨기고 있는 것으로 파악하고 있다. 그러나 증여는 표면상으로는 단순한 '무상'으로 보이지만 실제로는 피원조국의 원조국에 대한 상품구매나 무역상의 특혜, 군대주둔권 등 각종 조건을 부수적으로 달고 있기 때문에 자본수출의 은폐된 형식으로 보고 있다.

한편 자본수출은 수출국이 수입국의 정치·경제·군사를 지배하는 주요 수단이 되고 있으며 자본수출국이 차관을 제공할 경우 일반적으로 여러 가지 협정의 체결을 통해 수입국은 경제적으로는 수출국에게 상품시장과 염가의 원자재를 제공하고, 정치적으로는 수출국이 제시한 각종 정치적 주장들을 받아들여야만 하며, 군사적으로는 군사기지 제공을 비롯한 각종 군사적 의무까지 담당하게 되는 것으로 보고 있다. 또한 자본수출은 차관의 경우 고액의 이윤을 얻을 수 있고 그 차관 가운데 일부를 채권국의 상품을 일정부분 매입하도록 강제하는 것으로 파악하고 있다. 결국 자본수입국은 이러한 일련의 과정을 통해 자립적인 민족경제의 파탄을 가져오게 되고 자본 수출국에 정치경제적으로 예속되어 식민지 또는 반식민지로 전락하게 되는 것으로 보고 있다.[21]

남한경제에 대한 북한의 연구관점은 이상의 마르크스주의 정치경제학의 입장을 일관되게 고수하고 있는 것으로 보인다. 따라서 남한경제는 미국독점자본이나 일본독점자본의 자본수출의 진행과정에 따라 단계별로 특징지어지게 되며 이에 따라 기본적으로 이들의 이해관계를 위해 복무하는 남한 괴뢰정권들의 정권별 경제운용

---

21) 김진철, 『정치경제학개론』(세계정치경제연구소, 1995), 325~356쪽 참조.

방식이 본질에는 변함이 없으나 외관상으로는 조금씩 달리하여 나타나게 된다는 관점을 견지하고 있는 것으로 보인다.

그동안 이루어진 북한의 남한경제연구는 이와 같은 자본수출의 단계별 진행과정에서 나타나는 남한경제의 외관상의 차이를 기준으로 주요 주제가 선정되고 있는 듯한 경향성과 특성을 보이며 구체적으로는 1948~1959년(미군정~이승만정권) 시기의 남한경제는 원조경제 관련 주제가, 1960~1979년(박정희정권) 시기 전반의 남한경제는 차관경제 관련 주제가, 1960~1979년(박정희정권) 시기 후반의 남한경제는 중화학공업육성정책과 함께 합작투자에 의한 군사경제 관련 주제가 집중적으로 등장하게 된 것으로 보인다.

그리고 1980~1999년 시기, 그중에서도 특히 전두환정권~노태우정권 시기에는 대외부채 및 수입자유화 관련 주제가 많이 등장하고 있는데 이는 미국과 일본을 중심으로 하는 해외 독점자본의 지속적인 침투로 남한경제가 마침내 위기에 봉착하게 되고 이 위기를 극복하기 위한 방책이 외자유치를 위한 시장개방으로 이어지게 되면서 외세의존경제의 심연으로 더욱더 빠져들게 된다는 논리를 전개하기 위한 목적 때문이었던 것으로 보인다. 관련 주제들은 주로 거시경제영역의 대외경제거래 부문에 집중되어 있으나 타 영역의 글들도 기본적으로 그 연장선상에 있는 것으로 보인다. 김영삼정권 시기의 경우 세계화와 더불어 가속되고 있는 남한경제의 파국적 위기를 다루는 주제들이 많이 발견되고 있으며 이 역시 같은 논리의 연장선상에서 전개되는 동일한 경향성과 특성을 보여주고 있는 것으로 판단된다.

다음으로 북한의 남한경제 연구는 매우 다양한 요인에 의해서 이루어지고 있으나 근본적으로는 남한경제에 대한 비판을 통해 북한경제의 우월성을 확인 또는 강조하고 북한경제체제의 정당성을 설파하려는 목적에 의해 촉발되고 있다. 그동안 조사·수집된 거의 모든 논문들이 남한경제에 대한 비판으로만 일관하고 있다는 점이 이를 뒷받침해준다.

마지막으로 기본적인 연구범위가 남한이어야 함에도 불구하고 북한의 남한경제 연구의 범위는 미국, 일본, 자본주의 등으로 지나치게 확장시켜 접근하고 있다. 자본주의세계경제의 팽창과 더불어 일국의 국민경제에 대한 체계적인 연구 또는 이해를 위해서는 연구범위를 일국 자체에만 국한시켜 파악할 수 없다는 것은 일정 부분 사실이다. 그러나 그럼에도 불구하고 남한경제 전 영역의 과거, 현재, 미래를 거의 모두 미국이나 일본 또는 자본주의에 지나치게 환원시켜 접근하고 있다.

이상에서 보는 바와 같이 북한의 남한경제분야 관련 연구들은 객관적인 기준에 입각한 분석보다는 오로지 비판 일변도로 편중되는 목적지향적인 측면이 강한 연구라는 점을 시종일관 부여주고 있다는 점에서, 그 적실성과 신뢰성을 보여주지 못한다는 평가를 받을 수밖에 없는 연구들인 것으로 판단된다.

남한 사회문제

이 주 철*

I. 머리말

해방과 분단이 되면서 남북한은 각기 다른 체제를 성립시키고, 경쟁을 해왔다. 끊임없이 상대방 체제에 대해 공격적인 비판을 해왔으며, 이 과정은 남북한 정권의 생존을 위한 수단이 되었다. 그동안 북한정권이 진행한 남한에 대한 비난은 전체적으로 객관적인 사실보다는 남한체제의 단점만을 크게 부각시키고 과장해 왔으며, 북한 내에서는 제도적 통제를 통해 남한에 대한 객관적인 정보의 유통을 금지시켰다.

남한에서도 1980년대 중반까지 북한에 대한 긍정적인 정보는 유통될 수 없었다. 1980년대 후반에 남한사회에서 진행된 '북한바로알기'는 수십 년 동안 계속된 언론 통제에 대한 반발이었으며, 남한사회의 민주화 진전이 만들어낸 이슈였다. 하지만 남한과는 달리 이 시점에도 북한정권은 강력한 독재권력을 통해 외부에 대한 객관적인 정보의 유통을 금지해왔다. 따라서 북한에서 진행된 남한에 대한 연구는 기본적으로 이러한 구조적인 문제점을 가지고 있다.

* KBS 남북교류협력단 박사연구원

정치나 경제 등 다른 영역에서도 비슷한 상황이 전개되었을 것이라고 추정하지만, 특히 남한의 사회문제에 대해 북한정권은 매우 큰 관심을 가졌던 것으로 보인다. 그 이유는 남한의 사회문제가 자본주의체제의 보편적 모순과 남한사회의 특수한 문제들이 함께 얽혀 있어서, 북한정권이 주민들에게 남한을 비난하고 북한체제의 정당성 선전에 활용하기 매우 용이한 부문이었기 때문이다.

이 글에서는 남한의 사회문제를 다루고 있는 북한의 잡지와 단행본들을 중심으로 남한의 사회문제를 북한정권이 어떻게 서술하고 북한주민에 전달하고 있었는가를 살펴보도록 한다. 그리고 북한이 주목한 남한사회문제의 시기별 특징과 내용상의 특징, 연구의 목적과 동기, 추세와 패턴(경향), 활용을 분석하고자 한다.

II. 북한의 남한사회문제 연구현황

1. 연구현황

1) 잡지별 자료현황 분석

〈표 1〉 잡지별 남한사회문제 분류

	사회문제 자료 수	사회문제 DB 합계 중의 비중(%)
남조선문제	326	64.4
근로자	22	4.3
김대학보	3	
력사과학	5	
조선녀성	106	20.9
국제생활	7	

인민교육	8	
교원선전원수첩	8	
조선사회민주당	4	
인민	2	
남조선문제론문집	1	
조선예술	1	
사회과학론문집	1	
단행본	12	2.4
총계	506	

이번에 구축된 DB의 총 수는 5,728개이고, 그중에서 남한의 사회문제를 논의하고 있는 글은 494개(8.6%)이다(단행본 12개 제외). 이번 DB 작업이 진행한 정치·경제·사회·문화의 다양한 부문 중에서 사회문제는 남한 국내정치(13.3%), 통일(12.9%), 남한정치 기타(9.5%), 남한정치 국제관계(9.1%)에 이어 높은 비중을 차지한다.[1] 이것은 북한정권이 남한의 사회문제에 다른 어느 부문에 못지않은 관심을 집중하였음을 보여준다.

하지만 이들 간행물 중에서 남한의 사회문제를 집중적으로 논의하고 있는 간행물은 『남조선문제』와 『조선녀성』 정도라고 볼 수 있다. 조선로동당중앙위원회의 이론잡지인 『근로자』는 남한문제에 대해 높은 관심을 보이고 있지만, 그 관심의 대부분을 남한정치와 남한경제를 논의하는 데 집중하고 있다.

따라서 본고의 분석은 사회문제를 가장 비중있게 다룬 『남조선문제』와 『조선녀성』, 그리고 사회문제 관심 비중은 작지만 북한의 가

---

1) 이번 DB는 정치(법·제도, 국내정치, 국제관계, 군사, 통일, 남한혁명전략, 기타), 경제(경제체제, 부문경제, 산업), 사회(사회운동, 사회문제, 교육, 여성, 사상), 문화(문화일반, 문학, 예술, 언어, 기타), 기타로 분류되어 있다.

장 중요한 이론잡지인 『근로자』에 집중하도록 한다. 『인민교육』과 『력사과학』이 남한의 사회문제에 보인 관심의 비중은 작지 않지만, 그 DB의 전체 양이 너무 작기 때문에 분석의 대상으로 삼기는 불충분하다는 생각이다.

2) 주요 잡지·단행본의 사회문제 자료현황 분석

사회문제의 종류는 일정한 사회문제가 발생한 시대적·지역적 조건이 가지각색이기 때문에, 사회문제 자체로서 분류하고 유형화하기가 곤란하다. 구체적으로 볼 때 사회문제로 취급되는 것으로는 노동문제·토지문제·실업문제·인구문제·인종문제·민족문제·도시문제·농촌문제·주택문제·청소년문제·여성문제·노인문제·가정문제·범죄문제·비행문제·매음문제 등이 있다. 이러한 사회문제는 개인적인 것이 아니라 사회제도의 결함이나 모순 때문에 생긴다는 점에 특징이 있고, 사회문제를 해결하려면 사회정책적 견지에서 결함이나 모순을 시정하여야 한다.

남한의 사회문제도 매우 다양하고, 여러 가지 분류가 가능하지만, 가장 대표적인 문제는 빈곤문제, 실업문제, 주택문제, 노동문제, 공해문제, 보건문제, 여성문제, 청소년문제 등을 들 수 있다. 이 글에서는 북한에서 발간한 각 잡지의 자료에서 빈도가 높게 등장하는 문제들을 중심으로 사회문제를 분류하였다. 가장 일반적인 사회문제인 빈곤문제, 노동문제, 보건문제, 공해문제, 여성문제, 종교문제, 범죄문제, 인권문제 등과 더불어 매춘문제, 해외입양문제 등을 포함하였다. 또 우리 사회에서는 사회문제로 보지 않지만, 북한이 비난하는 문제인 생활양식 변화문제나 인력수출문제도 사회문제 분류에 포함하였다.

(1)『남조선문제』2)

〈표 2〉『남조선문제』 남한사회문제 분류

	65	66	67	68	69	70	계(%)
DB 등록전체 권수	1	2	4				7
빈곤			1				1(12.5)
노동			1	1			2(30)
보건/공해		1/					1(12.5)
여성			1				1(12.5)
생활양식/종교/매춘			1//	/2/			3(37.5)
이민, 인력수출/입양							
인권/부패/사고/범죄							
문건 총계	1	3	4				8(100)

	71	72	73	74	75	76	77	78	79	80	계(%)
DB 등록전체 권수	2	0	9	4	5	5	7	12	0	11	55(권)
빈곤	1		2	3	1	2	2	11		9	31(28.2)
노동			2		3		1	9		10	25(22.7)
보건/공해	1		1/1		/1			3/1		/1	5(4.5)/4(3.6)
여성				2			1	1		3	7(6.4)
생활양식/종교/매춘		/2/			1	/1/1	1/1/	2/2/2		1	5(4.5)/6(5.5)/3(2.7)
이민, 인력수출/입양					1/	/1	2	1/1		1	5(4.5)/2(1.8)
인권/부패/사고/범죄						1/1/1/	1/1//	2/2/3/1		1	5(4.5)/4(3.6)/4(3.6)/4(3.6)
문건 총계	2		8	5	7	8	10	41		29	110(100)

---

2) 이 잡지에서 정리된 DB는 326개이지만, 주제와 내용이 뚜렷한 DB 263개
만을 분석 대상으로 한다.

	81	82	83	84	85	86	87	88	계(%)
DB 등록전체 권수	9	9	12	9	12	6	4	4	65(권)
빈곤	8	5	6	6	9	2	3	1	40(27.6)
노동	2	6	5	5	2	1	2		23(15.9)
보건/공해	3/2	6/2	2/1	2	1/2	1/1	1		16(11.0)/8(5.5)
여성	2		1	1	2	2		1	9(6.2)
생활양식/종교/매춘	1//	1//1	//1	1//	1//2	1//1			5(3.4)/5(3.4)
이민, 인력수출/입양	1	2/1	1/1		1/1				5(3.4)/3(2.1)
인권/부패/사고/범죄	1//1/2	1//1/3	3//1/4	2/1	1/2/2/2	//1/2		1	9(6.2)/3(2.1)/6(4.1)/13(9.0)
문건 총계	23	29	26	18	28	12	6	3	145(100)

이번 DB 작업에서 사용된 1960년대의 『남조선문제』를 남한의 사회문제에 대한 분석자료로 활용하기에는 기본적인 양이 너무 부족하다(글 8편). 이런 이유로 자료가 일정 분량 이상이 포함된 1970년대와 1980년대를 중심으로 현황을 정리한다.

1970년대에 발간된 『남조선문제』 전체 120권 중에서 약 반절인 55권을 DB화하면서 사회문제에 대한 글을 분류할 수 있었다. 따라서 구하지 못한 책자를 포함한다면 약 두 배에 달하는 글이 게재되어 있을 것으로 추정할 수 있다. 자료의 부족으로 인하여 정확한 분석은 곤란하지만, 매 권마다 약 2편의 글이 남한의 사회문제를 다루고 있다고 볼 수 있다. 남한의 사회문제 중에서는 대체로 남한의 빈곤문제와 노동문제를 가장 많이 다루었다는 사실을 쉽게 확인할 수 있다. 이 두 가지 문제에 대한 글의 비중은 50.9%에 달하는데, 사실 이 두 가지 문제는 거의 같은 주제를 다루고 있다고도 할 수 있다. 그 외에 보건문제, 해외입양문제, 매춘문제 등도 빈곤과 밀접하게 관련이 있다는 점에서 북한이 남한사회를 대하는 시각은 기본적으로 자본주의 모순이라는 빈곤의 문제에 집중하고 있음을 알 수 있다.

그 외에 사회문제로는 여성문제, 남한의 종교와 공해문제를 비난
하고 있고, 미국과 일본의 영향을 받은 생활양식의 변화에 대해서
도 많은 비난을 하고 있다. 이 부분은 특히 '기생관광' 등 외화획득
을 목적으로 하는 매춘과 남한사회의 각종 범죄에 대한 비난으로 연
결되고 있다. 그 외에 특징 있는 부분은 남한의 인력수출과 인권문
제 등에 대한 비난이라고 할 수 있다. 이러한 부분은 특히 북한이
'민족주체성'이란 관점에서 남한을 비난하고 선전하는 중요한 요소
였다.

1980년대(81~88년)에 발간된 『남조선문제』 96권 중에서 이 DB에
분류된 글을 포함하고 있는 것은 65권으로 전체의 67.7%에 이른다.
여기에는 남한의 사회문제를 다루는 글이 145편 실려 있는데, 각 권
별로 약 2.2편의 글이 실려 있는 셈이다. 이 글들의 주제는 남한의
빈곤문제와 노동문제가 43.5%로, 1980년대에도 북한의 남한에 대한
관심은 빈곤문제와 노동문제에 집중되었음을 알 수 있다. 물론 빈곤
문제와 밀접한 관련이 있는 보건문제(11.0%) 등을 포함하면 그 비
율은 더 높아진다고 할 수 있다.

1970년대와 1980년대를 양적으로 비교하면 1980년대에는 빈곤문
제와 노동문제에 대한 글의 비중이 1970년대에 비해 감소한 것이 대
표적인 특징이라고 할 수 있다. 그 이유를 적시하는 것은 더 분석이
필요하지만, 기본적으로 남한경제의 성장을 부분적으로 의식한 것
이 아닌가 하는 평가를 할 수도 있다. 대신 북한이 사회주의국가의
특성으로 인해 장점을 가지고 있는 보건문제에 대해 더 많은 문제
제기를 한 것도 같은 맥락에서 이해할 수 있다.

1980년대 부분에서는 1980년대 초 남한의 민주화과정에서 빚어진
사회갈등을 반영하여 남한의 인권문제에 대한 비난이 1970년대 비
하여 증가하였고, 특히 남한사회의 범죄에 대한 비난이 약 3배 가까

이 증가한 것도 특징이라고 할 수 있다. 즉 빈곤문제와 같이 남한사회에서 개선된 문제에 대한 비중을 줄이고, 남한사회에서 새로이 제기된 문제들에 대한 비난을 증가시킨 것으로 이해할 수 있다.

1970년대와 1980년대를 전체로 보면, 『남조선문제』는 남한의 사회문제 중에서 빈곤문제를 27.8%, 노동문제를 18.8%, 보건문제를 8.2%, 범죄문제를 6.7%의 비중으로 다루고 있다. 이 4가지 사회문제에 61.5%의 비중을 주고 있는데, 모두 남한사회의 빈곤문제에 중점을 두고 있는 것으로 이해해도 틀리지 않는다. 특히 외국문화의 유입, 인력수출이나 해외입양, 매춘(특히 외국인 관광매춘) 등 개방된 남한사회에서 벌어지는 사회문제에 대해 적극적으로 비난을 하고 있음도 알 수 있다.

(2) 『조선녀성』

〈표 3〉『조선녀성』 남한사회문제 분류

	53	54	55	56	57	58	59	60	62	63	64	65	계(%)
DB 등록전체 권수	2	1	1	1	1	1	1	3	1	2	1	2	17
빈곤	2			1		1	1	1	1	2	5	3	17(60.7)
여성		1	1		1		1	2		3	2		11(39.3)
노동													
보건/공해													
생활양식/종교/매춘													
이민, 인력수출/입양													
인권/부패/사고/범죄													
문건 총계	2	1	1	1	1	1	2	3	1	5	7	3	28(100)

	79	80	81	82	83	84	85	86	87	88	89	90	계(%)
DB 등록전체 권수	6	5	4	5	3	5	2	4	1	2	2	1	40
빈곤	6	4	3	3	3	5	1	2	1	4		1	33(58.9)
여성		1		2	1	1	1				2	1	9(16.1)
노동	1		1										2(3.6)
보건/공해		1	/1	/1	1	1		1/1		1			8((14.3)
생활양식/종교/매춘													
이민, 인력수출/입양	/2	1				1							4(7.1)
문건 총계	9	7	5	6	5	8	2	4	1	5	2	2	56

	91	92	93	96	98	2000	2002	2004	2008	2009	계(%)
DB 등록전체 권수	1	1	4	1	1	1	1	2	3	5	12
빈곤	1		1			1					3(13.6)
여성		1	3	1	1		1	2	3	4	16(72.7)
노동											
보건/공해	1		1								2(9.1)
생활양식/종교/매춘											
이민, 인력수출/입양											
인권/부패/사고/범죄										1	1(4.5)
문건 총계	2	1	5	1	1	1	1	2	3	5	22

　　이번에 정리된 『조선녀성』 DB 작업에서 1950~60년대에 발간된 17권은 권당 1.65편의 남한사회문제 관련 글을 싣고 있다. 그리고 이 글들은 모두 남한의 빈곤문제와 여성문제를 다루고 있다. 1979~90년에 발간된 『조선녀성』 40권에는 남한의 사회문제를 다룬 56편의 글이 실려서 권당 1.4편의 글이 실려 있다. 그리고 1991년부터 2000년대에는 12권에 22편의 글이 실려서 권당 1.8편의 글이 실려 있다. 따라서 『조선녀성』에는 권당 평균 1.54편의 남한사회문제에 대한 글이 실린 수준임을 알 수 있다.

1950~60년대의 글이 대부분 남한의 빈곤문제와 여성문제만을 다루고 있는데, 여성문제의 대부분은 여성의 지위에 관한 것으로 빈곤문제와 밀접한 관계에 있다. 1980년대의 글들은 약 60%의 글이 빈곤문제를, 그 외에 여성문제 16.1%, 보건문제 14.3% 비중으로 나뉘어 있다. 그 외에 여성 인력 수출문제를 다루고 있다. 여성문제를 여성의 노동문제에 무게를 두고 다루고 있는 것이 1980년대의 특징이라고 할 수 있다. 그리고 남한이 산업화가 진전되면서 진행된 공해문제, 인력 수출을 다루고 있고, 어린이 해외입양문제도 비난하고 있다.

1990년대 이후에는 여성문제의 비중이 압도적으로 많고, 빈곤이나 보건문제도 조금씩 다루고 있다. 여성문제는 빈곤한 여성의 사회적 지위에 중점을 두고 있기 때문에『조선녀성』이 다루는 남한의 사회문제는 여성의 빈곤문제에 초점이 맞추어져 있고, 여기에 어린이들에 관심이 추가되어 있다고 정리할 수 있다.

남한 여성을 연구대상으로 삼은 자료들을 살펴보면, 남한사회의 가부장성을 비판하고 계급적 착취로 인한 빈곤으로 고통받는 여성들의 삶의 처지와 사회적 지위를 다루는 글들이 대부분을 이루며, 다른 한편으로는 여성들의 사회참여 양상에 주목한 자료들도 있다.

여성문제는 인신매매 등 여성 인권문제를 다룬 논의도 눈에 띄고, 노동시장에서 여성들이 겪는 차별을 비롯해 기지촌의 문제와 성매매로 연결해 다루고 있다.

(3)『근로자』

조선로동당 중앙위원회의 이론잡지인『근로자』는 북한에서 발행되는 간행물 중에서도 그 중요도가 대단히 높다는 점에서『근로자』가 남한의 사회문제를 어떻게 다루고 있는가를 살펴보는 것은 의미

있는 일이다. 하지만『근로자』는 남한의 사회문제에 대해 1권당 1개의 글을 게시하는 정도로 양적으로는 크게 다루고 있지는 않다.

〈표 4〉『근로자』 남한사회문제 분류

	55	57	62	63	64	78	79	80	84	85	88	91	92	97	99	계(%)
DB 등록전체 권수	1	1	1	1	4	1	2	1	2	1	1	1	1	1	1	20
빈곤	1			1	2		1		1			1		1		8(36.4)
노동							1								1	2(9.1)
보건/공해					/1											1(4.5)
생활양식/종교/매춘		1//	1//		1/1	/1			2//		1//		1//			7(31.8) /2(9)
이민, 인력수출/입양										1/						1(4.5)
인권/부패/사고/범죄						1//										1(4.5)
문건 총계	1	1	1	1	4	2	2	1	3	1	1	1	1	1	1	22

1970~80년대만을 중심으로 살펴보아도 소수의 글만이 남한의 사회문제를 다루고 있는데, 빈곤문제가 36.4%로 가장 많은 비중을 차지하고 있다. 그 다음으로 자본주의와 외국문화의 영향을 받은 생활양식의 변화가 31.8%로 다루어지고 있는데, 노동문제에 대한 비중이 상대적으로 작은 것이『남조선문제』와 다른 점이다. 하지만 44년간의 잡지 중에서 불과 20권만이 정리된 상태이기 때문에 이 DB를 근거로『근로자』가 다루고 있는 남한의 사회문제를 이해하는 것은 적절하지 않다.

(4) 기타 잡지

앞에서 정리한『남조선문제』,『조선녀성』,『근로자』외에도『김대학보』,『력사과학』,『조선녀성』,『국제생활』,『인민교육』,『교원선전

원수첩』,『조선사회민주당』,『인민』,『남조선문제론문집』,『조선예
술』,『사회과학론문집』에서도 일부지만 남한의 사회문제에 대한 북
한의 관심을 볼 수 있다.

이들 잡지에서 다룬 주제는 인권(11), 빈곤(8), 종교(4), 보건(4),
생활양식(2), 입양(2), 범죄(2), 노동(1), 공해(1), 매춘(1), 인력수출(1)
등이다. 주로 1980년대 후반과 1990년대의 자료에서 인권문제에 대
한 비난이 많고, 빈곤문제를 다룬 자료는 1950년대와 1970년대 초가
많다.『교원선전원수첩』은 다양한 주제를 다루고 있는 반면,『국제
생활』은 종교를 집중적으로 다루면서 통일교를 비난하고 있고,『조
선사회민주당』은 인권문제를 주로 제기하고 있다.

이들 잡지에서 다룬 남한의 사회문제는 자료의 양이 너무 적기
때문에 분석을 통해 개별 잡지의 성격이나 남한의 사회문제에 대한
경향 등을 파악하기 곤란하다.

(5) 단행본

이번 연구의 DB 작업에서 남한의 사회문제 연구로 분류된 단행
본은 12권이다. 12권의 제목을 정리하면,『남조선 인민들의 빈궁과
무권리』(1955),『빈궁의 땅 암흑의 천지 남조선』(1959),『남조선에
부식되고 있는 '미국식 생활양식'의 정체』(1960),『남조선농민들의 비
참한 생활형편』(1960),『남조선인민들의 처지와 동향』(1962),『남조
선로동계급의 빈궁화』(1965),『미국식 생황양식과 남조선에 미친 그
후과』(1965),『미제 식민지 통치하의 남조선(보건편)』(1977),『조선문
제기록』(1981),『남조선은 '부익부빈익빈'의 반인민적 사회』(1989),
『지옥에서 락원으로』(1990),『남조선의 인권실상』(1993)이고, 이 책
들은 대부분 조선로동당출판사에서 발행되었다.

다수가 '남한 인민들의 빈궁한 생활'을 서술한 100쪽 이내의 책들

이 기본이지만, 『미제 식민지 통치하의 남조선(보건편)』(1977, 조국통일사, 206쪽), 『남조선의 인권실상』(1993, 평양출판사, 225쪽)은 분량도 작지 않고, 서술 내용도 매우 구체적인 내용을 담고 있다.

『미제 식민지 통치하의 남조선(보건편)』은 우선적으로 남한의 보건정책을 '미제 식민지 보건정책의 반동적 본질'과 연관된 것으로 서술하면서 미국의 의료활동과 정책을 '범죄적 행위'로 설명하고 있다. 또 남한의 보건정책을 '반인민적, 기만적'이라고 선전하면서 남한의 의료 현실을 '의료의 공백지', '병마의 소굴'이라고 규정하고 있다. 그 구체적인 내용은 사실에 가까운 부분도 있지만 남한의 현실을 과도하게 부정적으로 서술하고 있으며, 구체적인 통계도 확대 왜곡하는 부분이 많다. 또한 보건문제와 관련된 각종 범죄적 사건들을 남한사회 전반의 일반적 문제로 선전하고 있다.

『남조선의 인권실상』은 남한의 인권문제가 국제사회에서 지대한 관심사와 우려의 대상으로 되어 있다며, 지구촌 그 어디에도 비견될만한 대상을 찾아보기 어려울 정도로 최악의 상태라고 설명하고 있다. 이에 대한 구체적 내용으로 '국가보안법', '보안관찰법', '집회 및 시위에 관한 법률', '국가안전기획부', '국군기무사령부', '경찰-전투경찰-백골단', '언론출판의 자유침해', '집회와 시위의 자유 봉쇄', '절망에 처한 노동자, 농민, 영세민', '통일민주세력에 대한 탄압', '학생운동 탄압', '노동·농민운동 탄압', '여성인권 탄압', '종교자유 억압', '잔인한 고문' 등을 서술하고 있다. 그리고 이러한 '인권탄압'의 장본인으로 미국을 연결하여 서술하고 있다.

이 두 권의 단행본에서 남한의 사회문제를 상당히 구체적으로 서술하고 있다는 점에서는 북한이 남한사회에 대해 상당한 양의 정보를 확보하고 있음을 확인할 수 있다. 동시에 구체적인 내용이 확대 과장되거나 악의적으로 해석되고 있다는 점에서 이러한 책의 발간 목적이 남한에 대한 부정적 선전에 있음도 확인할 수 있다.

2. 남한사회문제에 대한 주요 잡지별 특징

1) 주요 사회문제에 대한 잡지별 서술 특징

앞에서 보았듯이 남한의 사회문제 중에서 북한이 가장 많이 제기한 문제는 빈곤문제, 노동문제, 보건문제 순서로 정리할 수 있다. 이세 가지 문제는 개별적인 문제이면서 동시에 빈곤문제라는 하나의큰 범주로 묶을 수 있다. 북한에서 남한의 사회문제를 다루고 있는대표적인 세 개의 잡지인 『남조선문제』, 『조선녀성』, 『근로자』에서남한의 대표적인 사회문제에 대해 게재한 대표적인 글을 중심으로비교하도록 한다.3) 이렇게 특정 글을 뽑아서 비교를 하는 것이 가능한 이유는 세 개의 잡지에 실려 있는 글들이 각 잡지의 성격을충분히 반영하고 있고, 각 잡지에 실린 다른 글들과 유사한 내용과형식을 가지고 있기 때문이다.

(1) 빈곤문제

* 「부익부, 빈익빈의 남조선사회」, 『남조선문제』 (1978년 1호, 40~42쪽)

극심한 빈부의 차이는 남한이 '반동적인 식민지반봉건 사회'이기 때문이다. 미제와 일본의 독점자본가들이 남한의 매판기업과 결탁하여 근로인민에 대한 억압과 착취를 하고 있으며, 이로 인해 노동자, 농민 등 근로자들은 기아와 빈궁에 허덕이고 있다. 특히 매판자본은 권력과 결탁하여 10대 재벌이 수십 배로 자본을 늘렸다. 반면에 노동자들은 12~18시간의 혹사를 당하고 최저 생계비의 1/3에 불과한 대가를 받고 있다. 농촌에서도 마찬가지여서 지주들이 농민을 착취하고 농민들은 농촌을 떠나

---

3) 각 잡지별로 소개하는 내용은 핵심을 간단하게 요약한 것임.

가는 형편이다.

* 「부익부 빈익빈의 남조선사회」, 『조선녀성』 (1986년 1호, 39~40쪽)

도시노동자들이 최저생계비의 1/10인 5만원을 받고 비참하게 살고 있으며, 절대빈곤자가 660만 명에 달한다. 또 다수의 실업자가 있고, 56%만이 자기 집을 가지고 있으며 수많은 사람들이 판자집에서 살고 있다. 이에 비해 자본가 정주영은 월소득이 1억 6천만 원이고, 이들 자본가들은 궁궐 같은 집, 호화별장, 호화무덤을 짓고 7~8명의 가정부를 거느리고 있다.

* 「남조선사회는 부익부 빈익빈의 썩고 병든 사회」 『근로자』 (1979년 12호, 53~57쪽)

남한 인구의 0.3%에 불과한 지주, 매판자본가, 반동관료가 국민소득의 약 60%를 차지하고, 인구의 70% 이상을 차지하는 근로대중은 국민소득의 약 15%만을 차지한다. 남한 특권층은 일반 살림집의 100배나 되는 호화주택에 살고, 반면에 전체 세대의 30%가 자기 집이 없이 판자집과 같은 곳에서 생활하고 있으며, 800여만 명의 실업자와 200여만 명에 달하는 농민, 수십~수백만에 달하는 윤락여성과 걸식아동이 있다. 또 노동자들은 12~18시간의 노동에 시달리고, 최저생계비의 1/4~1/5의 임금으로 학비를 내지 못하고 있다. 그런데 이러한 남한의 현실은 필연적인 결과이며, 미제와 일본반동으로 2중~3중으로 얽혀있다.

3개의 잡지를 보면, 『근로자』는 다른 글들에 비해 많은 통계를 동원하며 구체적이고 이론적으로 남한의 빈곤문제를 분석 서술하고 있다. 반면에 『조선녀성』은 자극적인 '사실'들을 통해 남한의 빈곤문제를 선전하고 있으며, 『남조선문제』는 『근로자』에 비하여 압축적으로 남한의 빈곤문제를 다루고 있음을 알 수 있다. 대체로 3개의 잡지 모두 비슷한 맥락의 서술을 진행하고 있으나, 잡지의 성격에 따라 구체적 서술의 차이가 나타남을 알 수 있다.

기본적으로 『근로자』의 서술과 인식이 남한의 정치경제적인 구조를 반영한 가장 체계적인 서술인 것으로 보이며, 『남조선문제』나 『조선녀성』은 『근로자』를 각자의 잡지 성격에 맞게 서술하는 것으로 보인다.

(2) 노동문제

---

* 「참혹한 로동환경에서 수난당하는 남조선로동자들」『남조선문제』 (1980년 8호, 50~51쪽)

남한의 모든 기업체들은 초보적인 노동안전시설이 갖추어져 있지 않고, 불안전한 기업체가 99%를 차지하는 형편이다. 탄광에서도 안전시설이 없고, 섬유 등 경공업부문 노동자들의 작업환경도 지옥을 방불케 한다(평화시장 등). 서울의 구로공단, 마산수출자유지역도 노동환경이 참혹하기 그지없다. 1979년에만 노동재해로 12만 8천명이 다쳤고, 1,537명이 사망했으며, 노동재해가 해마다 증가하고 있다. 1977년 남한 노동자의 19.8%가 각종 직업병에 걸려 있다.

* 「공업단지와 남조선녀성노동자들」, 『조선녀성』 (1982년 7호, 39~40쪽)

남한의 20여개 지역에 일본 독점자본가들이 절대다수인 공업단지가 있고, 이들이 남한의 노동자들을 가혹하게 착취하고 있다. 마산의 경우, 처녀 노동자들이 하루 14~18시간의 노동에도 불구하고 최저생계비의 1/5에 불과한 기아임금을 받고 있다. 공업단지의 노동자들은 직업병에 시달리고 있고, 겨우 10여 평의 방에서 30~35명이 자야하고, 일본인 자본가가 매질을 하는 경우도 있다. 남한정권은 일본 자본가에게 아부를 하고 매춘까지 알선하고 있는 상황이다.

---

* 「남조선은 세계최악의 로동지옥」, 『근로자』(1980년 3호, 55~59쪽)

남한의 근로대중은 노동악법에 의해 권리를 박탈당했고, 경제 위기로 공장에서 쫓겨나고 있다. 남한에는 실업자와 반실업자가 850만 명이 넘고, 노동환경도 최악이다. 노동자들은 생명의 위협 속에서 노예노동을 강요당하고 있다. 1978년 한해에만 14만 명의 노동자들이 죽거나 불구가 되었고, 노동자들은 각종 질병으로 죽어가고 있다. 노동자들은 평균 매일 12~18시간의 노동에 시달리고 있고, 최저생계비의 1/4에 불과한 임금을 받고 있다. 이러한 원인은 '미제의 식민지예속정책을 충실히 집행'하는 남한 정권의 반인민적정책 때문이며, 노동자들은 노동3권을 보장받지 못하고 있다.

3개의 잡지 모두 남한의 노동현실을 심하게 비난하고 있다. 『남조선문제』는 남한의 노동현실을 구체적인 사례들을 중심으로 설명하고 있고, 『조선녀성』은 다른 잡지보다 여성적인 관점에서 대표적인 사례들을 비판적으로 선전하고 있음을 알 수 있다. 반면에 『근로자』는 『남조선문제』와 비슷한 사례들을 자본주의체제의 모순, 남한 정부와 외국 독점자본문제 등과 연결하여 이론적이고 체계적인 서술을 하고 있는 점이 가장 큰 차이라고 정리할 수 있다.

(3) 공해문제

* 「공해와 기형아」, 『남조선문제』(1981년 11호, 39~40쪽)

남한 각지에서 기형아가 증가하고 있으며, 108만 6,800여 명의 장애인 중에서 5.7%가 배안의 기형아이다. 또 1980년 부산에서 버려진 신체장애아 624명 중에서 35%가 배안의 기형아인데, 그 원인이 남한의 공해문제이다. 남한의 땅과 하늘, 강 모두가 유독 물질로 오염되어 있으며, 농산물도 수은과 카드뮴이 안전기준치의 3~4배를 넘는다. 남한의 모든 외래 독점기업이 모두 공해기업이며, 여기에서 일하는 여성노동자들이 기형아를 낳고 있다.

* 「공해로 병든 땅」, 『조선녀성』 (1982년 2호, 53~55쪽)

남한의 산천이 오물퇴적장이 되었고, 서울은 가스와 먼지로 숨쉬기가 힘들다. 한강도 매판자본가들이 폐수를 쏟아부어 마실 수 없는 악취나는 병든 강이 되었다. 독성농약으로 인해 농작물들도 오염되어 있고, 폐수와 폐유로 인해 바다도 오염되어 있다. 바다는 고기가 없고 썩어 버렸으며, 울산 앞바다와 남해, 마산만의 어장도 파멸상태다. 공해로 인해 남한 인민들이 중금속 중독이 되고 기형아와 불구자가 증가하고 있고, 도시 근로자들은 공해병에 걸린 사람들이 많다. 남한 정권은 일본 등에서 가동이 중지된 공해산업을 마구 끌어들이고 있다.

* 「남조선에서의 공해는 괴뢰도당의 매국배족정책의 산물」, 『근로자』 (1978년 8호)

지구상에서 가장 공해가 심한 곳이 남한이다. 서울의 대기 오염도는 세계 어느 지역보다도 높고, 각 지역의 땅과 하천도 심각하게 오염되었다. 각 지역의 하천 오염으로 인해 농작물들까지 피해를 입고 있고, 외국에서 들어온 공해기업체로 인해 남한의 바다는 중금속의 함량이 안전기준치보다 3~40배를 넘는다. 이로 인해 바다의 해초류와 조개류가 전멸하고 기형어들이 생겨나고 있다. 공해로 인해 각종 질병이 급격히 증가하고, 서울 시민 세사람당 한사람 이상이 공해병에 걸려있다. 또 공해로 인해 남한에서 기형아가 증가하고 있다. 남한정권이 일본의 오물단지 공해기업들을 남한에 끌어 들인 것이 원인이다.

3개의 잡지 모두 남한의 공해문제를 심하게 비난하고 있지만, 각 잡지의 성격에 따라 약간의 차이를 보이고 있다. 『조선녀성』이 남한의 공해문제를 자극적인 사례들을 나열하며 선전하는 성격이 강한 반면, 『남조선문제』는 공해문제를 보다 구체적으로 수치 등을 제시하며 설명하고 있다. 『근로자』는 『남조선문제』보다 한 걸음 나아가 보다 자세한 수치를 제시하며 설명하고 있는데, 『근로자』가 보여주는 가장 커다란 차이점은 공해 원인의 책임자로서 남한정권을 연결하여 남한의 정치경제적 구조를 비판하고 있는 점이다.

2) 남한사회문제에 대한 연구의 성격

『근로자』는 각 글들이 평균 4.5쪽 이상의 비교적 긴 글들이라는 점에서 『남조선문제』나 『조선녀성』보다 무게 있는 글이 실려 있다고 할 수 있다. 특히 『근로자』와 『남조선문제』는 각 글의 필자가 명확한 데 비해, 『조선녀성』은 필자가 명확하지 않은 경우가 많다. 이것은 『근로자』와 『남조선문제』가 보다 전문적인 필진을 통해 글을 생산하였음을 보여준다.

『조선녀성』은 사회문제로 분류된 글의 60% 이상이 1쪽의 길이로 간단하게 남한의 사회문제를 서술하고 있고, 나머지 약 40%도 평균 2쪽 정도에 불과하다. 『남조선문제』는 1970~80년대의 글들이 평균 2.3쪽의 길이로 되어 있는데, 1970년대는 평균 2.6쪽으로 1980년대의 2.1쪽에 비해 길이가 길었다. 이상의 서술과 같이 글의 길이로만 보아도 『근로자』가 가장 분석적이고 이론적인 서술을 하고 있음을 알 수 있고, 『조선녀성』은 주로 선전에 활용하기 좋은 '사실' 소개의 글이 주류를 이루고 있음을 알 수 있다.

이상의 남한사회문제에 대한 대표적 잡지 3종의 서술을 통해 볼 수 있듯이 북한의 남한사회문제 연구는 각 잡지의 특성에 맞게 이루어지고 있다. 하지만 북한을 영도하는 조선로동당의 관점에서는 남한의 사회문제를 대하는 근본 시각이 학술적 연구이기보다는 당의 정책적 관점이 될 수밖에 없다. 따라서 3종류의 잡지 중에서 가장 이론적인『근로자』는 나름대로 학술적인 성격도 가지고 있다고 평가할 수 있다.

하지만 각 사회문제에 대한 분석이 객관적 증거를 충분히 갖추지 못한 경우가 많고, 비슷한 내용과 평가가 반복된다는 점에서 학술적 성격의 측면을 크게 평가하기는 어렵다. 이렇게 본다면『근로자』를 제외한『남조선문제』와『조선녀성』은 정책적 연구 또는 선전선동적 목적에 더 가까운 연구라고 할 수 있다.

북한의 잡지 중에서『근로자』는 남한의 사회문제를 정치경제적 구조와 연결하여 이론적으로 설명을 하고 있다. 하지만 북한인민들의 남한에 대한 인식에 가장 많은 영향을 준 것은 남한의 사회문제를 가장 많이 다룬『남조선문제』라고 생각된다.

Ⅲ. 북한의 남한사회문제 연구내용 분석

1. 소분류에 따른 분석

북한의 남한연구에서 남한사회문제에 대한 양적 비중이 매우 큰 편은 아니다. 그러나 남한에 대한 비판이 가장 자극적으로 집약되는 문제 중의 하나가 남한의 사회문제라는 점에서 그 중요성은 결코 작지 않다. 북한이 초점을 맞추고 있는 남한의 사회문제 중에서 가장 큰 것은 빈곤문제라고 할 수 있다. 빈곤문제가 자본주의사회의 근본적 모순으로 비판의 대상이 되고 있고 많은 문제의 구조적 원인이 빈곤문제인 만큼, 북한의 비난이 이 문제에 맞춰지고 있는 것은 당연한 것이라고도 할 수 있다.

북한의 남한사회문제에 대한 비판은 빈곤문제, 노동문제, 보건과 공해문제에 가장 큰 초점이 맞춰져 있고, 그 외에 남한의 생활양식

변화와 종교, 외국인관광 매춘, 이민과 인력수출, 해외입양, 범죄 등
에 걸쳐 있다. 그리고 이러한 빈곤과 보건문제 등 다양한 사회문제
를 함께 엮어서 남한의 여성문제를 다루고 있다.

　그런데 이들 문제들 중에서 인력수출문제는 남한에서는 사회문
제로 보지 않는다는 점이 북한의 관점과는 다르다고 할 수 있다. 즉
남한사회에서는 인력수출문제를 남한경제 확대과정의 일환으로 보
고 있기 때문에 남북한의 사회문제에 대한 시각 차이를 느낄 수 있
는 부분이다.

〈그림 1〉『남조선문제』, 『조선녀성』 남한사회문제 분류

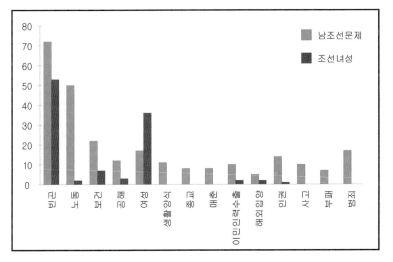

〈표 5〉『남조선문제』, 『조선녀성』 남한사회문제 분류

	『남조선문제』	『조선녀성』	합계
빈곤	72	53	125
노동	50	2	52
보건	22	7	29
공해	12	3	15
여성	17	36	53
생활양식	11	0	11
종교	8	0	8
매춘	8	0	8
이민, 인력수출	10	2	12
해외입양	5	2	7
인권	14	1	15
사고	10		10
부패	7		7
범죄	17		17
합계	263	106	369

〈그림 2〉『남조선문제』, 『조선녀성』 남한사회문제 분류(합계 포함)

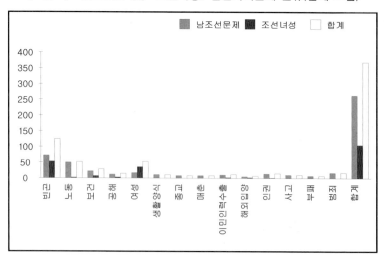

위 2개의 그래프를 통해서 한 눈에 볼 수 있듯이 빈곤문제가 남한의 사회문제에 대한 북한의 가장 큰 관심사였음을 확인할 수 있다. 즉 빈곤문제는 북한의 가장 큰 관심 대상이었고, 노동문제와 보건문제 등으로 가면 각 사회부문별로 관심의 차이가 나타나게 되었음을 알 수 있다. 그리고 남한사회가 북한에 비해 상대적으로 취약한 부분인 범죄, 공해, 생활양식의 변화와 해외입양문제 등을 주목하고 있음을 알 수 있다.

하지만 이러한 빈곤 외의 문제들은 북한이 남한사회를 비난하는 데는 선전 효용이 컸지만, 그들이 가졌던 '남조선혁명'이라는 목표를 달성하는 데 기여할만한 큰 의미를 부여할 수 있는 요소들은 아니었다.

2. 키워드에 따른 분석

남한의 사회문제에 대한 북한의 관심을 키워드를 통해 분석하면 조금 다른 의미들을 찾아낼 수 있다. 각 자료별로 한두 개의 키워드를 찾고 이를 통해 남한의 사회문제에 대한 북한의 비난을 보면, 소분류를 통해 보는 것과는 조금 다른 의미를 읽을 수 있다. 물론 빈곤문제라는 자본주의 남한의 사회문제에 비난이 집중되고 있는 것은 같지만, 구체적인 목적과 비난의 특성을 파악할 수 있다.

키워드로 선택된 것을 기사 비율의 크기 순서대로 정리하면, 정권에 대한 비난(정권, 박정희, 전두환), 질병과 병원비로 인한 고통, 빈곤한 여성과 어린이의 비참한 생활, 도시빈민의 생활(주택난 등), 빈부격차(빈익빈부익부 현상), 외래문화로 인한 사회의 타락상, 공해, 인력수출, 해외입양, 범죄와 사고(교통사고, 조난사고 등), 농촌빈민 순서가 된다.

이상의 키워드를 통해보면, 남한의 사회문제를 북한은 남한정권에 대한 비판으로 연결하는 데 초점을 맞추고 있음을 알 수 있고, 남한사회의 빈곤으로 인한 비참한 생활상, 질병으로 인한 고통, 도시빈민과 여성·어린이들의 비참한 생활상을 선전하는 데 치중하고 있음을 알 수 있다. 또한 남한사회의 빈부격차를 강조하고, 남한사회가 산업화되면서 나타나는 현상들에 대해서도 비난을 집중하고 있다. 이러한 비난은 남한사회의 공해 확산, 인력 수출, 교통사고 증가 등에 초점이 맞춰지고 있고, 도시에 비해 남한의 농촌에 대한 관심이 감소한 것을 볼 수 있다. 이것은 북한이 남한의 경제성장을 의식하고 경제성장 과정에서 나타나는 남한의 사회문제를 주목하고 있었음을 알 수 있다.

동시에 북한은 남한의 어린이 해외입양, 기생관광과 같은 매춘의 증가, 고학생들의 어려운 생활, 자살, 매혈 등과 같은 사건사고에 대한 관심을 높이고, 이러한 사건사고를 남한사회의 문제로 선전하는데 치중하고 있었음을 알 수 있다.

구체적인 예를 들면 "남한 출판물에서는 후천성 면역결핍증 감염자가 11,000명이라고 발표하였지만, 외신자료들은 그 수가 무려 60여만 명을 헤아린다고 전하였다"는 식이다.[4] 즉 북한의 남한사회문제에 대한 비판은 개별적인 부정적 사건에 대한 확대 과장을 통해 남한사회 전체에 대한 부정적인 인식을 북한주민들이 갖도록 하는 데 치중하고 있다.

---

4) 「남조선은 후천성면역결핍증이 만연된 위험지대」,『국제생활』 1986년 3권 3호, 23쪽.

Ⅳ. 인과메커니즘 분석

1. 연구동인: 북한요인, 남한요인

북한의 남한연구는 매우 뿌리가 오래 되었다. 해방 특히 6·25전쟁 이후에는 기본적으로 남한출신자들이 중심이 되어 '남조선혁명'을 목표로 남한사회에 대한 비판적 연구를 진행하였다. 또 1960년대까지는 남한경제가 절대빈곤상태에 빠져 있었기 때문에 남한의 사회문제에 대한 북한의 비판은 '남조선혁명'이라는 목적에 있었다고 볼 수 있다. 그러나 이러한 근거를 본 연구에서 DB로 구축한 남한의 사회문제에 대한 1960년대의 자료만으로는 구체적으로 확인하기 어렵다.

하지만 1970년대에 들어가면 남한사회문제에 대한 북한의 연구필요성은 '남조선혁명'이라는 외부적 요인에서 점차 북한 내부의 필요성이라는 방향으로 변화해가고 있다. 이러한 원인은 1970년대 초에 북한정권이 '남조선혁명' 노선에서 '후계체제 구축'과 남북한 공존을 전략으로 선택하였기 때문으로 보인다. 즉 이 시점에 남한사회문제에 대한 북한정권의 연구목적은 '남조선혁명'이 아니라 '북한체제의 안정성' 유지로 전환되었다고 볼 수 있다.

이러한 움직임은 1980년대에도 계속되었다. 특히 1980년대에 접어들면서 남한경제의 성장이 크게 나타나고, 반면에 북한경제의 침체현상이 고착화되고 있었다. 이 때문에 남한의 사회문제연구에 대한 북한의 연구목적은 남한과의 경쟁 패배로 인한 체제 내부의 결속력 약화를 방지하는 데 있었다. 이 같은 모습은 남한사회의 빈곤과 노동문제에 대한 지속적인 비난과 더불어 남한사회의 산업화 과정에서 나타나고 있는 각종 사회문제에 대한 북한의 비난이 더욱 커져가고 있었음을 통해서도 확인할 수 있다.

즉 남한의 사회문제에 대한 북한의 연구동인은 북한주민에 대한 계급교양에 우선적인 목적이 있었던 것으로 보인다. 그리고 북한정권은 이러한 목적을 바탕으로 남한의 사회문제에 대한 소재를 찾아 글을 게시하였는데, 그 방향은 근본적으로 자본주의사회의 모순과 남한자본주의의 특징 중의 하나인 미국 등 외세에 대한 비난이었다.

2. 연구주제 선정: 학술적 연구, 정책적 연구

남한의 사회문제에 대한 북한의 연구는 적어도 1970년대부터는 '북한요인'이 핵심이었다. 이러한 연구동인에서 시작된 북한의 남한 사회문제에 대한 연구는 정책적 목적의 방향을 가질 수밖에 없었다. 물론『근로자』에서 볼 수 있듯이 학술적인 수준에 관심이 있는 경우도 일부 있었지만,『남조선문제』나『조선녀성』에서는 학술적인 성격이나 목적을 부여하기가 곤란하다.『남조선문제』나『조선녀성』은 철저하게 정책적인 목적을 방향으로 하고 있다고 단정할 수 있다.

물론『김대학보』,『력사과학』,『인민』에서 남한의 사회문제를 다루는 글들에서는 학술적인 서술 경향도 볼 수 있지만, 그 자료의 수가 소량이기 때문에―이번 데이터베이스 작업 결과를 가지고―북한의 남한사회문제에 대한 연구를 학술적 성격의 연구방향으로 평가하기는 곤란하다. 하지만『김대학보』·『력사과학』·『인민』과 같은 잡지는 남한 신문의 날짜를 예시해 가면서 구체적인 숫자를 인용하는 등5) 일반적인 대중잡지와는 서술 태도에서 차이가 있다.

남한의 사회문제에 대한 북한의 연구는 적어도 1970년대부터는 '정책적 필요'에 의해서 진행되었다고 정리해도 무리가 없다.

---

5) 김정선,「남조선 력대 괴뢰도당의 범죄적인 어린이 수출」,『력사과학』 1998년 169권 4호.

3. 연구주제의 추이: 지속과 변화

〈그림 3〉『남조선문제』로 본 남한사회문제 연구추이

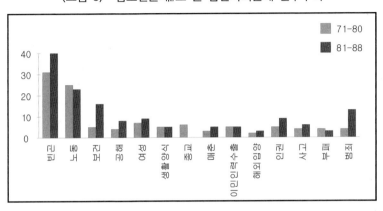

〈표 6〉『남조선문제』『조선녀성』으로 본 남한사회문제 연구추이

	『남조선문제』			『조선녀성』			총계
	71~80	81~88	소계	53~65	79~90	소계	합계
빈곤	31	40	71	16	33	49	120
노동	25	23	48		2	2	50
보건	5	16	21		7	7	28
공해	4	8	12		3	3	15
여성	7	9	16	11	9	20	36
생활양식	5	5	10				10
종교	6	0	6				6
매춘	3	5	8				8
이민, 인력수출	5	5	10		2	2	12
해외입양	2	3	5		2	2	7
인권	5	9	14				14
사고	4	6	10				10
부패	4	3	7				7
범죄	4	13	17				17
합계	110	145	255	27	58	85	340

시기별 연구경향은 남한의 사회문제에 관한 글이 많지 않은 『근로자』를 제외하고, 남한의 사회문제에 대해 비교적 많은 글을 게재하고 있는 『남조선문제』와 『조선녀성』을 통해 시기별 특성을 살펴본다.

두 개의 잡지에 나타나는 대표적인 시기적 특성은 1970년대 후반에 들어서면서 남한의 사회문제를 다루는 주제가 다양해졌다는 점이다. 『남조선문제』에서는 1970년대 전반에는 잘 다루지 않던 주제인 생활양식과 매춘, 인력수출과 해외입양, 인권과 부패·사고·범죄문제가 1970년대 후반에는 증가하고 있다. 그리고 이러한 경향은 1980년대까지 이어진다.

이러한 경향이 『남조선문제』에 비해 『조선녀성』에서는 상대적으로 작지만, 『조선녀성』이란 잡지가 가진 성격—주로 여성과 어린이에 대한 관심—을 감안하면 이해할 수 있는 것으로 보인다.

하지만 이러한 경향이 남북관계 변화나 북한의 정치상황 변화와 크게 연관성이 있어 보이지는 않는다. 1972년에 7·4남북공동성명이 있었지만 1990년대 이전에 남북관계에 큰 진전이 없었고, 북한의 김정일이 후계체제 계승에 성공한 1970년대 이후 북한체제에도 큰 변화가 없었기 때문이다. 따라서 이러한 변화의 원인은 남북관계나 북한체제의 변화가 아니라 남한의 산업화에 주된 원인이 있는 것으로 해석하는 것이 타당한 것으로 보인다.

〈표 7〉 1971~1990년 남한 1인당 국민총소득(명목, 달러표시)(단위: 달러)[6]

연도	1971	1972	1973	1974	1975	1976	1977	1978	1979	1980
1인당 국민총소득	291	322	404	559	607	825	1043	1443	1693	1660
연도	1981	1982	1983	1984	1985	1986	1987	1988	1989	1990
1인당 국민총소득	1826	1927	2113	2300	2355	2702	3402	4548	5556	6303

6) 자료는 통계청 홈페이지.

남한의 1인당 국민총소득은 1971년에 비해 1976년에는 2.84배, 1981년에는 6.28배, 1986년에는 9.29배, 1990년에는 21.7배 증가하였다. 이러한 남한경제의 급속한 발전은 북한으로 하여금 남한에 대한 비판의 관점을 변화하게끔 만든 것으로 보인다.

즉 1970년대 후반의 남한경제 고도성장과 남한사회 절대빈곤의 감소가 북한의 남한사회에 대한 인식과 선전에 일정한 변화를 만들어 낸 것으로 이해할 수 있다. 이러한 부분은 『남조선문제』나 『조선녀성』이 남한의 빈곤문제를 단순하게 절대빈곤의 관점에서 다루기보다는 '빈부차이'(빈익빈부익부현상)를 강조하는 것으로 변화하고 있다는 점에서도 뚜렷하게 볼 수 있다.[7] 즉 남한경제가 성장하면서 재벌과 빈민의 빈부차이, 교통사고의 증가, 공해문제의 증가, 해외 인력 수출 등이 북한에게는 남한사회를 비판할 중요한 문제로 인식된 것이다. 이러한 인식의 변화가 1970년대 후반부터 『남조선문제』와 『조선녀성』을 통해 표출되었다고 분석할 수 있다.

4. 연구주제의 메시지: 네거티브, 포지티브

남한의 사회문제에 대한 북한의 연구가 가지는 주제의 메시지는 뚜렷한 방향이 있는데, 그것은 근본적으로 부정적인 메시지라고 정리할 수 있다. 구체적인 자료에서 긍정적인 메시지를 찾는 것은 불가능하며, 이러한 부정적인 평가의 대상과 강도, 지속성 등을 구체적으로 살피는 것이 일정한 의미가 있을 수 있다.

---

7) 『남조선문제』 1975년 10호(빈부차이), 1976년 4호(빈부차이)·9호(교통사고), 1977년 12호(인력 수출), 1978년 2호(공해)·6호(빈부차이)·7호(서양 문화 유입)·10호(부패-아파트분양문제)·11호(교통사고), 1980년 1호(공해), 1981년 6호(빈부차이-호화주택)·7호(빈부차이)·8호(빈부차이-재벌), 『조선녀성』 1981년 12호(빈부차이), 1986년 5호(공해).

남한의 사회문제에 대한 북한의 연구는 남한정권과 자본가 등 지배계급에 대한 비난에 초점을 맞추고 있다. 대신 노동자, 농민, 도시빈민 등 빈곤계층에 대한 지원과 선동의 메시지를 담고 있다.

5. 연구의 활용

1) 국내정치 활용

남한의 사회문제에 대한 연구가 북한에서 이루어진 목적은 6·25전쟁 직후인 1950년대 후반에는 '북한 내부 안정'에 초점이 맞추어졌다. 하지만 1960년대에 들어가면서 '남조선혁명'에 대한 관심이 다시 증가하였고, 본 연구에서 자료가 집중되고 있는 1970년대 이후에는 북한 국내정치에 활용하고자 하는 의도가 가장 컸던 것으로 보인다. 이것은 북한정권이 국제정세의 변화와 남한경제의 성장과정에 대응하여 대남혁명보다는 체제안정과 후계 세습에 관심을 돌렸기 때문이라고 해석할 수 있다. 또 북한경제가 1970년대 이후 발전이 정체되는 상황도 이런 결과에 영향을 준 것으로 보인다.

이러한 맥락은 남한의 사회문제에 대한 연구시스템을 통해서도 알 수 있다. 먼저 『근로자』와 같은 당 이론기관 연구가 방향과 지침을 제공하면, 『남조선문제』는 『근로자』를 바탕으로 남한문제에 대한 전문연구 잡지의 기능을 수행한 것으로 보인다. 이때 조선로동당 통일전선부 산하 남조선문제출판사(조국통일사)에서는 주로 남한 신문을 가지고 『남조선문제』에 필요한 남한의 사회문제를 정리하는 글을 만들었다고 한다.[8] 그리고 이 과정은 전문성이나 다양성이 허용된 영역이 아니기 때문에 당이 정한 정책대로 서술하는 것이 당

---

8) 탈북자 정철현(북한 노동당 통일전선부 근무) 인터뷰.

연한 과정이었다. 또한 남한의 사회문제연구는 계급교양 차원에서 이루어졌다는 증언9)으로 볼 때, 남한사회문제에 대한 연구의 목적은 북한 국내 정치에서의 활용이라는 의도가 더 컸다고 이해할 수 있다.

그리고 각 부문별 대중잡지는 『근로자』와 『남조선문제』를 가지고 재가공하여 선전선동 자료로 활용되는 역할을 담당한 것으로 보인다.

2) 대남정책 활용

남한의 사회문제에 대한 북한의 연구가 대남정책에 미친 영향은 제한적이었다고 볼 수 있다. 그 이유는 북한의 남한 빈곤문제에 대한 연구나 노동문제에 대한 연구가 실제 남한 상황과는 일정한 차이가 있었기 때문이다.

특히 1980년대의 남한사회문제에 대한 북한의 연구는 실제 남한의 일반적인 상황과는 거리가 있다. 이러한 수준의 연구로 대남정책을 펴는 것은 문제가 있었다고 볼 수 있고, 실제 북한정권이 '파악하고 있는 남한정보'와 '남한의 사회문제에 대한 선전'은 차이가 있었을 것으로 보인다. 이 부분은 노동당 선전선동부에서는 조선중앙통신사를 통해 간부를 대상으로 하는 남한 관련 '참고자료'를 발간하고, 『남조선연구』는 참고하지 않았다는 증언을 통해서도 이해할 수 있다.10)

하지만 북한은 여전히 '남조선혁명'이라는 목표를 걸고 있었기 때문에 남한주민에 대한 선전선동의 자료로 남한의 사회문제에 대한

---

9) 탈북자 정남수 인터뷰.
10) 탈북자 정남수 인터뷰.

간행물을 발간한 것으로 이해할 수 있다.

6. 상관관계 분석: 『남조선문제』와 『조선녀성』을 중심 으로

1) 연구동인과 연구주제

1950년대를 정리한 자료는 일부에 불과하지만 『조선녀성』을 통해서 볼 수 있다. 1953년부터 1960년까지 『조선녀성』이 다루고 있는 남한의 사회문제는 '빈곤'과 '여성'문제가 각각 50%씩이다. 이것은 『조선녀성』이란 잡지의 특성이 '여성'문제의 비율을 높인 것으로 볼 수 있으며, 결국 여기에서 다루는 '여성'문제라는 것이 '빈곤'문제와 밀접하게 연결되어 있다.

1953년 이후, 즉 6·25전쟁이 정전상태에 들어간 이후 북한정세는 기본적으로 '전후 복구'가 가장 시급한 과제였다. 물론 북한정권이 내세우는 구호에는 '남조선혁명'이 여전히 계속되지만, 김일성을 수반으로 하는 주도세력에게는 북한 내부의 안정이 가장 급선무였다. 따라서 전쟁 이후 시점인 1950년대의 남한사회문제에 대한 북한의 연구주제는 '빈곤'문제와 상관관계가 높았다고 정리할 수 있다.

1960년대에 들어서면, 전후 복구과정을 통해 상대적으로 안정기에 들어간 북한정권이 '남조선혁명'에 대한 관심을 다시 한번 높이게 되었다. 이 시기(1962~1965년)에 『조선녀성』에 나타난 남한의 사회문제에 대한 북한의 관심은 '빈곤'이 68.8%, '여성'이 31.3%였다. 즉 '남조선혁명'이 주요 동인이 되는 시기에도 연구주제는 '빈곤'에 맞춰져 있음을 확인할 수 있다.

1970년의 상관관계를 『남조선문제』를 통해 보면, 전체적으로 '빈곤'(28.2%)과 '노동'(22.7%)이 50%를 차지하고, 나머지 반을 보건·

공해·여성·생활양식·종교·인력수출과 입양·인권·사고·범죄가 비슷한 비율로 점하고 있다. 1970년대 후반의 특징으로는 '빈곤'과 '노동'을 제외한 다른 주제가 다양하게 포함되어 있다는 점을 들 수 있다. 북한정권이 '남조선혁명'과 '북한내부의 안정'이라는 두 가지 목표를 병행하던 1970년대에는 기본적으로 남한의 사회문제에 대한 북한정권의 관심이 '빈곤'과 '노동'에 맞춰져 있었음을 알 수 있다.

1980년대를 『남조선문제』와 『조선녀성』을 통해 보면, 『남조선문제』는 '빈곤'문제(27.6%)와 '노동'문제(15.9%)가 43.5%로 1970년대에 비해 감소하였음을 알 수 있다. 『조선녀성』에서도 '빈곤'문제를 다루는 비율이 57.5%로 1960년대에 비해 작은 차이이지만 감소했다.

가장 뚜렷한 추세는 1990년대부터 2000년대를 다룬 『조선녀성』에서 볼 수 있는데, 여기에서는 '빈곤'문제가 13.6%로 감소하고, '여성'문제가 72.7%로 증가했다.

이상의 자료를 통해 1950년대부터 2000년대까지의 '연구 동인'과 '연구 주제'의 상관관계를 정리해보면, 연구의 동인이 북한요인이든 남한요인이든 상관없이 '빈곤'문제와 '노동'문제에 최대의 초점이 맞추어졌음을 알 수 있다. 그리고 이 문제에 대한 관심의 감소는 남한 경제의 성장이라는 외부 변수의 영향을 받은 것으로 추정할 수 있다.

〈표 8〉 시기별 요인과 주요 관심

- 1950년대 – 북한요인 – 빈곤문제
- 1960년대 – 남한요인 – 빈곤문제와 노동문제
- 1970년대 – 남북한요인 – 빈곤문제와 노동문제
- 1980년대 – 북한요인 – 빈곤문제와 노동문제(소폭 감소)
- 1990년대 – 북한요인 – 빈곤문제 대폭 감소

〈표 9〉『남조선문제』 남한사회문제 분류(1970년대)

	71	72	73	74	75	76	77	78	79	80	계(%)
빈곤	1		2	3	1	2	2	11		9	31(28.2)
노동			2		3		1	9		10	25(22.7)
보건	1		2		1			4		1	9(8.1)
여성				2			1	1		3	7(6.4)
생활양식			2		1	2	2	6		1	14(12.7)
이민					1	1	2	2		1	7(6.3)
인권						3	2	8		1	17(15.3)

* 보건(공해 포함), 생활양식(종교, 매춘 포함), 이민(인력수출, 입양 포함), 인권(부패, 사고, 범죄 포함).

〈그림 4〉『남조선문제』 남한사회문제 분류(1970년대)

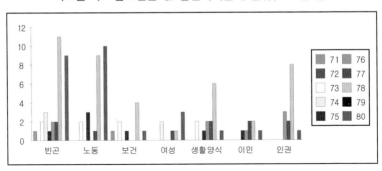

2) 연구동인과 메시지

　남한의 사회문제에 대한 북한정권의 관심은 연구의 동인이 '북한 내부 요인'이든 '남한요인'이든 상관없이 일관되게 부정적 메시지를 전달하고 있다. 다만 남한이 산업화를 진행하면서 북한이 선택하는 소재가 다양해졌다는 점을 특징으로 정리할 수 있다. 그러나 어떤 소재나 주제가 선택되어도, 북한정권이 전하고자 했던 메시지는 '부정적 메시지'였음은 일관된 것이었다.

3) 연구동인과 활용

남한의 사회문제에 대한 북한정권의 관심은 연구의 동인이 '북한 내부 요인'이었는가, '남한요인'이었는가에 따라 그 활용에 일정한 차이가 있었다. 1950년대에서 1970년대까지는 '북한 내부 요인'이 동인인 경우에는 '빈곤'문제에 관심을 집중하고, '남한요인'이 동인에 포함되는 경우에는 '노동'문제에 대한 비율이 증가했음을 확인할 수 있다. 하지만 북한정권의 연구동인이 '남한요인'이었다고 하더라도, 『남조선문제』에서 다루고 있는 '노동'문제의 수준은 '대남정책'에 활용하기보다는 '북한 내부 정치' 활용에 맞는 정도였다.

4) 연구주제와 메시지

북한정권이 관심을 가진 남한의 사회문제를 몇 가지 주제로 나누어 보면 빈곤 · 노동 · 보건 · 공해 · 여성 · 생활양식 · 종교 · 매춘 · 이민과 인력수출 · 입양 · 인권 · 부패 · 사고 · 범죄로 소분류할 수 있다. 이러한 다양한 남한의 사회문제들에 대한 북한정권의 관심은 하나같이 부정적인 메시지를 북한주민들에게 전달하고자 하는 것이다. 이 부분은 1950년대부터 1990년대 이후까지 거의 일관된 모습이며, 다른 메시지를 찾는 것은 거의 불가능하다.

다른 의미에서는 남한의 빈민과 노동계급에 대해 북한주민들이 동정심을 갖게 하는 효과가 있을 수는 있다. 특히 1990년대까지 외부 소식으로부터 거의 완전히 차단된 상태였기 때문에, 북한주민들은 북한정권이 제공한 남한의 사회문제를 통해 남한체제에 대한 부정적 인식을 갖기에 충분했을 것이다. 또 다른 측면에서 추론을 하면 북한주민들은 공해나 이민, 인력수출, 인권, 부패, 사고 등의 소식에서 자신들의 체제와 남한을 비교해보았을 가능성도 있다.

시대에 따라 왜곡의 정도에 차이가 있을 수밖에 없겠지만, 북한 정권이 선전에 활용한 남한의 사회문제는 전체적인 사회상으로 과장된 측면이 있지만, 남한사회에서 실제로 존재했던 하나의 단면이었다는 측면도 있다.

5) 연구주제와 활용

빈곤·노동·보건·공해·여성·생활양식·종교·매춘·이민과 인력수출·입양·인권·부패·사고·범죄 등 남한의 사회문제에 관련된 다양한 주제는 대부분 '북한 내부 정치'에 활용된 것으로 보인다. 각 잡지에 실린 자료의 수준이 '연구'보다는 '선전'에 가깝고, 실제 목적도 북한 내부 주민들에게 활용하고자 한 것으로 볼 수 있다.

6) 메시지와 활용

남한의 사회문제 연구를 진행한 북한정권의 의도 자체가 부정적인 메시지였고, 그 활용은 '북한 내부 정치'에 초점이 맞추어져 있었다. 물론 부정적인 메시지의 일부는 '대남정책 활용'과 연관이 있을 수도 있지만, 연구의 수준 등을 보았을 때 '북한 내부 정치'와 상관관계가 매우 높은 것으로 평가된다.

7) 연구동인과 지속성

남한의 사회문제에 대한 북한의 연구동인은 1950년대부터 최근까지도 원칙적으로는 비슷한 맥락을 가지고 있다. 하지만 각 시대별로 북한정권이 처한 정치경제적·대외정세적 상황에 따라 조금씩 중점이 달라진 것으로 보인다. 1950년대 후반에는 전쟁의 후유증으로 인해 '북한 내부 요인'이 중요했고, 1960년대에는 다시 '남한요인'을 주목한 것으로 볼 수 있다. 1970년대에는 '북한 내부 요인'과 '남한 요인'이 모두 주목을 받고, 1980년대 이후에는 '북한 내부 요인'에 관심이 쏠린 것으로 보인다.

8) 연구주제와 지속성

남한의 사회문제에 대한 북한의 관심은 근본적으로 지속적인 성격을 가지고 있다. 구체적인 자료로 확인할 수 있는『남조선문제』를 보면 그 성격을 쉽게 알 수 있는데, 1970년대부터 1980년대까지 가장 큰 관심을 가진 주제는 빈곤문제(28.2%/27.6%)이다. 이어서 관심을 가진 주제는 노동문제(22.7%/15.9%)이고, 그 다음은 보건문제(8.1%/16.5%)이다. 이것은 어느 사회든지 가장 큰 사회문제의 원인이 빈곤문제이기 때문에 가능한 보편적인 현상일 수 있고, 북한체제가 가진 이념적 성격이 자본주의 남한사회의 '빈곤'문제를 가장 주목하게 만들었다는 설명도 가능하다.

빈곤문제에 이어져 있는 노동문제도 사실은 빈곤문제의 다른 측면에 해당하고, 그다음에 해당하는 보건문제 역시 빈곤문제의 또 다른 얼굴이다. 본 연구가 구축한 자료로 확인할 수 있듯이, 2000년 남북정상회담 이전까지 북한 당국이 지속적으로 비난해온 문제가 남한의 자본주의 모순이고, 다른 표현으로는 빈곤문제이다. 즉 북한의 인민들이 기아에 빠지는 경제위기 국면에서도 북한이 남한사회의 빈곤문제를 선전에 활용할 수 있을 만큼 빈곤문제는 선진국과 후진국을 막론하고 모든 사회에서 존재하는 근본적 문제이다.

하지만 남한의 빈곤문제에 대한 북한의 관심은 1990년대부터는 그 비중이 크게 작아졌다(13.6%:『조선녀성』자료). 1970년대 후반부터 남한경제의 성장이 뚜렷해지면서 북한은 남한의 산업화 과정에서 나타난 새로운 문제들에 대해 비판적인 관심을 기울였다. 이렇게 등장한 새로운 문제들이 공해, 생활양식의 변화, 해외입양과 매춘, 각종 범죄 등이다. 이러한 문제들이 남한의 산업화 과정에서 지속적으로 증가해가는 상황에서 북한은 남한사회의 문제점을 비난하는 영역을 확대해갔다.

남한사회의 근본적 문제(빈곤문제)에 대한 지속적인 비판과 더불어 그 안에서도 변화가 이루어졌다. 즉 빈곤문제에 대한 비난이 1970년대 후반부터 '절대 빈곤'에서 '빈부차이'로 초점을 이동한 것은 남한사회의 경제 발전에 대한 북한의 반응이었다. 이런 점에서 볼 때 남한의 사회문제에 대한 북한의 연구는 남한사회의 변화와 일정하게 연동되고 있었다고 평가할 수 있다.

9) 연구메시지와 지속성

남한의 사회문제연구를 통한 북한정권의 메시지는 지속적으로 부정적인 성격을 담고 있다. 남한의 사회문제 연구를 진행한 북한정권의 연구동인과 연구주제 선정과 마찬가지로 연구메시지도 지속성을 가지고 있었다.

10) 연구활용과 지속성

남한의 사회문제 연구를 북한정권은 '북한 내부 정치'에 활용하는 데 가장 큰 목적을 둔 것으로 볼 수 있다. 그리고 이러한 목적은 최근까지 지속된 것으로 평가할 수 있다. 즉 남한사회가 가지고 있는 각종 사회문제를 북한주민들에게 선전함으로써 북한 내부 주민들로 하여금 체제에 대한 불만을 억제하게끔 하고자 한 것이며, 이러한 정치적 활용은 지속적인 성격을 가지고 있다.

V. 맺음말: 북한의 남한사회문제 연구특징

이번 DB 작업을 통해 북한의 잡지들이 남한 국내정치나 통일문제 등에 비해서는 작지만, 남한의 사회문제에 대해 매우 큰 관심을 가지고 있었음을 확인할 수 있었다. 다양한 북한의 잡지들이 남한의 사회문제를 다루고 있는데, 이들 잡지들 중에서 남한의 사회문제에 양적으로 많은 관심을 나타낸 것은 『남조선문제』, 『조선녀성』, 『근로자』를 들 수 있다. 그리고 이 잡지들이 남한의 사회문제 중에서 가장 큰 관심을 보인 것은 남한의 빈곤문제라고 할 수 있다.

빈곤문제는 노동문제나 보건문제와 함께 가장 많이 다루어진 주제인데, 특히 대부분의 다른 사회문제들과 매우 긴밀하게 연관되어 있는 문제이다. 따라서 북한의 잡지들이 남한의 '빈곤문제'를 가장 중점적으로 제기한 것은 당연한 일이라고 할 수 있다. 하지만 북한의 잡지들은 남한경제가 성장한 1980년대 이후에는 빈곤문제 이외의 다양한 사회문제들에 보다 많은 관심을 나타내고 있다. 즉 북한정권은 남한의 빈곤을 선전하면서도, 남한의 경제성장을 충분히 인식하고 있었던 것으로 보인다. 또한 남한의 신문 등을 자료로 활용하면서 북한이 자연스럽게 남한사회의 변화 영향을 받은 것으로 해석할 수도 있다.

북한의 잡지들은 남한의 사회문제에 대해 북한주민들에게 선전하는 역할을 충분히 수행한 것으로 보인다. 연구의 목적과 주제 선정, 연구주제의 메시지와 활용 모두가 북한주민에 대한 남한 비난 선전과 밀접한 관련을 가지고 있었다. 북한 잡지들이 진행한 남한의 사회문제에 대한 비판은 그 비판의 사례가 자극적으로 과장되고 개별 사례를 전체적인 것으로 과장 선전하고 있지만, 개별적 사실로는 어느 정도 사실적 근거를 가지고 있는 부분도 있다.

남한자본주의가 빈곤에서 벗어나는 데 오랜 시간이 필요했고, 그 과정에서 빈곤문제, 노동문제, 보건문제, 공해문제, 여성문제, 범죄문제, 인권문제 등의 다양한 많은 사회문제가 있었다. 이들 문제들은 2000년대에 들어선 현재에도 계속되는 부분이 있고, 어쩌면 개별 사례들을 중심으로 수집할 때는 영원히 계속될 문제들이기도 하다. 이러한 남한의 사회문제를 북한정권은 잡지를 통해 북한주민들에게 선전하는 데 충분히 활용하였다.

북한과 같이 통제된 사회에서 이 잡지들에 게재된 글들이 북한주민들의 남한에 대한 인식에 중요한 영향을 주었을 것이라는 점을 의심할 필요가 없다. 특히 극단적이고 범죄적인 수준의 사회문제에 대한 과장된 선전들을 북한주민들이 비판적으로 인식하기는 쉽지 않았을 것으로 보인다.

잡지에 실린 글들은 북한의 대남 관련 조직에서 남한에서 발생된 각종 사회문제를 수집한 자료를 바탕으로 작성한 것으로 보인다. 잡지에서 구체적으로 제기되고 있는 '남한의 사회문제'들은 남한사회에서 신문이나 방송에 보도되면서 화제와 비판을 일으켰던 내용들로 추정되는데, 북한정권은 이들 자료를 선전용으로 가공하여 활용하는 메커니즘을 현재까지도 계속하는 것으로 볼 수 있다. 하지만 북한의 공간물 선전 매체들이 게재하고 있는 내용을 북한정권 핵심부의 남한인식으로 이해하는 것은 적절하지 않을 수 있다.

남한 사회 및 사상 · 역사

이 미 란*

Ⅰ. 머리말

이 글은 분단 이후 북한에서 남한사회영역을 대상으로 이루어진 다양한 연구자료를 토대로 북한이 지난 수십 년간 남한사회에서 전개된 다양한 사건과 문제를 어떤 시각에서 다루어왔는가를 검토함으로써 북한의 남한사회에 대한 연구동향과 특성을 살펴보는 데 목적이 있다.

'북한이 바라본 남한'이라는 관점에서 북한을 연구한 기존의 연구성과들은 주로 북한의 대남정책이라는 큰 틀 속에서 대남인식의 변화나 대남비방의 실태 및 메시지 분석을 중심으로 이루어져 왔다. 또한 그 영역에 있어서도 남한의 정권 교체 및 주요 정치적 변화에 따른 북한의 남한 인식에 집중되거나, 사회 분야와 관련된 문제를 다루는 경우에도 사회운동, 교육, 사상, 여성, 다양한 사건사고를 포함한 사회문제 중 특정 영역을 분석 대상으로 삼은 연구가 일반적이었다.

* 동국대 북한학연구소 연구교수

따라서 정치 분야와 구분된 남한의 '사회 분야'를 특화하고 이를 분석 대상으로 삼아 북한이 남한의 사회 분야를 어떻게 바라봐 왔는가를 종합적으로 살펴보는 일은 분단 이후 남북한의 정치사회적 상호작용의 역동성을 밝히는 데 있어 의미있는 작업이 될 수 있을 것이다.

북한의 남한사회 분야 연구에 대한 이 글의 분석은 양적·질적인 두 차원에서 남한사회 분야에서 발생한 다양한 사건과 이슈에 대해 '무엇을 선택하고', '얼마나 많이', 그리고 '어떻게 이야기하는가'에 초점을 두고 이루어졌다.

구체적인 분석은 2008년 6월부터 2009년 12월까지 수집해 DB화한 남한연구자료 중 사회 분야 관련 자료 총 1,200여 편 가운데 사회운동, 교육, 사상 및 역사 부문 자료 약 661편의 문헌을 대상으로 삼았다.

먼저 2장에서는 연구자료의 기본 성격을 알아보기 위해 세부 영역에 대한 분류체계를 소개하고, 몇 가지 기준에 따라 수집된 문헌들의 분포현황을 살펴보고, 사회운동, 교육, 사상 및 역사 각 영역별 자료의 양적 분포현황을 비롯해 구체적인 주제와 소재 및 연구의 내용적 특성을 논의할 것이다. 3장에서는 수집된 자료들의 유형적 특성을 살펴보고자 한다. 연구의 성격, 논의의 방향성, 남북관계 변화 양상이라는 세 가지 변수를 중심으로 수집된 자료들을 유형화하고 구체적인 특성을 짚어볼 것이다. 마지막 4장에서는 분석 결과를 종합하고 시사점을 논의하고자 한다.

II. 연구현황 분석

1. 자료 분포현황

1) 남한사회 및 사상 · 역사 분야의 분류체계

북한의 남한사회 분야 연구문헌 중 현재까지 수집된 문헌은 약 1,200여 편이며, 이들 문헌들은 주제와 내용에 따라 크게 사회운동 · 교육 · 사상 · 역사 · 사회문제의 다섯 개 영역으로 구분된다(〈그림 1〉). 이 글에서는 사회문제영역을 제외한 나머지 4개 영역(사회운동 · 교육 · 사상 · 역사)을 분석 대상으로 삼았다.

〈그림 1〉 분류체계

〈그림 1〉과 같이 4개의 영역은 세부적인 연구소재와 내용에 따라 다시 몇 개의 하위영역으로 세분해볼 수 있다. 먼저 '사회운동' 영역은 운동의 주체에 따라 학생운동, 노동운동, 대중운동으로 구분하였다. 학생운동에는 일반적으로 북한 문헌에서 '청년학생'으로 지칭되는 남한의 대학생이 주축이 된 사회운동 연구자료들이 포함되었다.

노동운동에 포함된 문헌들은 산업노동자, 농민, 어민, 광부 등 다양한 근로계층들의 사회적 저항에 관한 것이다. 대중운동의 범주에는 '인민대중'으로 지칭되는 일반 국민들을 비롯해 종교인, 언론인, 재야인사, 군인 등 소수의 특정집단의 사회적 저항에 관련된 문헌들이 포함되어 있다.[1)]

'교육' 영역도 남한의 사회 분야 중 북한에서 많이 취급되어온 연구소재이다. 교육 영역에 대한 북한의 연구 역시 사회운동 영역과 마찬가지로 매우 다양한 내용을 담고 있는데, 이를 요약하면 교육정책과 교육현실이라는 두 가지 하위 범주의 문헌들로 구분할 수 있다.

'사상' 영역에는 남한사회 전반을 가로지르는 다양한 이념적·학문적 사상의 조류를 비판적으로 다룬 연구자료들이 포함되어 있다. 이에 대한 분류는 남한사회의 이념·이데올로기·생활의식 등을 포괄하는 일반적인 사회의식, 철학, 역사, 사회학, 심리학, 주체사상의 5개 범주로 구분하였다.

'역사' 영역은 시기별로 고대사, 조선사, 근현대사 등으로 구분되며, 이 밖에 역사이론과 역사인식에 관한 자료들이 포함되어 있다.

2) 출처별 자료 분포현황

이번 연구에서 수집된 사회 분야 661편의 자료는 학술지 21종(정기간행물 17종, 부정기간행물 4종)과 단행본 18종을 포함, 총 50여

---

1) 엄밀한 의미에서 언론인, 종교인, 재야인사(정치인), 군인 등은 각기 독립적인 사회운동의 주체로 범주화할 수 있으나, 전체 수집된 자료에서 각 집단들이 차지하는 비중이 크지 않은 점을 고려하여 학생, 노동자와 구분되는 여타 운동주체들의 사회운동을 '대중운동'이라는 하나의 범주 속에 포괄하였다.

<표 1> 출처별 분포현황

영역 출처	자료유형	사회운동	교육	사상	역사	계
교원선전수첩	학술지	8	26	9	-	43
국제생활	학술지	1	2	2	1	6
근로자	학술지	49	5	41	4	99
김일성종합대학학보	학술지	2	-	27	3	32
김일성종합대학 창립15주년 기념논문집	학술지(부정기)	1	-	-	-	1
남조선문제	학술지	142	73	42	13	270
남조선문제론집	학술지(부정기)	3	-	-	-	3
력사과학	학술지	19	1	6	2	28
력사과학론문집	학술지(부정기)	3	-	-	-	3
사회과학	학술지	-	-	6	-	6
사회과학원보	학술지	-	-	2	-	2
인민교육	학술지	5	43	1	-	49
정치법률연구	학술지	-	-	5	2	7
조선녀성	학술지	2	6	-	2	10
조선대학학보	학술지	1	-	-	1	2
조선문제연구	학술지	6	2	5	2	15
조선문학	학술지	-	-	1	-	1
조선사회민주당	학술지	12	-	5	-	17
조선예술	학술지	2	-	-	-	2
철학론문집	학술지(부정기)	-	-	1	-	1
철학연구	학술지	-	-	43	3	46
소계		256	158	196	33	643
단행본		7	4	5	2	18
계		263	162	201	35	661

종의 출처에 게재된 문헌들이다. 자료수집 과정에서 검토대상이 된 출처들 중에는 『남조선문제』와 같이 주된 연구대상을 남한으로 특

화시킨 남한 전문학술지뿐 아니라, 교육·여성·역사·철학·사회과
학 등 특정 분야를 대상으로 하는 전문서적과『근로자』,『조선사회민
주당』등 논의 성격이 광범위하고 포괄적인 문헌들까지 다양하다.

〈표 1〉은 사회 분야 수집자료들을 그 출처와 세부 영역에 따라
게재현황을 나타낸 것이다. 가장 많은 남한 관련 문헌이 실린 학술
지는『남조선문제』로 사회 분야 전체 수집자료의 약 30%가 넘는
270편이 포함되어 있다.[2] 다음으로 40편 이상의 남한 관련 자료가
실린 학술지는『근로자』,『인민교육』,『조선녀성』,『교원선전수첩』
등이다.

한편, 게재된 자료의 연구소재나 내용은 간행물의 성격에 따라 큰
편차를 보여준다. 남한사회 전 영역을 대상으로 하는『남조선문제』
에는 사회운동, 교육, 사상, 여성 등 사회 분야 전반에 걸친 다양한
소재들이 연구대상으로 포함되어 있다. 반면,『인민교육』·『교원선
전수첩』은 교육 전문 간행물인 만큼 남한의 교육실태에 관련된 자
료들이 주를 이루고, 여성과 관련된 자료는『조선녀성』에 거의 대
부분이 집중되어 있다.

흥미로운 것은 간행물들의 목적과 성격의 다양성에도 불구하고
사회 분야 하위영역 중 남한의 사회운동을 대부분의 간행물에서 발
견된다는 점이다. 우선『남조선문제』의 경우 총 282편 가운데 절반
에 해당하는 142편이 사회운동 관련 자료이며, 북한의 노동당 이론
지인『근로자』에 게재된 자료에도 99편 중 49편이 남한의 사회운동
을 주제로 한 것이다.

이러한 현상은 분단 이후 남한의 굵직한 정치사회적 전환점에서
4·19, 광주민중항쟁, 87년 민주화운동, 노동운동 등 다양한 사회운
동이 미쳐 온 영향력과 비중이 작지 않고, 그 이념적 지향이 주로

---

2)『남조선문제』가 그 성격에 있어 남한을 연구대상으로 삼은 연구자료를 게
　재하는 남한 특화된 전문학술지라는 점에서 당연한 현상이라 할 수 있다.

반독재 민주화 및 반외세 자주화라는 정치적 저항에 초점을 두어
왔기 때문에 북한의 입장에서는 그 어떤 이슈보다도 중요한 관심사
가 될 수밖에 없었음을 보여준다. 남한사회 내부에서 '자생적이고'
지속적으로 전개되는 지배세력('괴뢰정권')에 대한 저항의 움직임은
북한에게는 대내적으로 체제의 우월성을 확인시키고 대남 비판의
정당성을 확보할 수 있는 유용하고 현실적인 근거가 될 수 있는 '활
용 가치' 높은 사회적 사건이기 때문이다.

3) 시기별 자료 분포현황

〈표 2〉 시기별 자료 분포현황

분류 시기	사회운동		교육		사상		역사		계		
	학술지	단행본	학술지	단행본	학술지	단행본	학술지	단행본	학술지	단행본	전체
1947~1950	-	-	2	-	3	-	-	-	5	-	5
1951~1960	7	-	10	-	15	-	-	-	32	-	32
1961~1970	55	4	27	2	48	2	8	-	138	8	146
1971~1980	69	1	54	1	16	2	2	-	141	4	145
1981~1990	105	2	58	1	40	1	15	1	218	5	223
1991~2000	15	-	6	-	35	-	-	-	56	-	56
2001~2009	5	-	1	-	39	-	8	1	53	1	54

위의 〈표 2〉는 1947년부터 2009년까지 수집된 자료 661편의 시기
별 분포현황이다. 사회, 사상 및 역사 분야에서 분단 이후 남한을 다
룬 자료는 60, 70년대를 거치면서 점진적으로 증가하여, 80년대를
기점으로 이후 감소 추세를 보여준다.

80년대에 생산된 자료 223편 중에서는 사회운동 관련 문헌이 105편
으로 절반가량을 차지하고 있다. 이 기간이 남한에서 정치적 민주
화를 위한 사회적 역동성이 가장 큰 시기였고 남한 내부의 반정부적

저항이 북한에 가지는 정치적 활용도를 고려할 때 사회운동에 대한 북한의 학술적 관심이 높아진 것은 당연한 일일 것이다. 90년대 이후에는 80년대 자료 생산량의 1/4에 불과한 50~60편으로 줄어들고 있는데 90년대 남한 관련 자료의 급속한 감소는 이른바 '고난의 행군'으로 상징되는 북한의 경제위기의 영향으로 보인다.

시기별 생산 자료의 영역별 분포 변화를 살펴보면, 80년대까지는 사회운동 관련 자료가 가장 많았으나 90년대 이후 남한사회의 정치적 민주화가 어느 정도 정착되면서 사회운동에 대한 문헌은 매우 미미한 비중으로 감소하는 대신 사상 분야의 자료들이 대부분을 차지하고 있다.

2. 영역별 연구경향 및 특성

〈표 3〉은 사회 분야의 4개 중분류 범주와 11개 소분류 범주별로 수집된 자료의 분포현황을 나타낸 것이다.

중분류 범주 중 가장 많은 비중을 차지하는 것이 사회운동 영역의 자료들로 전체 661편 중 절반이 넘는 263편이다. 이 가운데 학생운동, 노동운동, 대중운동 세 범주가 차지하는 비중은 비교적 고른 분포를 보여줌으로써 남한 내부의 사회적 저항 전반에 대한 북한의 '관심도'를 확인시켜 준다.

다음으로 교육영역을 살펴보면 162편 중 교육정책과 교육현실 두 범주 모두 약 절반씩 포함하고 있다. 사상영역에서는 이념·이데올로기·생활의식 등 남한사회 전반의 인식 기반에 대한 연구자료가 201편 중 71편을 차지하며, 그 외 철학(67), 사회학(56), 심리학(4) 등 사회과학 분과별 문헌들이 속해 있다. 마지막으로 역사 관련 자료 35편에는 역사이론, 역사인식, 고대사, 근현대사, 조선사 관련 문헌들이 포함되어 있다.

〈표 3〉 세부 영역별 자료수집현황

문헌 형태 영역 구분		학술지	단행본	계
사회운동 (263)	학생운동	77	2	79
	노동운동	82	1	83
	대중운동	97	4	101
교육 (162)	교육정책	80	2	82
	교육현실	67	1	68
	교육이론	11	-	11
사상 (201)	사회의식	70	1	71
	철학	65	2	67
	사회학	54	2	56
	심리학	4	-	4
	주체사상	3	-	3
역사 (35)	고대사	4	-	4
	근현대사	6	-	6
	조선사	1	-	1
	역사이론	13	-	13
	역사인식	9	2	11

1) 사회운동

(1) 사회운동의 주체 및 주요 이슈

북한 문헌에서 발견되는 사회운동 영역의 연구소재와 이슈는 매우 다양하다. 〈표 4〉는 수집된 자료를 기반으로 주요 연구소재와 이슈를 요약한 것이다. 운동의 주체가 누구인가를 중심으로 크게 학생운동, 노동운동, 대중운동으로 구분하였다.

〈표 4〉 사회운동 영역의 연구소재 및 이슈

구분		연구 소재 및 이슈
학생운동	운동 이슈	반독재 민주화운동
		반외세 자주화운동(반미, 반일)
	학생운동조직 및 운동 이념	전국민주청년학생총련맹, 한총련, 이념써클, 종속이론, 의식화 작업 등
	학생운동의 역사 및 경향 분석	투쟁방식의 변화 양상, 노동자 계급과의 연대, 운동 이슈 및 정치적 지향성의 변화 양상
노동운동	노동운동 실태	노동자 투쟁 및 파업 실태 분석
		농민, 탄광, 부두노동자운동
		노동조합 활동
		노동조합 관련 법, 정책비판
	남한 노동운동의 역사 및 특징	
	노동운동 탄압 비판	
	노동계급의 중요성	
대중운동	운동 이슈	반독재 민주화운동
		반외세 자주화운동(반미, 반일)
	대중운동의 역사 및 특징	
	해외동포, 언론인, 종교인, 군인의 저항운동	

　　첫째, 학생운동 분야에서는 반독재 민주화 및 반외세 자주화로 요약되는 사회운동의 정치적 지향성에 관한 논의가 가장 많으며, 학생운동의 역사나 투쟁방식의 변화에 대한 종합적 분석도 비교적 상세히 다루어져 왔음이 확인된다. 그 밖에 전국민주청년학생총연맹, 한총련 등 남한의 학생운동조직 및 80년대 군사독재하에서 활발히 전개됐던 대학 내 이념써클의 활동 실태도 중요한 관심사로 다루어지고 있다.

　　둘째, 노동운동과 관련된 논의들에서도 남한 내부의 주요 노동 관련 사건들이 다양하게 취급되고 있다. 우선 산업근로자를 비롯해 탄광·부두노동자·농민들의 열악한 노동조건을 비판하는 고발성 논의와 그에 따른 노동자들의 파업 투쟁에 대한 사건 분석, 진보적 노동조합운동의 활동 양상이나 한국노총의 어용적 성격에 대한 비판과 같은 노동조합 활동 실태, 그리고 노동조합 관련 법·정책 비판 등 남한 노동계의 동태를 소개하는 현황 분석이 한 축을 이룬다. 또한 남한 노동운동의 역사 및 특징을 종합적으로 살펴보거나 '혁명 과업'에서 노동계급이 차지하는 위상과 의미를 짚어보는 등 보다 분석적이고 이론적인 관점에서 남한 노동운동에 대한 접근도 꽤 비중 있게 이루어지고 있다. 이와 더불어 남한 노동운동에서 나타나는 '정치성'에 대해 보여주는 높은 관심 역시 특징적인 부분이다.

셋째, 대중운동에 대한 접근 역시 다양한 각도에서 이루어지고 있는데 학생운동과 마찬가지로 반독재 민주화, 반외세 자주화 등 저항 이슈와 관련된 논의가 가장 빈번하다. 운동의 주체에 있어서도 일반 대중은 물론 종교인, 언론인, 군인, 해외동포, 정치인 및 재야 인사 등 다양한 집단의 저항 실태를 취급하고 있다. 또한 남한사회 민중들의 저항의 역사 및 특징의 변화에 대한 포괄적 분석도 포함 되어 있다.

전반적으로 남한의 사회운동 부문에 대한 북한의 논의는 주로 남한 내 저항세력의 움직임을 상세히 제시·전달하고 그 저항의 대상과 운동 이념을 북한의 대남혁명전략에 긴밀히 연결시킴으로써 남한 '괴뢰정권'에 대한 비판의 당위성을 확보하려는 데 초점을 두고 있다고 볼 수 있다.

(2) 시기별 특성

〈표 5〉는 사회운동의 운동주체를 학생운동, 노동운동, 대중운동 으로 구분하고, 시기별로 자료의 양적 분포 및 주로 취급되는 논의

소재들을 요약한 것이다.

〈표 5〉 사회운동 영역의 시기별 주요 연구내용

시기	건수	학생운동	노동운동	대중운동
50년대	7	- 1929년 11월 광주 학생운동 30주년 기념 일제 식민지 교육제도 반대 - 미제와 리승만도배의 학정: 빈곤과 교육기회	- 자본주의 국가의 노동운동에 대한 일반론	- 남조선 인민투쟁의 특징
		2건	1건	4건
60년대	59	- 60년 4·19의 의미 - 64년 6·3 학생봉기 - 65년 한일협정 반대 투쟁 - 67년 박정희, 6·8부정선거 - 남한혁명 주체세력으로서의 학생운동의 위상	- 공산주의 계급론에 입각한 노동계급 및 노동운동의 중요성 - 62년 3·22 총파업 - 농민운동 - 노동계급의 계급적 자각을 위한 정치선전작업의 중요성 - 남한 노동계급 구성 - 남한 노동정책비판	- 반제민주주의운동 - 4·19의 역사적 의의 - 남조선 관제어용단체들 - 한일협정 반대 투쟁 - 반미구국투쟁
		9건	34건	20건
70년대	70	- 유신정권하 학생운동 동향분석 - 박정희정권의 학생운동탄압 실태 - 남조선 학생운동을 매개로 한 주체사상의 선동 - 4·19의 의미 재인식	- 노동3권 - 평화시장 노동자 - '와이에취주식회사' 노동자 - 부산부두노동자	- 반유신·반파쇼민주화 투쟁
		24건	22건	25건

80년대	107	- 반미자주화, 반파쇼민
		  주화
		- 학생운동의 이념(이념
		  써클, 지하 써클, 의식
		  화 작업, 종속이론)
			- 한국노총
			- 전국민주로농자연맹
			- 원풍모방
			- 노동운동의 정치성 강
			  화
				- 반미자주화, 반파쇼민
				  주화
				- 87년 6월항쟁의 역사
				  적 의의

		40건	23건	46건

90년대	15	- 파쇼억압(백골단: 사
		  복체포조)
		- 학생운동을 통한 대
		  중의식화, 한총련
			- 노동운동 일반론
			- 농수산물수입개방 반
			  대를 위한 노동자/농
			  민 투쟁
				- 문민정부 이후 남한
				  대중운동의 변화 양상
				  분석

		3건	4건	7건
2000 년대	5	- 청년학생통일대축전 - 반미자주화투쟁	-	- 2000년대 남한 대중운 동의 특성
		2건		3건

사회운동 전반에 대한 북한의 관심은 분단 이후 지속적으로 증가하다가 90년대 이후 급격히 줄어들고 있다. 수집된 자료 중 50년대까지는 총 7건에 불과하던 것이 60년대 59건, 70년대 70건, 80년대 107건으로 증가하고 있음을 알 수 있다.

60년대에는 노동운동 관련 자료가 가장 많이 눈에 띄며, 70년대에는 노동운동뿐 아니라 학생운동과 대중운동에 대한 문헌들도 고르게 분포되어 있다. 60년대에 남한 노동운동이 여타 학생운동이나 대중운동보다 많이 다루어진 것은 주로 '노동자' 집단이 남한사회주의혁명전략에서 차지하는 계급적 위상에 주목했기 때문인 것으로 보인다. 이 시기 북한의 대남전략이 사회주의혁명을 통한 흡수통일을 지향하고 있었다는 맥락을 고려할 때 혁명적 주체로서 남한의 노동자와 노동운동의 흐름을 주시한 것은 당연한 일이라 할 수 있다.

한편, 사회운동 분야에서 가장 많은 자료가 생산된 80년대의 세부 영역별 자료의 비중을 살펴보면 대중운동, 사회운동, 노동운동의 순서를 보여주는데, 이는 80년대가 남한의 '정치적' 사회운동의 핵심 시기였고, 특히 87년 민주화 항쟁을 기점으로 민주화운동의 핵심세력이 소수 '운동권 대학생' 집단에서 시민사회 전반으로 확산됨에 따라 일반 대중들의 사회운동 참여에 대한 북한 측 관심도 확대되었다고 해석할 수 있을 것이다.

앞의 〈표 4〉에서 학생운동, 노동운동, 대중운동에서 다루어지는 소재들의 내용을 살펴보았다면, 〈표 5〉는 시기구분에 따라 보다 구체적으로 이들의 변화양상을 정리한 것이다. 첫 번째 학생운동의 시기별 소재의 변화이다. 학생운동 관련 문헌들이 갖는 성격을 한마디로 요약하면 반외세 자주화와 반독재 민주화로 압축되지만 구체적인 내용에 있어서는 각 시기 남한정권의 특성에 따라 저항의 논점과 세부적인 사건들이 달라지고 있다. 50년대와 60년대에는 이승만정권에 비판과 4·19를 비롯한 학생봉기, 65년 한일협정반대투쟁, 67년의 6·8부정선거 등을 다루고 있고, 70년대에는 보다 본격적으로 유신정권하에서의 남한 학생운동에 대한 탄압실태 및 학생운동 동향 분석이 이루어졌다. 80년대에는 반미자주화 및 반파쇼 민주화라는 학생운동의 이념적 지향을 자주 취급하면서 동시에 학생운동의 한 흐름이었던 노동운동과의 결합 양상에 대해서도 분석하고 있다. 90년대에는 한총련 활동을 중심으로 학생운동을 통한 대중의식화 노력에 대해 언급하고 있고, 2000년대의 2건의 자료는 각각 청년학생통일대축전과 반미자주화투쟁 양상에 대한 것이다.

다음으로 노동운동의 시기별 특성을 살펴보자. 60년대 노동운동에 대한 논의의 특성은 일반론 수준에서 공산주의혁명의 핵심 동력으로서 노동계급의 위상과 노동운동의 중요성에 대한 강조로 요약할 수 있다. 70년대에는 60년대보다 구체적인 접근이 특징적인데, 노동자 및 노동운동에 대해 계급혁명의 주체라는 '원론적' 접근에서 한 걸음 나아가 남한 노동자들의 '생존권'과 합법적인 노동권 및 노동환경 쟁취 등에 주목하거나 구체적인 노조설립 활동 등에 대한 취급이 활발하게 이루어졌다. 평화시장 노동자들의 투쟁, '와이에취 무역회사' 노동자 투쟁, 부산부두노동자 투쟁 등이 그것이다.

80년대 노동운동에 대한 논의는 보다 다양한 이슈를 중심으로 전개된다. 한국노총의 어용성에 대한 비판, 5공화국 군사정권의 노동탄압과 회유책('노사협조론'), 원풍모방주식회사 사건, '전국민주노동자연맹', '노동자복지협의회' 결성, 지하출판물과 노동자계몽 활동 양상 등이 구체적인 논의 소재들이다. 또한 남한 노동운동의 방향성과 목표에 대해서도 주목하고 있는데, 단순히 노동권 및 생존권을 위한 투쟁을 넘어서서 노동운동의 성격이 '반(反)정부'적 정치운동으로 변화해가는 양상, 그 과정에서 노동운동 세력과 대중운동 및 학생운동 세력과의 정치적 연대를 위한 노력에 대한 논의가 눈에 띈다.

90년대 이후 남한의 노동운동에 대한 자료는 급속히 감소한다. 이는 90년대 이후 정체 혹은 위축되어온 남한 내부의 현실을 반영함과 동시에 이에 경제난이라는 북한 내부 요인이 맞물려 남한 노동운동에 대한 북한의 관심이 이전 시기에 비해 현저히 감소하고 있다는 것을 보여준다.

마지막으로 대중운동의 시기별 특성을 살펴보면 다음과 같다. 수집자료 중 대중운동에 대한 논의는 60년대부터 발견되는데 이 시기 주로 논의된 소재들은 반제민주주의 운동, 4·19의 역사적 의의, 한일협정반대투쟁, 반미구국투쟁, 남조선 관제어용단체들에 대한 비판 등으로 같은 시기 학생운동의 정치적 이슈와 크게 다르지 않음을 알 수 있다. 70년대와 80년대는 박정희, 전두환으로 이어지는 군부독재에 대한 정치적 반대(반유신·반파쇼민주화투쟁)가 주를 이루며, 특히 80년대에는 87년 6월항쟁의 역사적 의의에 대한 논의가 활발하게 이루어졌다.

90년대 이후 대중운동 관련은 자료는 그 수가 많지 않다. 문민정부 등장을 기점으로 대중운동의 핵심 이슈였던 '반독재'의 정치적 중요성이 약화되면서 이전 시기와 같은 구체적인 사건이나 사례에 대한 분석을 찾아볼 수 없다. 대신 남한 대중운동의 양상을 일반론 수준에서 논의하는 정도이다.

지금까지 북한 자료에서 취급된 남한의 사회운동에 대한 논의의 소재와 내용들을 살펴보았다. 특징적인 것은 정치적 민주화가 이루어진 90년대 이후 남한사회의 사회운동은 전 단계의 정치적 틀을 벗어나 환경, 복지 등 일상 영역의 다양한 이슈로 다각화되면서 질적·양적인 변화를 겪었음에도 불구하고, 북한의 남한연구에서는 이러한 사회운동의 다각화 및 변화 양상에 대한 접근을 찾아볼 수 없고 여전히 '정치적' 사회운동 측면만을 강조하고 있다는 점이다. 이는 북한의 남한연구가 현실의 변화를 객관적인 분석의 대상으로 삼는 학문적·논리적 접근에 기초하기보다는 북한의 정치적 목표에 부합하는 이슈를 선택적으로 강조하는 목적지향적 특성을 가지고 있음을 다시 한 번 확인시켜준다.

2) 교육

남한의 교육 영역에 대한 북한의 연구자료들은 앞서 제시한 것처럼 크게 교육정책, 교육현실, 교육이론의 세 개 범주로 구분할 수 있는데, 남한 교육제도의 지역차별성과 계급차별성 비판, 자본주의 교육제도에 대한 이론적 비판, 시험제도 비판, 과외 및 사교육문제, 80년대 졸업정원제, 교수재임용제, 교수평가제, 90년대 전교조문제, 외국인학교, 농촌문맹률, 2006년도의 사립학교법 개정, 2009 이명박 정부의 역사교과서 '개악' 등 시대적 변화를 즉시 반영하는 매우 다양하고 구체적인 이슈가 다루어지고 있다(〈표 6〉).

〈표 6〉 교육 영역의 연구경향 및 특성

분류		연구 소재 및 이슈
교육 정책	교육제도	졸업정원제, 교수재임용제, 교수평가제, 사립학교법 개정 학원자율화, 고교 평준화, 공교육비
	교육내용	반공교육, 도의교육, 과학기술교육, 한자병용론, 친일적 교과서
교육 현실	교육상품 화	사교육(과외), 교육 소외 실태
	교수 방법	강압적 교수 방법, 체벌
	학원 탄압	진보적 교원 탄압
	교원	교원 지위 및 생활 실태
	교육 환경	수업 조건, 교실 부족, 남북한 교육 환경 비교, 자본주의 교육풍 조 비판
교육이론		실용주의 및 부르죠아 교육이론, 반공 이데올로기, 숭미·사대 주의

　먼저 교육정책 부문에서 주로 다루어지는 내용은 크게 교육제도, 교육내용, 교육이념 및 이론 등으로 다시 범주화된다. 교육제도 측면에서는 졸업정원제, 학원자율화, 교수임용 및 평가제, 고교 평준화 등 남한 교육제도의 문제점을 고발하는 자료들이 가장 많으며, 사회주의 교육제도와 가장 대비되는 공교육비에 대한 비판도 빈번하게 다루어지고 있다. 다음으로 교육내용 면에서는 반공교육, 도의교육, 과학기술교육, 한자병용론, 친일적 교과서 비판 등이 연구소재로 취급되고 있다. 그 밖에 실용주의 및 부르죠아 교육이론, 반공 이데올로기, 숭미·사대주의 등 교육이념 및 이론에 대한 비판도 중요한 논의의 대상으로 다루어지고 있다.
　남한의 교육현실에 대한 연구자료들에서 주로 다루어지는 것은 과외, 사교육비 등 교육상품화 비판, 체벌을 포함한 교수 방법의 문제점, 학원 탄압, 교원들의 사회적 위상과 지위, 열악한 수업 조건에 대한 고발 등이며, 전반적으로 남한과 북한의 교육제도 및 환경에

대한 비교를 통해 사회주의 교육제도의 우월성을 역설하는 데 초점
을 두고 있다.

이를 시기별로 구분해 보다 상세히 검토해보면 〈표 7〉과 같다.

〈표 7〉이 보여주는 것처럼 교육영역에서 남한사회를 비판하기 위
해 동원하는 소재는 매우 다양하지만 시기별로 뚜렷이 구분되는 소
재의 차별성은 찾아보기 어렵다. 즉, 유사한 소재들이 매시기 대동
소이한 내용으로 단순 반복되고 있다고 볼 수 있다. 먼저 생산된 자
료건수의 증감추세를 볼 때 남한의 교육영역에 대한 비판은 50년대
이후 지속적으로 증가하여 총 158건 중 70%에 해당하는 112건이 70
대(54건)와 80년대(58건)에 집중적으로 생산되다가 90년대 이후 총

〈표 7〉 교육 영역의 시기별 주요 연구내용

시기	건수	교육정책	교육현실	교육이론
50년대	12	반공교육, 미제국주의 식민지 노예 교육	교원지위 및 생활상, 학원부패, 학원자유화	실용주의 교육학
		7건	4건	1건
60년대	27	식민지 노예 교육, 공납금, 교육정책의 반동성, 학생군사교육, 반공도의교육,	반공교육, 국방교육, 교육기회 불평등, 교원지위 및 생활상	실용주의 교육이론, 부르죠아 반동 교육이론
		18건	5건	4건
70년대	54	반동적 교육지도지침, 식민지 노예 교육, 능력별 졸업제도(학사고시제, 학사징계), 학원 수탈정책, 억압적 교수방법, 불평등 교육제도, 민족 의식 말살 교육이념, 기술교육정책,	〈정치방학〉, 열악한 수업조건, 공납금(학비난), 교육의 상품화, 교원지위 및 생활상, 과외수업	아동심리학, 부르죠아 교육학, 실용주의 교육이론
		23건	28건	3건

			열악한 교육조건(교실 부족) 및 교육현실 일반, 외국인학교, 교육소외 실태(〈우골탑〉, 공교육비, 학비난), 교원지위 및 생활상, 대학교수의 주체사 상 신봉, 전두환정권의 학원탄압 실태, 자본주의 교육비판 일반론, 사교육비(과외), 대학교수의 학원탄압 저항	
80년대	58	교육제도 일반, 교육세, 전두환정권의 〈평준화교육〉, 계급차별 교육, 지역차별 교육, 졸업정원제, 교수재임용제, 교수평가제, 공납금, 〈학원자율화〉, 학교시험제도		부르죠아 교육학, 반공윤리교육
		29건	26건	3건
90년대	6	공교육비 제도(등록금 인상), 〈한자병용론〉	전교조, 학비난, 퇴폐적 교육풍조, 교육기회 불평등	-
		2건	4건	-
2000년대	1	사립학교법 개정(2006)	-	-
		1건	-	-

10건 미만으로 급격히 줄어드는 양상을 보인다. 70~80년대에 교육영역 자료가 많이 생산된 것은 박정희, 전두환으로 이어진 군사정권하에서 학생운동의 성장을 저지하기 위해 취해진 일련의 학원규제정책들을 적극적으로 대남 비판용 소재로 활용한 결과라 여겨진다. 반면, 이후 시기의 급속한 감소는 90년대 이후 북한이 겪었던 경제적 위기와 그에 따라 열악해진 출판상황을 반영한 것으로 짐작할 수 있다.

3) 사상

남한사회의 사상문제에 접근하는 북한의 기본 시각은 일차적으

로 자본주의적·부르죠아적 세계관에 대한 비판에 바탕을 두고 있
다. 북한의 입장에서 부르죠아적 가치관의 핵심인 개인주의와 실용
주의는 남한사회의 사상적 기반이자 계급 착취를 정당화하고 배금
주의를 추종하는 사회 전반의 의식적 토대를 이루고 있다고 평가된
다. 따라서 사회 전반의 일반적 가치관은 물론이고 철학, 사회학, 심
리학 등 남한사회의 학문 분야에 대한 이론적 비판에도 이 같은 부
르죠아적 사상조류에 대한 부정적 인식이 공통으로 발견된다. 〈표 8〉
을 통해 사상영역에 대한 논의의 전반적 특성을 살펴보면 다음과
같다.

첫째, 사회의식과 관련된 논의에서는 남한 민중들의 의식 저변에
깔려 있는 부르죠아적 가치관에 대한 비판을 필두로 남한 민중을 이
데올로기적으로 지배해 온 사회의식의 저변을 다양한 각도에서 다
루고 있다. 내용적인 면에서 상세히 살펴보면 크게 남한 민중의 사
회경제적 일상의식에 대한 비판과 정치의식에 대한 이데올로기적 지
배 양상을 파헤친 논의로 구분해볼 수 있다.

먼저, 남한 민중의 사회경제적 일상의식에 대한 비판은 개인주의,
배금주의 등 부르죠아적 인생관과 숭미사대주의 및 미국식 문화의
반동성을 폭로함으로써 남한 민중들의 의식을 식민지예속화라는 관
점에서 접근하는 분석이 주를 이룬다.[3][4]

---

3) "남조선에서는 오랜 기간에 걸쳐 미국의 반동적인 사상문화가 깊이 침투
됨으로써 민족의 우수한 문화와 고유한 미풍량속이 여지없이 짓밟히고
썩어빠진 미국식 문화와 생활양식이 사회의 모든 면에서 판을 치고 있
다."『조선사회민주당』1983년 2호.
4) "미제의 사상 문화 침략 정책은 온갖 진보적 사상들을 말살하고 〈반공〉,
숭미사상을 고취하며 남조선인민들의 계급적 의식과 민족적 각성을 마
비시켜 그들을 정신적으로까지 자기들의 노예로 만들며 남조선에 대한
저들의 반동 정책과 그 후과를 변호하며 식민지파쑈통치의 사상적 지반
을 공공히 할 것을 목적으로 하고 있다."『남조선문제』1966년 1호.

〈표 8〉 사상영역의 연구경향 및 특성

분류		연구 소재 및 이슈
사회의식	사회경제적 일상의식	부르죠아 인생관, 배금주의, 숭미사대주의, 미국식 생활양식
	정치적 의식	민주주의 주요 가치의 허위성(평등, 자유, 인간존엄)
		통치 이데올로기(반공, 유신, '정의사회구현론')의 반동성
		반정부 · 반외세 의식
철학		부르죠아 철학 일반, 실존주의, 인간철학, 실용주의
사회학		자본주의 사회이론 · 정치이론, 사회학 일반, 실증주의, 정보사회론, 지식사회론, 부르죠아 민주주의
심리학		정신 분석학
주체사상		주체철학의 남한 확산현황

　　민중의 정치의식과 관련해서는 자유 · 평등 · 인간존엄 등 부르죠아 민주주의 이념의 허위성을 파헤치거나,5) 오랜 기간 남한 민중의 사회의식의 핵심을 차지해 온 반공 이데올로기 및 각 시기 남한정부가 정권유지의 수단으로 활용해 온 이데올로기적 정치 구호(박정희정권의 '유신', 전두환정권의 '정의사회구현')의 반동성을 역설하는 논의가 핵심을 차지하고 있다.

　　한편, 정치의식에 대한 논의에서는 부르죠아 이데올로기의 반동성을 고발하는 것뿐 아니라 남한 민중들의 반정부 · 반외세 의식을 다룬 것들도 발견된다. 박정희정부 시기 유신독재에 대한 민중의 '증오심'을 분석 대상으로 삼거나,6) 전두환정부 시기 반미자주화 의

<hr>

5) "부르죠아 민주주의는 부르죠아지에게 유리한 것은 사회전체에도 유리하다는 이른바 〈공리주의〉를 표방하면서 자본가들의 비인간적인 착취와 지배를 합리화하고 변호한 정치적 무기였다. 그것은 제2차 세계대전 후 변화된 환경에서 〈민주정치〉, 〈자유〉, 〈평등〉을 원리로 하는 보다 교묘하고 기만적인 〈자유민주주의〉로 변색되었다." 「부르죠아 민주주의의 반인민적 본질」, 『철학연구』 2002년 2호.

6) "남조선인민들속에서는 〈유신〉독재체제에 의거하여 감행하고있는 박정

식의 성장에 주목하는 것 등이다.[7]

둘째, 철학 · 사회학 등 남한의 사회과학영역에 대한 논의는 학문 분과별로 분석 대상으로 삼는 이론들은 다양하지만 그 내용과 메시지에 있어서는 일관된 경향을 보여 준다. 사회과학 이론들 중 북한 문헌에서 주로 비판의 대상으로 등장하는 사상적 조류는 실존주의, 실용주의, 실증주의 등이며, 남한의 '어용학자들'에 의해 전파 · 확산됨으로써 미제의 식민지예속화 정책과 남한정부의 '반인민적' 통치를 합리화하고 남조선 인민들의 민족적 · 계급적 각성을 마비시키는 반동성과 해독성을 가진 것으로 그 본질을 규정하고 있다. 즉, 남조선의 주류 사회과학은 부르죠아 괴뢰정권의 중요한 사상적 도구로 복무하고 있으므로 남조선 인민대중을 혁명화하기 위해서는 부르죠아 학문사상 전반이 갖는 반동성과 해독성을 폭로규탄하고 남한 민중들을 그 영향으로부터 벗어나게 하는 것이 중요하다는 것이다.

다음의 〈표 9〉는 사상영역에 포함된 문헌들의 시기별 자료건수와 세부 내용을 정리해본 것이다. 시기별 분포를 살펴보면 총 196건 중 남한 사상에 대한 자료가 가장 많이 생산된 시기는 60년대(48건)이고, 80년대와 2000년대가 각각 약 40여 건, 50년대와 70년대가 20건 미만으로 나타났다. 각 시기별로 비중이 높은 학문 분야는 50~60년대에는 철학, 70~80년대에는 사회의식 분야, 90년대 이후에는 사회학 관련 자료인 것으로 확인된다.

각 분야별로 시기변화에 따른 특성을 살펴보면 다음과 같다. 첫째, 사회의식의 경우 자본주의와 부르죠아 윤리관 및 생활양식, 숭미 사대주의 등이 시간변화에 상관없이 다루어지는 지속적인 주제라면, 50~60년대의 반공의식, 70년대의 유신, 새마을운동, 80년대 이

희괴뢰도당의 야수적폭압만행에 대한 증오심이 더욱 높아가고 있다," 『남조선문제』 1976년 1호.

7) 『조선사회민주당』 1987년 3호.

후의 대미의식 변화, 엘리트주의, 세계화론 등은 각 시기별로 남한
사회의 주요한 이슈와 시대적 상황을 반영해 새롭게 등장하는 주제
라 할 수 있다. 특히 80년대 이후에는 운명론(팔자론)과 미신, 기회
주의, 사상의 자유, 인종주의 등 이전 시기에 볼 수 없었던 새로운
문제들이 남한사회에 대한 비판 소재로 동원되고 있다. 한편, 지속
적 주제인 부르죠아 사조와 생활양식에 대한 비판은 80년대 이후에
는 퇴폐풍조, 부패상, 배금주의 등 보다 구체적인 문제로 세분화되

〈표 9〉 사상영역의 시기별 주요 연구내용

시기기분	건수	사회의식	철학	사회학	심리학	주체사상
50년대	18	현대 부르죠아 사상 일반론, 부르죠아 도덕	실용주의	자본주의 일반론, 현대 수정주의, 민족 부르죠아지, 부르죠아 민족운동	-	-
		2건	11건	5건	-	-
60년대	48	미제국주의의 사상문화 침투, 숭미 · 사대주의, 반공의식 및 사상	신토마스주의, 실존주의, 논리학, 실용주의, 형이상학, 신실증주의, 주관적 관념론, 합리주의	부르죠아 사회학 이론, 부르죠아 사회계층론, 신멜더스주의, 제국주의 사상	프로이드 정신분석학	-
		14건	25건	8건	1건	
70년대	16	자본주의 사회 불평등 일반, 〈유신〉윤리, 새마을운동 사상, 숭미 · 사대주의, 제국주의적 인권옹호론, 미국식 생활양식	인간철학	자본주의 제도, 부르죠아적 자유민주주의	-	-
		12건	1건	3건	-	-

80년대	40	도의교육론, 아메리카니즘, 미국식 생활양식, 숭미·사대주의, 퇴폐풍조, 부르죠아적 윤리관, 남조선 인민의 대미의식 변화, 엘리트주의, 운명론(팔자론), 신기계인간론, 배금주의, 부르죠아 인도주의	인간철학, 실존주의, 자유에 대한 철학적 이해, 현대 주관관념론, 소외론	부르죠아 사회학 일반론, 구조주의, 부르죠아 자유론	정신 분석학, 부르죠아 심리학	남한에서의 주체철학 확산
		20건	11건	4건	3건	2건
90년대	35	자본주의적 착취, 부르죠아 생활양식, 반미자주 사회의식, 자본주의 부패한 사회상, 부르죠아 사상문화 일반, 세계화론, 기회주의, 배금주의, 사상의 자유	현대 부르죠아 철학 일반, 부르죠아 분석철학, 관념론	부르죠아 수렴이론, 전체주의, 사회주의 이행론	-	남한 대학교수의 주체사상 학습
		13건	5건	16건	-	1건
2000년대	39	제국주의적 사상문화, 미신, 부르죠아 사상문화, 제국주의적 인권론, 세계화론, 인종주의, 사상의 자유, 부르죠아적 생활양식	과학철학, 현대 부르죠아 철학 일반	시민사회론, 자본주의 일반론, 지식사회론, 정보사회론, 생물학주의, 부르죠아 민주주의론	-	-
		9건	12건	18건	-	-

어 등장하고 있는 점도 발견할 수 있다.

둘째, 철학 분야에서는 시기별로 뚜렷한 변화추세가 발견되기보다는 실용주의, 실존주의, 관념론 등 부르죠아 철학의 몇 개 사조가 시대변화와 관계없이 반복적으로 취급되는 수준이다. 또한 분석철학, 과학철학 이외에 90년대 이후 자본주의 진영에서 전개된 새로운 철학적 조류에 대한 언급도 전무하다. 내용면에서도 전문성 있고 깊이 있는 학문적 분석이나 객관적 비판은 찾아보기 어려우며 단지 사회주의 사상과의 대척점에 놓인 자본주의 철학이 갖는 사상적 '반동성'을 매우 피상적인 수준에서 반복적으로 비판하고 있을 뿐이다.

셋째, 사회학 분야 역시 시대적 변화와 무관하게 지속적으로 등장하는 주제와 자본주의 진영의 사회학이론의 신조류에 대한 반응으로 다루어지는 주제들로 구분해볼 수 있다. 자본주의 제도 일반 및 부르죠아 사회학 전반에 대한 비판이 지속적인 주제라면, 50년대의 수정자본주의 비판, 60년대 신멜더스주의, 80년대 구조주의 등이 각 시기 새롭게 등장하는 논의라 할 수 있다. 특히 90년대 이후에는 시민사회론, 지식사회론, 정보사회론 등 자본주의 진영의 급격한 사회변동을 반영하는 사회학이론에 대한 언급과 비판이 활발하게 이루어지고 있다.

심리학 분야에서는 프로이드 중심의 정신 분석학에 대한 비판이 간헐적으로 취급되어 왔으며, 남한의 사상영역에 주체철학이 미치는 영향에 대한 언급도 발견된다.

4) 역사

역사 분야의 문헌은 여타 영역에 비해 그 수가 많지 않아 35편에 불과하다(〈표 10〉). 그 가운데 가장 많은 것은 역사이론 분야로서

부르죠아 역사학 일반, 실존주의 역사이론, 민족사적 정통성, 부르
죠아 문화사관, 토인비 역사이론 등이 다루어지고 있다. 시대별 역
사에 대한 논의는 고대사 2편, 조선사 1편, 근현대사 6편 등으로 매
우 적은 수준이며, 근현대사에 있어서도 김구, 여운형 등 남한 주요
인사의 암살사건을 시리즈로 다룬 것이 주를 이룬다.

한편, 역사의식 관련해서는 일본의 교과서 왜곡 및 독도문제와
이에 대한 남한 내 여론 동향에 대한 논의가 발견된다.

<표 10> 역사영역의 연구경향 및 특성

분류	연구 소재 및 이슈
고대사(2)	임나일본부설, 남부조선 막돌고임고인돌
조선사(1)	15~19세기 한국사 일반
근현대사(6)	19세기 후반~20세기 초엽 한국사 일반, 만민공동회 운동, 백범 김구 암살사건, 여운형 암살사건, 조봉암 암살사건, 장준하 암살사건
역사이론(13)	부르죠아 역사학(반동사학) 일반, 실존주의 역사학·역사이론, 민족사적 정통성론, 부르죠아 문화사관, 토인비 역사이론
역사의식(9)	일본의 교과서 왜곡과 남조선문제, 독도문제

III. 남한사회 및 사상·역사 연구의 유형 분석

1. 유형 분류를 위한 변수 구분

북한에서 수행된 남한사회 연구의 특성을 보다 다각적으로 살펴
보기 위해 이 장에서는 수집된 자료를 연구성격, 논의의 방향성, 남
북관계 변화의 특성이라는 세 가지 변수를 적용하여 분류하여 유형
화를 시도하였다.

1) 연구성격에 따른 유형 구분: 학술연구 vs. 정책자료

첫 번째 유형화 분류 변수는 '연구성격'이다. 연구성격에 따른 분류는 자료에서 발견되는 논의 전개 방식, 분석의 깊이 등을 고려한 유형 구분을 의미한다. 구체적으로 개별 자료의 논의를 검토하고 이를 토대로 '학술연구'와 '정책자료'라는 두 유형으로 분류하였다. 논의의 성격상 상대적으로 학문적 접근이 강하고 분석적 · 논리적 전개가 치밀한 자료의 경우 학술연구로, 다양한 형태의 인민교양 및 정치선전 등 정책적 목적성이 두드러진 문헌들은 '정책자료'로 구분하였다.

정책자료에는 남한사회 각 분야에 대한 다양한 실태와 동향자료와 함께 남한의 사회적 문제점에 대한 비판을 바탕으로 삼아 이를 정치적 선전 · 선동으로 연결시키고 있는 문헌, 그리고 사회적 이슈를 소재로 삼은 수필 및 수기 형태의 자료들이 포함되었다. 학술연구로 분류된 자료들에서 고려해야 할 점은 일반적인 학문적 논의에서 기대되는 가치중립성이나 '정치적' 객관성을 발견하기 어렵다는 것이다. 이는 북한에서 생산된 남한에 대한 담론의 대부분이 기본적으로 남한사회의 체제에 대한 부정과 비판을 기저에 깔고 있기 때문이다.

〈표 11〉은 수집된 643편의 자료들을 연구성격에 학술연구와 정책자료의 두 유형으로 분류한 결과이다. 전체적으로 학술연구와 정책자료는 각각 56.5%와 43.5%로 학술연구가 보다 많은 비중을 차지하고 있다. 영역별로는 사회운동과 교육영역에서는 정책자료의 성격을 가진 문헌의 비중이 높고, 사상과 역사에서는 학술연구가 대부분임을 알 수 있다.

〈표 11〉 연구성격 분류(영역별): 학술연구 vs. 정책자료

	전체	사회운동	교육	사상	역사
학술연구	363 (56.5)	107 (42.8)	61 (38.6)	171 (87.2)	24 (72.7)
정책자료	280 (43.5)	149 (58.2)	97 (61.4)	25 (12.8)	9 (27.3)
계	643 (100.0)	256 (100.0)	158 (100.0)	196 (100.0)	33 (100.0)

〈표 12〉 연구성격 분류(세부 영역별): 학술연구 vs. 정책자료

		학술연구	정책자료	계
사회 운동	학생 운동	32(41.6)	45(58.4)	77(100.0)
	노동 운동	40(48.8)	42(51.2)	82(100.0)
	대중 운동	35(36.1)	62(63.9)	97(100.0)
교육	교육정책	46(57.5)	34(42.5)	80(100.0)
	교육현실	5(7.5)	62(92.5)	67(100.0)
	교육 이론	10(90.9)	1(9.1)	11(100.0)
사상	사회의식	49(70.0)	21(30.0)	70(100.0)
	철학	65(100.0)	-	65(100.0)
	사회학	54(100.0)	-	54(100.0)
	심리학	4(100.0)	-	4(100.0)
	주체 사상	3(100.0)	-	3(100.0)
역사	고대사	4(100.0)		4(100.0)
	조선사	1(100.0)	-	1(100.0)
	근현대사	3(50.0)	3(50.0)	6(100.0)
	역사 이론	13(100.0)	-	13(100.0)
	역사인식	4(44.4)	5(55.6)	9(100.0)

각 영역 내부의 분포를 보다 구체적으로 살펴보기 위해 〈표 12〉와 같이 세부 분야별로 유형분류 결과를 정리하였다. 학생운동, 노동운

동, 대중운동, 교육정책 분야에서는 학술적 자료와 정책자료가 비교
적 고르게 나타나고 있고, 교육현실을 다룬 자료에서는 정책자료가
압도적이다(92.5%). 반면, 교육이론을 비롯해 사회의식을 제외한 사
상영역의 하위 분야들에서는 대부분이 학술적 성격의 연구자료로
나타났다. 해당 분야 자체의 성격이 이론적 조류를 다룬다는 점에서
당연한 결과라 할 수 있다.

2) 논의의 방향성에 따른 유형 구분
: 비판적 논의 vs. 동조적 논의

유형화의 두 번째 변수는 '논의의 방향성'이다. 수집된 자료를 살
펴보면 이슈와 사안에 따라 논의 전개 방향이 남한에 비판적인 부
정적 방향성을 가진 것과 남한 내부의 움직임과 동향에 동조하고 지
지하는 긍정적 방향성을 가진 것으로 구분 가능하다(〈표 13〉).

〈표 13〉 논의의 방향성에 따른 분류(영역별): 비판 vs. 동조

	전체	사회운동	교육	사상	역사
비판	371 (57.7)	23 (9.0)	147 (93.0)	180 (91.8)	21 (63.6)
동조	272 (42.3)	233 (91.0)	11 (7.0)	16 (8.2)	12 (36.4)
계	643 (100.0)	256 (100.0)	158 (100.0)	196 (100.0)	33 (100.0)

전체적으로 비판적 논의가 57.7%, 동조적 논의가 42.3%로 나타
나고 있으나 영역별로 비판과 동조 간의 큰 편차가 발견된다. 교육
과 사상, 역사영역은 비판적 논의가 대부분이지만 사회운동 영역에
서는 동조적 논의가 91.0%(사회운동 분야 272편 중 233편)로 압도적

인 비중을 차지한다. 남한에 대한 비판적 논의가 북한에서 생산되는 남한 담론의 기저를 이룬다는 점을 고려할 때 사회운동 영역에서 동조적 논의의 비중이 크다는 것은 특이한 현상으로 볼 수 있으나 남한의 사회운동의 대부분이 70~80년대의 반정부적 저항운동이었다는 점을 고려할 때 사회운동 영역에서 전개된 이슈야말로 북한으로서는 '유일하게' 전폭적인 지지를 보낼 수 있는 사안이라는 점을 어렵지 않게 납득할 수 있다.

3) 남북관계 변화에 따른 유형 구분: 교착기 vs. 긴장완화기

해방과 분단 이후 60년 동안 이루어진 남한에 대한 북한의 '관심'은 그 내용과 크기에 있어 어떠한 변화를 보여주는가? 남한에 대해 무엇을 말하고, 얼마만큼 많은 이야기를 할 것인가에 영향을 미친 변인들은 북한 내부의 정치상황, 남한 내부의 사회적 변화, 국제관계의 변화 등 다양하겠지만 여기서는 무엇보다도 남북관계의 변화를 중심으로 북한의 남한연구의 변화 추이를 살펴보고자 한다.[8]

분단 이후 남북관계는 냉전적 교착기와 긴장완화기를 수차례 반복해 왔다. 〈표 14〉는 남북관계의 개선이 시도된 주요 전환점을 중심으로 분단 이후 60년을 여섯 개의 시기로 구분하고, 각 시기별 남북관계의 주요 사건, 북한 내부의 정치상황 및 대남정책의 특성을 간략히 살펴본 것이다.

---

8) '남한에 대한 연구'이므로 남한사회 내부의 정치사회적 변화에 따른 북한의 '반응'도 중요한 관점이 될 수 있을 것이다. 그러나 대체로 남북관계의 변화가 시도된 시점이 북한은 물론 남한 내부에서 중요한 정권변화 및 정치사회적 변화와 맞물려 있고, 이는 남북한 모두 각기 정권 내부의 위기해소 및 탈출구 차원에서 '남북관계'를 정치적으로 활용해 왔다는 점에서 남북관계의 주요 전환점을 기준으로 삼을 경우 남한과 북한 모두의 정치사회적 변화의 계기를 동시에 고려할 수 있다는 판단이다.

〈표 14〉 남북관계 변화에 따른 시기구분 및 주요 특성

시기	남북관계	주요 사건	북한의 정치상황	북한의 대남정책
분단 후~ 1970년	교착기(1)	-	- 1950~60년대 초반까지 매년 20% 능가하는 고도성장	-
1971~ 1973	긴장완화(1)	- 1972. 7 · 4공동성명	- 1960년대 4대 군사노선 확립: 과도한 국방비 부담으로 인한 경제 침체 - 김일성정권의 체제안정 공고화 - 1972. 12월 최고인민회의 제5기 1차 회의: '조선인민공화국사회주의 헌법' 제정 ⇒ 주석 중심의 국가정치제제 재편. ⇒ 김일성 절대권력의 제도화 확립	- 김일성 독재체제 공고화를 위한 정치적 도구로 남북공동성명에 응함.
1974~ 1983	교착기(2)	- 아웅산 테러사건(1983) - 1980. 10월 '고려민주연방 공화국 창립방안' 제안 - 전두환정부의 정상회담 제안 거부: 남한정부의 정통성에 문제 제기	-	- 남북대화의 중단, 대남 강경노선 견지
1984~ 1993	긴장완화(2)	- 북한의 남한에 대한 수해물자 제공(1984) - 이산가족 방문	- 1980. 10월 제6차 조선로동당대회: 김정일을 중앙위원회 정치국 상무위원, 중앙위원회 비서, 군사위원으로 선출	- 김일성-김정일 권력세습 과정 속에서 국내외의 비판을 완화하기 위한 정치적 수단으로 남북대화 이용

		- 예술단 교환공연	⇒ 당조직과 군부에서 김정일 세습을 위한 권력기반 마련 - 1983. 1-4월, 김정일 권력승계 반대세력 숙청	
		- 남북기본합의서 - 비핵화공동선언 - 사회주의 붕괴 - 노태우정부의 북방정책: 사회주의 진영과의 관계개선	- 동구권 사회주의 몰락과 탈냉전 ⇒ 국제사회로부터의 상대적 고립 - 80년대 후반 이후 심각한 경제위기에 봉착 - 경제위기로 인한 군사력 약화 - 정권의 안정성, 권력세습의 정당성 위기 - 90년대 초반: 김정일 권력승계와 정권생존을 위한 이념교육 재강조	- 국제환경의 변화와 경제위기로 인한 정권의 정당성 위기를 극복하기 위한 수단으로 남북대화 이용 - 남북공존의 모색
1994~ 1999	교착기(3)	- 김일성 사망 (1994)	- 경제위기 심화: 식량난, 에너지난, 외화난, 생필품난 ⇒ 긴급한 경제 지원 필요	
2000년대 이후	긴장완화(3)	- 남북정상회담 - 이산가족방문	- 김정일체제의 정당화 작업 강화: 신헌법 채택(국방위원장이 국가 최고지도자임을 확인), 강성대국론	- 체제안정화와 경제문제 해결하기 위해 대남 화해정책 결정 - '민족대단결 통일' 논의의 확대 - '대결에서 공존'으로 대남인식의 변화

첫 번째 시기는 분단 후부터 1970년까지의 '교착 1기'로써 휴전 후 72년, 7·4남북공동성명이 채택되기 이전까지의 약 20여 년에 해당하는 긴 기간이다. 이 시기는 새로운 권력구조 속에서 각자 남북

관계의 주도권을 잡기 위한 기싸움에 남북 양측이 정치적 역량을 소모했을 뿐 상호 간에 관계개선을 위한 주목할만한 시도나 성과가 미미했다고 볼 수 있다.

두 번째 시기는 1971~1973년까지의 '긴장완화 1기'로 분단 이후 최초로 남북한 정부 차원에서 이루어진 7·4남북공동성명이라는 사건이 전개된 시기이다. 북한 내부에서는 1972년 12월 최고인민회의 제5기 1차 회의에서 제정된 '조선인민공화국사회주의헌법'을 통해 주석 중심의 국가정치체제를 재편함으로써 김일성의 절대권력의 제도화가 공고화되었다. 북한이 남북공동성명에 응하고 관계개선을 시도한 것 역시 독재체제의 안정화를 위한 대내적 체제합리화 수단이었다고 볼 수 있다.

남북공동성명 이후 남북관계는 뚜렷한 진전을 보이지 못한 채 다시 급속한 냉각기로 접어들게 되는데 '교착 2기'에 해당한다(1974~1983). 전두환정권은 남한 내부의 정당성 확보를 위해 정상회담을 제안하고 남북관계의 개선을 시도했으나 북한은 군사정권의 정통성에 문제를 제기하고 거부함으로써 관계개선의 계기가 마련되지 못했으며, 이러한 남북 간 상호 긴장관계는 1983년 아웅산 테러사건을 정점으로 지속되었다.

네 번째 시기는 1984~1993년에 이르는 '긴장완화 2기'이다. 관계개선의 계기는 1984년 북한이 남한에 수해물자를 제공하면서 시작되었고, 이후 이산가족 방문, 예술단 교환공연 등으로 이어짐으로써 분단 이후 최초로 남·북한 간에 실질적인 교류가 이루어진 시기이다. 80년대 후반부터 심각한 경제위기에 봉착한 북한은 같은 시기 동구권 사회주의가 몰락하고 탈냉전 무드가 확산되면서 국제사회로부터의 고립 가능성까지 겹쳐 정권의 안정성에 커다란 위기감을 느낄 수밖에 없는 상황에 처해 있었다. 이 같은 북한 내부의 위기상황은 정권생존을 위한 위기극복의 한 방편으로 남북관계의 개선을 활

용했다고 볼 수 있다. 노태우정부 당시 남북 양측 간 '남북기본합의
서' 및 '비핵화공동선언'을 채택한 것이 그 성과에 해당한다.

　1993년 이후 남북관계는 다시 냉각기를 맞게 된다. 김영삼 대통
령의 문민정부 시기에서 김대중정부 초기에 해당하는 '교착 3기'라
할 수 있다. 북한은 식량난, 에너지난 등 경제위기가 극도로 심화되
어 긴급한 경제지원이 절실한 시기였으나 김영삼정부의 대응이 상
대적으로 미온적이었고 결정적으로 1994년 김일성이 사망하면서 남
북관계는 긴장해소의 계기를 찾지 못한 채 교착상태에 머물렀다고
볼 수 있다.

　마지막 일곱 번째 시기는 분단 이후 최초의 남북정상회담이 이루
어진 2000년을 기점으로 전개된 '긴장완화 3기'이다.9)

　이 같은 남북관계의 변화를 시기구분의 기준으로 삼아 자료의 분
표를 살펴본 것이 다음의 〈표 15〉이다.

〈표 15〉 남북관계 변화에 따른 자료 분포현황

남북관계 영역	교착 1기 분단 후 ~1970년	긴장완화 1기 1971~1973	교착 2기 1974~1983	긴장완화 2기 1984~1993	교착 3기 1994~1999	긴장완화 3기 2000년대 이후
사회운동	63 (36.0)	5 (45.5)	103 (48.4)	71 (46.4)	9 (23.7)	5 (9.4)
교육	40 (22.9)	5 (45.5)	75 (35.2)	33 (21.6)	4 (10.5)	1 (1.9)
사상	64 (36.6)	1 (9.0)	25 (11.7)	41 (26.8)	25 (65.8)	40 (75.5)
역사	8 (4.6)	-	10 (4.7)	8 (5.2)	-	7 (13.2)
계	175	11	213	153	38	53

---

9) 2008년, 이명박정부 이후 남북관계 재경색. 이에 대한 보충 논의 필요.

사회운동과 교육 분야의 논의는 남북관계의 변화와 무관하게 분
단 후(교착 1기)부터 긴장완화 2기인 1993년까지 각 시기별로 매우
큰 비중을 차지하다가 90년대 중반인 교착 3기부터 자료의 수가 감
소하고 있다. 반대로 사상과 역사 분야의 논의는 90년대 중반 이후
늘어나는 추세를 보이며 특히 사상 분야의 자료는 교착 3기 자료
건수 중 65.8%, 긴장완화 3기 자료 건수 중 75.5%로 그 증가세가
현저하다는 특징을 보여주고 있다. 이 시기 남한 사상에 대한 다각
적 비판이 급증한 것은 경제위기와 국제사회에서의 고립이라는 대
내외적 위기를 극복하기 위한 북한의 정치적 필요성에서 기인한 것
이라 짐작할 수 있다. 90년대 중반 이후 극심한 경제적 위기에 봉착
한 북한사회 내부에서 시장경제의 영향력이 조금씩 확산되기 시작했
고 이것이 야기할 사회주의적 정체성의 균열을 봉합하기 위해 보다
적극적인 '이데올로기적' 작업의 필요성이 커졌으며, 남한 및 자본
주의 사상체계 자체에 대한 비판의 강도가 높아진 것 역시 이러한
이데올로기적 작업의 일환으로 나타난 현상으로 해석해볼 수 있다.

2. 변수 간 상관성 분석

1) 연구성격과 논의 방향성 간 상관성

앞서 구분한 연구성격과 논의의 방향성이라는 두 변수를 동시에
고려하여 자료의 유형을 구분하였다. 〈표 16〉은 학술/정책, 비판/동
조라는 두 변수를 교차시킨 결과이다.

전체적으로는 '학술/비판적 논의'가 37.9%로 가장 큰 비중을 차지
하고 있다. 영역별로 살펴보면 사회운동 영역에서는 '정책/동조적
논의'가 52.0%로 가장 높고 다음으로 '학술/동조적 논의'가 39.1%로
나타났다.

교육 영역에서는 '정책/비판적 논의'가 55.7%로 가장 높은 비중을 차지한다.

사상영역에서는 '학술/비판적 논의'가 83.2%로 대부분을 이루며, 역사영역에서 가장 큰 비중을 차지하는 것은 '학술/비판적 논의'가 45.4%이다.

〈표 16〉 연구성격과 논의 방향성 간 상관성

연구 성격	전체		사회운동		교육		사상		역사	
논의 방향성	학술	정책	학술	정책	학술	정책	학술	정책	학술	정책
비판	244 (37.9)	127 (19.8)	7 (2.7)	16 (6.3)	59 (37.3)	88 (55.7)	163 (83.2)	17 (8.7)	15 (45.5)	6 (18.2)
동조	121 (18.8)	151 (23.5)	100 (39.1)	133 (52.0)	2 (1.3)	9 (5.7)	9 (4.6)	7 (3.6)	10 (30.3)	2 (6.1)
계	643 (100.0)		256 (100.0)		158 (100.0)		196 (100.0)		33 (100.0)	

2) 남북관계 변화와 연구성격 간 상관성

다음으로 남북관계 변화와 연구성격 간 상관성을 살펴보고자 한다(〈표 17〉). 먼저 분단 후 1970년까지인 교착 1기에는 전체적으로는 학술연구가 많고, 영역별로는 대체로 학술연구의 비중이 높았다. 남북공동성명을 전후로 한 긴장완화 1기는 기간이 매우 짧아 생산된 자료가 11편으로 많지 않지만 대체로 정책자료가 학술연구보다는 많이 이루어진 것으로 나타난다. 다음의 교착 2기는 1974에서 1983년까지 약 10년에 해당하는 시기로 자료 전체, 사회운동, 교육 영역에서는 정책자료가, 사상과 역사영역에서는 학술자료의 비중이 높게 나타났다. 1984년부터 1983년에 이르는 긴장완화 2기에는 학술연구와 정책자료의 비중이 큰 편차를 보이지 않는다. 그러나 사회운동에서는 정책자료가, 사상영역에서는 학술자료가 많이 생산되었다.

〈표 17〉 남북관계 변화와 연구성격 간 상관성

남북관계 / 연구 성격		교착 1기 분단 후~ 1970년	긴장완화 1기 1971~1973	교착 2기 1974~1983	긴장완화 2기 1984~1993	교착 3기 1994~1999	긴장완화 3기 2000년대 이후
전체 643	학술	134 (75.7)	1 (9.1)	78 (37.0)	75 (49.0)	29 (76.3)	48 (90.6)
	정책	43 (24.3)	10 (90.9)	133 (63.0)	78 (51.0)	9 (23.7)	5 (9.4)
	계	177 (100.0)	11 (100.0)	211 (100.0)	153 (100.0)	38 (100.0)	53 (100.0)
사회 운동 256	학술	43 (68.3)	1 (20)	30 (29.1)	24 (33.8)	6 (66.7)	3 (60.0)
	정책	20 (31.7)	4 (80)	73 (70.9)	47 (66.2)	3 (33.3)	2 (40.0)
	계	63 (100.0)	5 (100.0)	103 (100.0)	71 (100.0)	9 (100.0)	5 (100.0)
교육 158	학술	20 (50.0)	-	25 (33.3)	15 (45.5)	-	1 (100.0)
	정책	20 (50.0)	5 (100.0)	50 (66.7)	18 (54.5)	4 (100.0)	-
	계	40 (100.0)	5 (100.0)	75 (100.0)	33 (100.0)	4 (100.0)	1 (100.0)
사상 196	학술	63 (95.5)	-	15 (65.2)	32 (78.0)	2 (8.0)	39 (97.5)
	정책	3 (4.5)	1 (100.0)	8 (34.8)	9 (22.0)	23 (92.0)	1 (2.5)
	계	66 (100.0)	1 (100.0)	23 (100.0)	41 (100.0)	25 (100.0)	40 (100.0)
역사 33	학술	8 (100.0)	-	8 (80.0)	4 (50.0)	-	5 (71.4)
	정책	-	-	2 (20.0)	4 (50.0)	-	2 (28.6)
	계	8 (100.0)	- (100.0)	10 (100.0)	8 (100.0)	- (100.0)	7 (100.0)

김영삼 정부의 집권시기에 해당하는 교착 3기는 전체적으로 학술 연구의 비중이 높다. 이 시기의 특징적인 현상은 대체로 학술연구에 치우쳐왔던 사상영역에서 정책용 자료가 총 25편 중 대부분에 해당하는 23편에 이른다는 점이다. 앞서 〈표 15〉에서 보여주는 것처럼 이 시기에 사상영역의 연구가 차지하는 비중이 약 66%에 이른다는 점을 함께 고려해보면 교착 3기에는 남한 사상에 대한 연구가 집중적으로 이루어졌고 접근방식에 있어서도 학술적 연구보다는 정책용 자료가 많이 생산되었음을 알 수 있다. 이러한 현상은 90년대 이후 급격히 악화된 경제적 위기와 국제환경 변화로 인한 외교적 고립이라는 외적 변수에 맞서 대내적으로 북한체제(북한식 사회주의)의 우월성을 확인시키고 정권의 안정성을 도모하기 위한 이데올로기적 작업의 필요성이 커진 데서 비롯된 것으로 해석해볼 수 있다.

마지막 시기인 긴장완화 3기는 김대중정부하에서 이루어진 남북정상회담이 이루어진 시기이다. 이 기간동안 남한에 대한 연구는 주로 학술적 접근 속에서 이루어졌다.

3) 남북관계 변화와 논의 방향성 간 상관성

다음으로 남북관계 변화와 논의의 방향성 간 상관성을 살펴보고자 한다. 다음의 〈표 18〉은 남북관계의 변화 시기별로 비판적 논의와 동조적 논의의 비중이 어떻게 달라지고 있는가를 나타낸 것이다.

〈표 18〉 남북관계 변화와 논의 방향성 간 상관성

남북관계 연구 성격		교착 1기 분단 후~ 1970년	긴장완화 1기 1971~1973	교착 2기 1974~1983	긴장완화 2기 1984~1993	교착 3기 1994~1999	긴장완화 3기 2000년대 이후
전체 643	비판	110 (62.1)	6 (54.5)	114 (54.0)	67 (43.8)	27 (71.1)	44 (83.0)
	동조	67 (37.9)	5 (45.5)	97 (46.0)	83 (54.2)	11 (28.9)	9 (17.0)
	계	177 (100.0)	11 (100.0)	211 (100.0)	153 (100.0)	38 (100.0)	53 (100.0)
사회 운동 256	비판	4 (6.3)	-	15 (14.6)	4 (5.6)	-	-
	동조	59 (93.7)	5 (100.0)	88 (85.4)	67 (94.4)	9 (100.0)	5 (100.0)
	계	63 (100.0)	5 (100.0)	103 (100.0)	71 (100.0)	9 (100.0)	5 (100.0)
교육 158	비판	38 (95.0)	5 (100.0)	73 (97.3)	28 (84.8)	3 (75.0)	-
	동조	2 (5.0)	-	2 (2.7)	5 (15.2)	1 (25.0)	1 (100.0)
	계	40 (100.0)	5 (100.0)	75 (100.0)	33 (100.0)	4 (100.0)	1 (100.0)
사상 196	비판	64 (97.0)	1 (100.0)	21 (91.3)	31 (75.6)	24 (96.0)	39 (97.5)
	동조	2 (3.0)	-	2 (8.7)	10 (24.4)	1 (4.0)	1 (2.5)
	계	66 (100.0)	1 (100.0)	23 (100.0)	41 (100.0)	25 (100.0)	40 (100.0)
역사 33	비판	4 (50.0)	-	5 (50.0)	7 (87.5)	-	5 (71.4)
	동조	4 (50.0)	-	5 (50.0)	1 (12.5)	-	2 (28.6)
	계	8 (100.0)	-	10 (100.0)	8 (100.0)	-	7 (100.0)

먼저 전체 자료의 시기별 변화를 살펴보면 긴장완화 2기에만 동조적 논의의 비중이 높고 나머지 시기는 비판적 논의가 상대적으로 활발히 생산된 것을 확인할 수 있다. 영역별로는 사회운동 영역에서는 매시기 일관되게 동조적 논의의 비중이 압도적이고 여타 교육, 사상, 역사에서는 대체로 비판적 논의가 주를 이루고 있다. 동조적 논의가 많이 생산된 긴장완화 2기는 1984년에서 1993년에 이르는 이른바 남한의 민주화 시기로서 격렬하고 활발했던 사회적 저항운동에 대한 북한의 적극적 관심과 지지를 반영한 결과로 보인다.

IV. 맺음말: 북한의 남한사회 분야 연구의 전반적 특성

지금까지 사회운동, 교육, 사상, 역사 네 개 분야의 남한 관련 연구자료들의 특성을 살펴보았다. 여기서는 해당 영역의 자료들을 대상으로 보다 종합적인 관점에서 북한의 남한연구의 특성에 접근해보고자 한다. 남한사회 분야에 대한 북한의 논의를 종합적으로 고려할 때 크게 두 가지의 특징이 발견된다. 그 하나가 북한이 남한에 대해 가지고 있는 관심의 다양성과 미시성이라면, 다른 하나는 남한을 바라보는 시각과 메시지의 획일성 혹은 일관성이다.

1. 남한연구의 다양성과 미시성

이 글에서 분석 대상으로 삼은 사회운동, 교육, 사상, 역사영역에서 다루어지고 있는 남한사회 관련 논의의 소재는 놀라울 정도로 다양하고 구체적이다. 수집된 자료에는 남한사회 각 영역에서 제기되어온 제도와 이슈가 언급되고 있는데, 북한이 가진 남한에 대한 관심의 촉수는 대규모 사회운동이나 정치투쟁과 같은 거시적인 사회적 이슈는 물론이고 남한 대중들의 일상적인 사회적 삶의 세부 영역을 포함해 매우 미시적인 수준까지 닿아 있다.

이는 우리 사회에서 북한을 논의해온 방식과 구별되는 커다란 차이점이라 할 수 있다. 일반적으로 우리 사회에서 이루어진 북한 관련 논의는 주로 거시적인 차원에서 국제관계, 남북관계의 정치적 측면에 집중되어 왔고 대부분의 논의가 북한 관련 전문지를 통해 생산되어 왔다. 반면, 남한에 대한 북한의 논의는 『남조선문제』와 같은 남한 특화된 전문지에서만 다루어지는 것이 아니라 거의 모든 영역의 문헌에서 마치 '약방의 감초'와 같이 취급되어 왔다는 특징을 보여준다. 이를테면 『인민교육』이라는 교육전문지와 『조선녀성』, 『조선예술』등 특정 분야의 전문지에도 매 호 남한문제를 소재로 삼은 글들이 한두 개 이상 빠지지 않고 등장하고 있다. 남한의 경우 특별히 북한문제에 관심을 기울이지 않는 이상 북한사회의 일상적 영역에서 발생하는 다양한 사건, 일상적 사회문제 등에 대한 정보를 접할 기회가 상대적으로 적은 반면, 북한에서는 남한사회의 거시적인 변화는 물론이고 사교육비, 교육세, 등록금문제, 교사의 사회적 위상, 사립학교법 개정, 부산 부두노동자들의 노동쟁의 등 세부적인 일상적 문제까지 매우 구체적인 관심을 보여주고 있다. 어떤 의미에서 남한에 비해 북한이 남한사회를 상대적으로 더욱 미시적인 차원에서 주목해왔다는 것을 말해주는 것이기도 하다.

이러한 현상은 그야말로 남한사회 내부의 '일거수 일투족'에 북한의 관심과 관찰이 지속되어 왔으며, 북한에게 있어서 남한이 매우 특별한 의미를 가진 인식의 대상으로 위치 지어져 왔음을 말해준다. 남북한이 경계와 통합(통일)이라는 동시적이면서 모순적인 관계를 맺고 있다는 점에서 북한이 보여주는 이 같은 미시적이고 지속적인 관심은 어쩌면 당연한 일일 수 있을 것이다.

2. 남한연구의 획일성과 경직성

남한에 대한 대부분의 자료들이 갖는 공통적이고 본질적인 특성은 정치선전을 위한 도구적 성격이 강하다는 점이다. 이것은 남한을 객관적인 연구대상이나 분석 대상으로 여기기보다 정치적 대립이라는 체제경쟁 구도 속에서 지극히 '당위적'·'주관적'인 접근을 해왔음을 보여준다. 해방 이후 60년간 북한에서 생산된 대부분의 남한에 대한 '담론'은 시간의 흐름, 국제질서의 변화, 남북한 내부의 정치경제적 환경 변화라는 거시적·미시적 역동성과 무관하게 일방적이고 일관된 '경직성'을 고수해오고 있다.

남한사회영역에 대한 관심의 다양성에도 불구하고 그 내용에 담긴 북한의 '목소리'와 메시지는 일관되게 남한사회의 자본주의적 병폐와 문제점을 고발하고 강도 높은 비판으로 일관하는 획일성을 보여준다. 남한사회에 대한 북한의 '언술'에 담긴 일관성은 두 가지 측면에서 그 특징을 짚어볼 수 있다.

첫째, 다양한 문헌에서 공통으로 나타나는 획일적인 비판은 북한이 전통적으로 유지해 온 대남인식의 기본 틀과 그 맥을 같이 한다. 남한체제에 대한 북한의 비판적인 입장은 일반적인 자본주의체제에 대한 사회주의의 시각에서 출발한다. 그러나 남한사회체제에 대한 북한의 비판은 단순히 계급적 착취나 빈부격차와 같은 자본주의의 기본적인 병폐를 지적하는 데 머물지 않는다는 데 그 특수성이 있다. 그것은 바로 미국과 남한의 관계를 바라보는 북한의 시각에 기초한다. 북한은 전통적으로 남한사회를 '미제국주의의 식민지'로, 남한정부에 대해서는 '괴뢰·파쇼정권' 혹은 '반인민적 반동정권'으로 그 성격을 규정해 왔다.[10] 즉 미국은 신식민주의적 침탈자이자 '악의 화

---

10) 이우영, 「북한의 남한문화 인식」, 『진보평론』 제24호.

신'이며, 남한정부는 '미제의 하수인'이고 남한 대중들은 미제의 제국주의적 침탈과 그 정치적 대리자인 '괴뢰정권'의 폭압 속에서 고통받는 구원의 대상으로 간주되는 것이다.

이 점에서 북한의 남한사회 비판은 자본주의 일반에 대한 사회주의적 비판이라는 단선적 대립구도를 넘어서는 중층성을 갖는다. 북한의 입장에서 남한사회는 자본주의적 계급모순뿐 아니라 신식민주의적 제국주의 침탈이 야기하는 주변부 모순이 동시에 복합되어 있는 체제로 규정되며, 이 두 가지 체제모순 중 북한에게는 자본주의 일반의 문제점보다는 미국의 지배가 더 중요한 문제로 인식되고 있다.

두 번째로 지적할 수 있는 것은 북한의 문헌에 담긴 대남 비판이 궁극적으로 정치선전 활동의 일부로 이루어져 왔다는 점이다. 이번 연구과정에서 수집된 자료의 출처를 살펴보면 남한문제만을 취급하는 전문지에서만 남한을 다루는 것이 아니라 거의 모든 간행물에 '약방의 감초'처럼 남한에 대한 고발성 비판이 게재되고 있다. 이는 대남 비판이 북한 내부의 정치사회적 결속과 안정을 확보하고, 대외적으로 북한체제의 우월성을 역설하기 위한 정치선전 활동의 필수 요소로 활용되어 왔다는 것을 보여 준다.

지금까지 약 10개월 간 수집된 사회 및 사상, 역사 분야 700여 편의 문헌 자료를 기반으로 분단 이후 북한에서 이루어진 남한사회 분야 연구의 현황과 특성을 살펴보았다. 북한 자료에 대한 접근이 제한적이기 때문에 분단 이후 간행된 모든 자료를 검토대상으로 삼을 수 없었다는 점이 한계이긴 하지만 지난 반 세기 이상 동안 북한이 남한사회에 대해 어떤 관점에서 무엇을 이야기해왔는가에 대한 대략적인 윤곽을 파악할 수 있었다는 점이 이번 과제의 성과라 할 수 있을 것이다. 이 연구에서 수집된 자료와 북한의 남한사회 분야 연구경향에 대한 이해가 향후 북한학 연구에 의미 있는 기반으로 활용될 수 있기를 기대해본다.

남한 문화

한 정 미*

Ⅰ. 머리말

사회주의국가에서 문화는 순수문화로 존재하지 않는다. 정치적인
도구로서의 역할을 일정 부분 감당해야만 한다. 이는 자본주의 국
가에서의 문화가 상업성에서 자유로울 수 없는 것과 같은 것이다. 그
러나 자본주의 국가에서의 문화는 작가의 선택에 의해 순수문화의
성격을 보장받을 수 있다. 그러나 당의 지침에 의해 철저히 관리를
받고 있는 사회주의국가에서는 어떤 상황에서도 작가의 선택이 당
의 선택에 우선시될 수 없다. 당을 위해 복무해야만 하는 것이다.
작품을 연희해야 하는 예술가도 마찬가지다.

북한에서는 작가와 당을 위한 복무를 위해 작가와 예술가들에게
문예이론을 제시하고 있다. 당성·노동계급성·인민성의 세 가지 원
칙하에 창작되어야 하며,[1] 창작이 지향하는 바는 북한 당국이 지향
하는 '종자'에 부합하는 것이어야 한다.

이와 같은 문예이론에 의해서 창작된 문예물은 인민을 교양하기

* 하나원
1) 박승덕, 『사회주의문화건설리론』(사회과학출판사, 1985), 169쪽.

위한 것으로 활용된다. 이를 위해 '예술보급사업'을 펼치는 데 문예총 산하 예술단이나 선전대에서 활동하는 작가나 예술가들을 인민의 노동 현장으로 보내 예술계몽사업을 하기도 한다. 그런가 하면 예술소조활동과 군중음악창조사업을 할 수 있도록 공장이나 농장에 '노동자예술선전대'를 조직하여 근로현장에서 예술 활동을 펼치게 하기도 한다. 문예물 생산, 그 자체로 만족하는 것이 아니라 인민을 교양하는 데 활용이 되어야만 문예물의 기능을 제대로 발휘한 것으로 평가하기 때문이다.[2]

이처럼 당의 철저한 관리하에 조직되고 관리되는 것이 북한의 문화이기에 북한에서 다루고 있는 남한문화도 일정한 정치적 성향에서 자유로울 수는 없을 것 같다. 북한 당국의 나름대로의 목적 및 의도에 의해서 소개하거나 연구될 것이기 때문이다.

그런데 북한에서 창작한 북한문화의 경우는 주제적·정서적으로 밝고 경쾌한 것을 선택하는 경향이 있다. 북한의 주민들로 하여금 사회주의 지상낙원에서 행복한 생활을 살고 있다는 것을 알게 하고, 그럼으로써 국가가 요구하는 모범적 인간형으로 살아가기 위한 문제의식을 가지도록 유도하기 위한 것이다. 북한문화는 대체로 이에 부합하는 것으로 실현된다. 문예물 창작뿐만 아니라 문화 이론도 작품이 지향하는 바를 강화해 주기 위한 방향에서 전개가 이루어지고 있다.[3]

북한에서 다루고 있는 남한문화도 문예이론의 틀에서 다루어지고 있을 것으로 짐작된다. 따라서 북한 당국이 남한문화 연구를 통

---

2) 예술보급사업 관련 내용은 김정일의 『음악예술론』(조선로동당출판사, 1992), 48~49쪽과 전영선의 『북한의 문학예술 운영체계와 문예이론』(역락, 2002), 51~52쪽 참고.
3) 북한문화가 지향하는 주제적·정서적 실현 양상은 한정미의 『북한의 문예정책과 구비문학의 활용』(민속원, 2007) 참고.

해서 구하고자 한 것이 무엇인지 미루어 짐작이 되는 바이기도 하
다. 그러나 북한의 남한문화 연구물을 구체적으로 점검하는 과정을
통해 북한의 남한문화에 대한 시각을 정리할 필요가 있는 것 같다.
나아가 남한문화를 소개 혹은 분석하는 과정을 통해 북한 당국이
구하고자 한 것이 무엇이었는지 그 의도를 구체화할 수 있을 것 같
다. 이를 위해 본 연구에서는 북한에서 출판된 잡지를 활용할 것이
다.

II. 북한의 남한문화 연구현황 분석

1. 연구영역 분류

문화의 범주는 다양하다. 문학, 영화, 언어, 미술, 음악 등은 물론
이며 일상에서 접하는 의식주생활, 풍습 등 그 어느 것 하나도 문화
의 범주에서 자유로울 수 없다. 특히 북한에서는 인민들과 친숙한
장르를 통해 인민을 교양하는 것에 관심이 높기에 인민들 일상의
모든 문화 분야가 당을 위해 복무하고 있다고 해도 과언이 아니다.
사정이 이러하기에 북한 당국에서는 남한문화 전 분야에 대해서 관
심을 가지고 남한의 문화 동향을 살피고 있다.

먼저 북한에서 잡지를 통해 다루고 있는 남한문화의 범주를 내용
및 장르를 중심으로 구분하면 문화 전반에 대한 이론을 다룬 통론
과 각 장르의 문제를 다룬 각론으로 구분할 수 있는데, 각론에 해당
하는 글을 장르별로 좀 더 세분화하면 '예술·문화', '문학', '언어' 분
야로 분류할 수 있다.

〈표 1〉 내용 및 장르를 기준으로 한 범주 분류

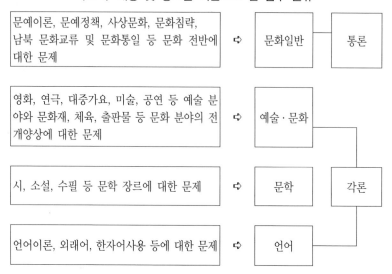

문화일반의 범주에서 다루는 문제들은 말 그대로 문화 전반에 대한 이론이다. 문화이론에 대한 글은 기본적으로, 남한문화이론 및 전개양상에 대한 점검을 통해 북한문화의 경쟁 우위를 선점하고자 하는 의도가 다분히 엿보인다. 이를 위해 북한에서는 남한의 문예이론이나 문예정책, 남북 문화교류, 미국이나 일본의 문화침략 등의 문제를 통해 드러내고 있는데 이처럼 문화 전반에 대한 문제를 이론적 태도로 접근한 글을 묶어 '문화일반'으로 분류하였다.

예술, 체육, 전통문화 등의 장르를 통해 남한의 예술 분야와 문화 분야가 어떻게 전개되고 있는가의 문제를 다루고 있는 글이 있는데, 이를 '예술·문화' 범주로 묶어서 다루었다. 가요, 미술, 연극 등의 장르를 통해 작품 창작의 문제점을 거론하는가 하면, 남한 예술가들의 힘든 삶을 조명하거나, 예술가들의 반정부적인 활동을 적극적으로 지원하는 듯한 태도 취하기, 남한에서 전통문화를 어떻게 다루고 있는가의 문제 등 남한의 예술·문화계의 동향에 초점을 맞춘 글이 여기에 해당한다.

문학작품에 드러나는 이데올로기를 통해 독재와 외세에 복종하는 남한의 부정적인 실상을 드러내는 글과 작품, 민중의 목소리를 대변하고 있는 듯한 민중작가들의 동향을 다룬 글, 남한작가들에게 진보적인 의식으로 반정부적인 태도를 취해 줄 것을 요구하는 등 작가나 문학작품에 대한 내용을 다룬 글은 '문학' 범주로 묶었다.

조선어 말살, 민족어 수난, 외래어 난무 등으로 남한에서 우리말의 입지가 약화되고 있다는 내용을 다룬 글, 남북한 언어 이질화를 막기 위한 제언 등 언어와 관련한 글은 '언어'로 세분화하였다.

2. 분야별 연구현황

북한 잡지에 실린 남한문화와 관련한 글은 총 667편이었다. 이들 667편을 분야별로 나누어 본 결과 문화일반 46편, 예술·문화 106편, 문학 484편, 언어 31편이었다. 각 분야별 편수를 수록된 잡지별로 정리하면 다음과 같다.

〈표 2〉 북한 잡지에 실린 남한문화 관련 글 통계

분야 / 잡지명	문화일반	예술문화	문학	언어	소계
남조선문제	17	22	154	7	200
근로자	7	6	11	7	31
김대학보		1	6		7
정치법률연구	1				1
조선녀성	1		22	1	24
국제생활		1	2	1	4
조선예술	10	51	2		63
사회과학원학보				1	1

조선문학	3	3	100		106
인민교육			1		1
조선어문	4		5	4	13
조선어학				4	4
조선영화	1	20	4		25
통일문학	1		169		170
교원선전수첩		2	1		3
남조선문제론문집	1				1
조선대학학보(국문)				2	2
조선대학학보(일문)				1	1
조선문제연구				1	1
단행본			7	2	9
소계	46	106	484	31	667

　　남한문화 관련 글을 가장 활발하게 실은 잡지는 『남조선문제』이
다. 그 다음이 『통일문학』, 『조선문학』, 『조선예술』, 『근로자』, 『조
선영화』, 『조선녀성』 순이었는데, 『남조선문제』와 『통일문학』에 남
한 관련 글이 많이 실린 것은 남한에 초점을 맞추거나 혹은 통일에
초점을 맞춘 잡지의 성격 때문인 것으로 보인다.

　　분야별로 관심을 보인 잡지를 살펴보면, 문화일반은 『남조선문제』,
『근로자』, 『조선예술』에서, 예술·문화 분야는 『조선예술』, 『조선영
화』, 『남조선문제』에서 각기 비중있게 다루고 있었다. 문학 분야는
『통일문학』, 『남조선문제』, 『조선문학』에서, 언어 분야는 『남조선문
제』, 『근로자』, 『조선어문』, 『조선어학』에서 각각 다루고 있는데, 각
분야별 특성에 맞춘 전문 잡지의 성향을 그대로 드러낸 결과이다.
문학이라는 이름이 붙여진 잡지에는 문학 분야가 예술·영화 등의
이름이 붙여진 잡지에는 문화 혹은 예술 분야가 언급되고 있다는
것이다.

그런데 이들 잡지 중 문화일반, 예술·문화, 문학, 언어 전 분야에 대해 언급을 하고 있는 것은『남조선문제』와『근로자』였다.『남조선연구』는 남한에 초점을 맞춘 것이기에 분야별 언급이 고르게 나타나는 것은 자연스러운 현상으로 여겨진다. 하지만『근로자』에 수록된 남한 관련 글이 31편으로 그리 많지 않은 편수임에도 분야별 언급이 고르게 나타나고 있는 것은 다소 특이한 현상으로 여겨진다. 이것은『근로자』의 발간 목적 및 성격과 관련하여 읽을 수 있을 것 같다.

『조선문학』,『조선예술』,『조선녀성』 등은 특정 분야·특정 대상을 위한 잡지인데,『근로자』는 노동당 중앙위원회 기관지이다. 중앙당은 물론이며 지방당의 당간부, 당세포 비서들에게도 보급이 되고 있다고 한다. 일반 인민들이 쉽게 접할 수 있는 기관지는 아니지만, 지방당까지도 꾸준히 보급되고 있다고 한다.[4] 그렇다면 당간부, 당세포 비서들에 의해 인민 교양의 자료로 활용될 수 있는 가능성을 충분히 가지고 있다는 것이며, 이와 같은 이유 때문에 다양한 분야의 글이『근로자』에서 다루어지고 있는 것으로 보인다. 북한 당의 입장을 강화할 필요가 있을 때, 북한 나름대로 관찰 혹은 분석한 남한의 상황을 인민들에게 근거로 제시할 때 보다 효과적으로 전달할 수 있을 것 같기 때문이다.

위 통계를 분야별로 점검해 보면 문학 분야가 다른 분야에 비해 월등히 높은 수치를 보이는 것을 알 수 있다. 영화·음악·미술·언어 등을 모두 아우른 것보다도 거의 3배 분량의 편수이다. 이는 남

---

4)『조선문학』,『조선영화』,『조선예술』,『근로자』 등이 비공개 잡지는 아니지만, 종이 부족 현상으로 인민에게 충분히 공급되지 못하고 있는 실정이라고 한다. 그나마『근로자』는 당기관지이기에 다른 전문 잡지보다 많이 보급되는 편이라고 한다. 북한 학술지 및 기관지에 대한 보급 및 활용에 대한 내용은 북한출신 박○○(남·70세/대학교원) 2009년 4월 5일 면담을 참고하였다.

한의 문화 분야 중, 특히 문학 분야에 대한 북한의 관심을 짐작할 수 있게 한다.

북한에서는 문학 장르를 통해 남한현황 파악 및 알리기를 적극적으로 하고 있다. 그런데 북한에서 문학 분야의 언급은 주로 시·소설·수필 등 작품을 통해서 하고 있다. 총 484편의 문학 관련 글 중 작품이 차지하는 것은 390편으로 약 80.6%이다. 전체 667편의 글 중, 작품이 425편으로 63.78%를 차지하고 있을 정도로 작품을 통한 남한 드러내기에 적극적인데,5) 문학 분야에서 작품이 차지하는 수치가 전체 분야에서 작품이 차지하는 평균 수치보다도 월등히 높게 나타나고 있는 것이다. 뿐만 아니라 작품을 다루고 있는 예술·문화 분야 총 106편 중 작품이 35편으로, 약 33%에 해당하는 것과 비교하면 더욱 큰 차이를 보인다.

〈표 3〉 문학 분야 '논의'와 '작품' 구분 통계6)

잡지명 구분	남조선문제	근로자	김대학보	조선녀성	국제생활	조선예술	조선문학	인민교육	조선어문	조선영화	통일문학	교원선전수첩	단행본	
논의	23	11	6		2	2	21	1	5	1	14	1	7	94(19.4%)
작품	131			22			79			3	155			390(80.6%)
	153	11	6	22	2	2	100	1	5	4	169	1		484(100%)

앞에서 점검한 바와 같이 북한에서는 남한의 여러 문화 분야 중 문학 분야에 대한 관심이 높다. 남한의 문학을 소개할 때는 논의를

---

5) 북한 잡지에 실린 남한 관련 글은 선전화·시·소설 등 남한을 소재로 했거나 남한작가가 창작한 문예 '작품'과 연구물·평론·소개 등의 양식을 취한 '논의'로 구분할 수 있다.
6) '언어' 분야의 경우는 장르의 특성상 작품을 제시할 수 없다. 따라서 작품을 포함하고 있는 '문화예술' 분야의 것과 대비하고자 한다. 〈표 3〉

통하기보다는 작품을 통해서 전달하고자 하는 경향이 있다는 것도
확인하였다. 특히,『통일문학』에 실린 155편의 작품은 전부 남한작
가의 것이며, 전체 문학 작품의 66%를 차지하고 있다. 이 잡지에
실린 남한 작품은 1970~80년대에 주로 창작한 것으로 김남주, 박노
해, 문익환, 백기완, 신경림 등 당시 정권에 맞선 민주화운동 작가
들의 것이 대부분이다. 북한이 선택한 작가와 작품의 성향을 통해
북한이 이들 작품을 선택한 의도를 알 수 있는 부분이다.

　그런가 하면 북한작가가 남한을 소재로 창작한 문학작품의 경우
도 5 · 18광주항쟁을 배경으로 하는 등 남한의 어두운 실상과 그에
저항하는 내용으로 구성하거나, 북한을 동경하는 남한 국민의 마음
이나, 통일을 준비하는 자세를 담은 내용 등7)이다. 미루어 짐작했
듯이 남한의 실상을 전달함으로써 '남조선 해방'의 당위성을 확보하
기 위한 목적으로 문학작품을 활용하고 있는 것이다.

　다른 문화 분야에 비해서 문학작품은 소개하기 쉽다. 시 · 소설 ·
수필 등은 지면만 있으면 쉽게 전달할 수 있는 분야이다. 선전화 등
그림이나 영화의 한 장면을 사진으로 전달하는 경우도 있지만,8) 문
학작품과 비교하면 그 방법이 번거로울 뿐만 아니라 전달하고자 하

구분＼잡지명	남조선 문제	근로 자	김대 학보	국제 생활	조선 예술	조선 문학	조선 영화	교원 선전 수첩	
논의	22	6	1	1	23	3	13	2	71(67%)
작품					28		7		35(33%)
	22	6	1	1	51	3	20	2	106(100%)

7) 남한실상 드러낸 작품으로는 소설『외과의 유영배씨』(소설),『반항』(소설),
　『열흘날 열흘밤에』(소설), 〈유신을 불사르리라〉(시),『무등산에 서린 원
　한』(수필),『빛나는 삶』(수필) 등이 있다. 북한을 동경하는 작품에는 〈남
　녘겨레들의 충성의 마음을 담아〉(시), 〈남한 기슭에서 드리는 노래〉(시)
　등이, 통일 관련 작품에는 〈하나의 기치아래〉(시), 〈어제도 오늘도〉(시)
　등이 각각 여기에 해당한다.
8) 실제로 예술문화 분야의 작품 대부분은 사진을 통해서 전달하고 있다.

256 북한의 남한연구

는 목적을 충분히 달성하기 쉽지 않다. 그러나 문학 작품의 경우는
굳이 작품 설명을 하지 않아도 작품만으로도 생산자가 말하고자 하
는 내용을 충분히 전달할 수 있다. 여러 분야 중 특히 문학작품을
적극적으로 활용하고 있는 것은 바로 이와 같은 이유에서 비롯된
것으로 보아도 무방할 것 같다.

문학에 대한 관심이 높다는 것을 확인하였다. 그렇다면 그 다음
으로 북한에서 관심을 두고 있는 분야는 무엇일까? 문학 분야를 제
외한 나머지 183편을 장르(소재)별로 묶어 보았다.

〈표 4〉'문학' 외 분야, 장르(소재)별 편수

총183[9)]	문화일반	언어	음악	영화	미술	전통문화	체육
	46	31	24	27	14	9	9
	무용	연극	공연	출판물	기타(문화재단 · 생활양식)		
	5	4	6	5	3		

특정 장르에 국한하지 않고 전 장르를 종합한 남한문화일반에 대
한 언급이 46편으로 가장 높았다. 그 다음으로는 언어, 영화, 음악,
미술, 전통문화, 체육 순으로 나타났다.

이들 장르 중 음악의 경우는 작품을 주로 활용하고 있다. 노래의
악보를 활용하는 등 17편 70.8%가 작품을 소개하는 방식이었다. 영
화·미술의 경우도 작품을 활용하고 있었다. 영화의 경우는 7편이
작품 일부분을 소개하거나 사진을 통해 간접적으로 소개하는 형식
을 취하고 있었고, 미술의 경우도 6편의 작품을 사진으로 소개하고
있다. 음악, 영화, 미술 관련 글이 총 65건인데 그중 32편이 작품으
로 49.2%를 차지하고 있다. 문학에 비해서는 낮은 수치이기는 하지

---

9) 문화일반 46편, 예술문화 106, 언어 분야 31편을 합한 편수이다.

만 악보나 사진을 활용하는 등 음악·영화·미술 작품 등을 소개하는 데에 비교적 적극적이었음을 알 수 있다. 기본적으로 남한 알리기에 '작품'을 활용하고 있는 것을 다시 한 번 확인할 수 있는 통계였다.

그런데 이들 작품들은 모두, 남한이나 통일을 소재로 한 북한작가의 작품이었다. 남한의 작품도 북한작품처럼 사진이나 악보를 통해서 소개하는 것이 가능할 수도 있었을 것으로 보이나, 잡지를 통해서 드러내는 경우는 전혀 없었다. 이는, 음악·영화·미술 등의 작품은 실제 가창이나 공연, 전시 등을 통해서 소개하는 것이 가능하였기 때문에 잡지를 활용하지 않은 것이 아닌가 한다. 실제로 남한에서 불리었던 김민기의 〈아침이슬〉, 장사익의 〈아리랑〉, 한돌의 〈홀로아리랑〉10) 등이 음원 및 영상물로 제작되어 북한에서 유통된 사례가 있었던 것으로 미루어 보아, 이들 장르에 대해서는 작품에 대한 관심보다는 '논의'에 관심의 초점을 맞추었던 것 같다.

문화일반·언어·전통문화·체육 분야에 대한 언급도 적지 않는 편수다. 문화일반 46편, 언어 31편, 전통문화와 체육이 각각 9편이었는데, 이들 장르의 경우 작품을 소개할 수 없는 분야라는 점을 감안한다면 언어·음악·영화·미술 분야 못지않은 관심을 보이고 있음을 알 수 있다.11)

의견이나 주장을 관철시키기 위해서는 체계화된 이론적인 틀이 바탕에 있어야 한다. 전체를 아우르는 틀에 의해서 각론에 접근하는 시각 또한 통일이 될 수 있기 때문이다. 복무, 복종, 집체의 태도를 취하고 있는 북한의 경우는 더욱 더 필요한 부분일 것이다. '문

---

10) 2005년 8월 조용필의 평양 공연에서 북측의 요청으로 한돌의 〈홀로아리랑〉을 부르기도 했다.
11) 음악, 영화, 미술의 경우 작품이 아닌 논의에만 초점을 맞춘 언급은 음악 7편, 영화 20편, 미술 8편이다.

화일반'은 바로 이와 같은 체계화된 이론적 틀의 기능을 가지고 있는 부분이라고 할 수 있다. 문학을 제외한 분야에서 가장 높은 편수를 보인 것은 바로 이와 같은 중심축으로서의 기능을 수행하기 위한 목적 때문에 비롯된 것으로 볼 수 있을 것 같다.

언어도 적지 않는 편수인데, 이는 북한 당의 언어에 대한 태도를 엿볼 수 있는 부분이다. 북한에서는 1960년대 「조선어를 발전시키기 위한 몇가지 문제」라는 김일성의 담화문이 발표된 이래 노동신문을 통해 '우리말다듬기 지상토론'을 지속적으로 펼쳐왔다. 언어문제와 민족문제를 결부시킨 의식을 강화하는가 하면, 인민을 교양시키는 무기로서의 언어적 기능을 강화하는 태도를 지니고 있었다. 이와 같은 문제의식은 언어의 세계화에 호흡하고 있는 남한언어를 부정적인 시각으로 평가할 수밖에 없게 만들었으며, 상대적으로 순우리말을 중요하게 여기는 북한 언어의 우수성을 주장하는 논의로 자연스럽게 펼쳐지고 있다.

전통문화의 경우는 북한의 주체사상의 영향에서 비롯된 것으로 볼 수 있다. 전통문화의 경우 남한정부나 미국에 의해서 민족문화가 어떻게 변질되어 가고 있는가의 문제를 다룬 것이 거의 대부분이다. 이는 남한의 정치·사회 분위기를 제국주의나 부르조아 의식에서 비롯된 것으로 보고, 남한에 반제국주의·반부르조아 분위기를 조성하기 위해 전통문화 관리 및 보전의 중요성을 언급하고 있는 것으로 보인다. 주체사상을 통해 민족의 자주성 확보와 인민중심의 체제를 세우려 했던 북한의 문예정책에 부합한 결과인 것이다.[12]

마지막으로 체육의 경우는 1980년대에 집중적으로 다루어지고 있다. 86아시안게임과 88올림픽이 개최되던 시기인데, 체육 분야의 글

---

[12] 주체사상과 전통문화에 대한 관련성은 한정미의 『북한의 문예정책과 구비문학의 활용』 참고.

대부분은 이념과 자본에 올림픽 정신이 농락되었다는 내용, 운동선
수들의 비참한 생활 등을 다룬 내용이다. 부정적인 해석을 통해 남
한에서 개최되는 스포츠 행사에 부정적인 인식을 주기 위한 목적으
로 다루고 있는 것이 아닌가 한다.

　지금까지 북한에서 남한문화 관련 글을 주로 다루고 있는 잡지와
특히 관심을 가지고 있는 분야에 대해서 점검해 보았다. 그 결과,
『남조선연구』와 『통일문학』처럼 남한이나 통일을 겨냥한 잡지에서
남한문화 관련 글을 소개하는 데 적극적이었다. 분야별 특성에 맞
춘 전문 잡지로서의 성격을 참고할 때 미루어 짐작할 만한 자연스
러운 현상이다. 그런데 특정지역이나 특정주제에 초점을 맞춘 잡지
가 아님에도 『근로자』에는 다양한 분야의 글이 골고루 실려 있었는
데, 이는 인민들을 실제로 교양하는 데 영향을 미칠 수 있는 당간
부·당세포 비서들이 구독하는 중앙당 기관지라는 점 때문에 선택
한 것이 아닌가 한다.

　한편, 북한에서 남한문화를 언급할 때 특히 관심 있게 다루고 있
는 장르는 '문학'이고, 문화일반·언어·음악·영화·미술 등의 순으
로 장르를 다루고 있다. 북한에서 남한문화를 언급할 때는 전체 글
중 66.8%를 차지할 정도로 작품을 통해서 전달하는 데 적극적인데,
특히 문학작품의 경우는 425편의 작품 중 390편, 91.7%를 차지할
정도로 활용 빈도가 높다. 문학 작품을 소개하는 데 적극적인 것은
장르의 유통 방법 및 장르적 특징과 밀접한 관련이 있는 것으로 보
인다. 문학작품의 경우는 지면만 있으면 유통 가능하며, 굳이 작품
설명을 하지 않아도 작품 소개만으로도 생산자가 말하고자 하는 의
도를 충분히 전달할 수 있다는 장르적 특징 때문이다.

3. 시대별 연구현황

남한에 대한 북한의 관심 장르의 중심에는 문학이 있음을 확인하였다. 그리고 남한문화를 전달하고자 할 때는 작품을 통한 메시지 전달에 초점이 맞추어져 있음도 확인하였다. 그런데 이들 각 분야를 시대별로 분류해 보면 '논의'와 '작품' 선택 편수가 항상 비례하는 것은 아니었다.

〈표 5〉 잡지에 실린 남한문화 관련 글, 시대별 연구현황

분야별 형태별 연도별	문화 논의	예술·문화 논의	작품	문학 논의	작품	언어 논의	총계
1940년대				1	2		3
1950년대	5			6	8	2	21
1960년대	8	11	2	35	41	7	104
1970년대	13	7	22	6	47	6	101
1980년대	15	35	5	22	115	11	203
1990년대	3	14	1	19	159	2	198
2000년대	2	4	5	5	17	3	36
소계(논의)	46	71		94		31	242
소계(작품)			35		390		425
총계	46	106		484		31	667

남한문화와 관련한 글 중 약 60%에 해당하는 401편이 80년대와 90년대에 주로 집중되어 있다. 논의와 작품을 모두 합할 경우 네 분야 모두 같은 빈도를 보이고 있다. 그런데 이들 남한 관련 글을 논의와 작품으로 구분하면 다소 차이를 보인다.

논의를 기준으로 시대별 빈도를 살펴보면 문화일반은 80년대와

70년대에, 예술문화 분야는 80년대에 집중되어 있었다. 그런가 하면 문학 분야는 60년대·80년대·90년대 순으로 나타났으며, 언어 분야는 80년대·60년대·70년대 순으로 나타났다.

기본적으로 80년대와 90년대에 남한문화에 관심을 보이고 있는 것은 분명하다. 그러나 분야별 점검에서는 70년대에는 예술문화 분야가, 80~90년대에는 문학 분야가 남한문화 알리기에 적극적으로 활용되고 있었던 것으로 나타났다.

작품을 기준으로 시대별 빈도를 살펴보았을 때, 예술문화 분야는 70년대, 문학 분야는 90년대·80년대 순으로 나타났다. 공교롭게도 분야별 활용빈도와 작품별 활용빈도가 비례하는 것으로 나타난 것이다. 다시 말하면, 70년대에는 예술문화 분야가 80~90년대에는 문학 분야에 대한 활용빈도가 높았다는 것이다.

70년대는 〈피바다〉, 〈꽃파는처녀〉, 〈성황당〉과 같은 혁명가극이 만들어진 시기이다. 50~60년 창극형식의 공연예술에서 벗어나 북한식 공연예술이 자리를 잡던 시기이다. 그런가 하면 항일운동 시절부터 인민들 가까이에 있어 언제 어디서나 쉽게 따라 부를 수 있는 노래의 중요성을 강조하던 김일성의 음악에 대한 관심은 70년대 혁명가극과 함께 부흥의 시기를 맞았는데, 주로 김일성을 찬양하거나 신격화·우상화하기 위해 활용되는 사례가 잦았다. 더구나 '음악정치가'로도 불리는 김정일이 자신의 입지를 다지던 시기이기도 하기에 예술문야 분야에 대한 관심은 더 고조될 수밖에 없었다. 70년대 유독 음악, 공연, 영화 등의 예술문화 분야가 많이 활용될 수밖에 없는 정치적 상황이었던 것이다.

이와 같은 북한의 정치적 상황은 남한문화를 선택하는 시각에도 고스란히 영향을 줄 수밖에 없었던 것이다.

『조선예술』에 실린 가요, 〈남녘에도 해빛이 비쳐옵니다〉(1970), 〈남녘땅에 넘치는 어버이사랑〉(1973), 〈남녘의 투사들은 맹세다지

네〉(1974), 〈남조선녀성혁명가의 노래〉(1975) 등의 노래 등은 70년
대 북한의 정치적 상황을 대변하는 예라고 할 수 있다.

　앞 장에서 북한이 선택한 문학 작품 거의 대부분은 민주화운동 작
가들의 작품이었다는 것을 확인했다. 이들 작품들은 주로 70~80년대
민주화운동이 고조되던 시기의 작품들이었는데, 북한에 본격적으로
소개되기 시작한 것은 80년대와 90년대 초였다. 그리고 이들 작품
대부분은 『남조선문제』와 『통일문학』에서 다루어졌는데, 80년대에
는 『남조선문제』에 90년대에는 『통일문학』에 주로 실렸다. 1988년
출판이 중단된 『남조선문제』의 역할을 90년대에는 『통일문학』이 그
계보를 잇고 있다고 할 수 있다.

　남한에서는 1980년대 중반 이후 재야 진보집단들에 의해 시작된
북한 바로 알기가 사회적인 문제로 고조되었다. 뿐만 아니라 1988년
7 · 19해금조치 이후 납북 · 월북 작가들의 작품이 해금되기 시작하면
서 북한의 문학작품과 문학 관련 연구물을 보다 쉽게 접할 수 있게
되었다. 1980년대 이전에는 남한의 실상을 드러내기 위해 남한을
배경으로 한 북한작가의 창작물이 거의 대부분이었으나 1980년대부
터 1990년대까지는 남한작가의 작품을 있는 그대로 소개하는 방식
을 취하고 있다. 북한작품을 대하는 80~90년대 남한의 변화가 북한
의 문학계에도 일정 부분 자극을 준 것이 아닌가 한다.

III. 북한의 남한문화연구에 관한 인과 분석

1. 인과 분석을 위한 변수 분류와 상관성 분석

　지금까지 북한에서 남한문화 관련 글을 주로 다루고 있는 잡지와
특히 북한 당국이 관심을 가지고 있는 분야에 대해서 점검해 보았

다. 이제, 북한의 남한연구 경향을 살펴 볼 필요가 있을 것 같다. 이를 위해 논의의 관점에 바탕을 두고, 구하고자 한 메시지와 그 동인을 찾아보려고 한다.

북한에서는 문화예술작품은 "사람들을 참된 삶의 길로 이끌어주는 생활의 교과서"[13]가 되어야 하며, 북한 당국이 바라는 사람의 참된 삶이란, 적극적이고 능동적으로 혁명 사업에 참여하는 인간형이라고 한다.[14] 따라서 문예물은 인민들을 당이 바라는 인간형으로 만들기 위해서 복무해야 하며, 문예 창작자들도 이를 바탕으로 창작활동을 해야만 한다. 선전·선동의 기능을 그 무엇보다도 중요하게 여긴다는 것이다.

이처럼 문화예술의 사회적 기능과 정치적 역할을 정확하게 규명하고 있기에 문화예술 분야의 창작 작품은 당의 노선과 결정에 부합해야만 하는 상황이다.

이와 같은 의식은 작품 창작에만 머무는 것이 아니라 문화 현상을 논할 때에도 영향을 미칠 수밖에 없다. 특히 당의 지침에 의해 일사불란하게 움직여야 하는 사회주의국가에서는 더욱 더 자유로울 수 없다. 그렇다면 북한 당국의 남한문화 관련 논의도 이와 같은 당의 지침하에 이루어질 수밖에 없을 것이다. 다시 말해서 논의를 전개하는 목적이 분명하게 드러나게 될 것이라는 말이다.

사정이 이와 같기에 논의 전개의 목적에 시각을 두고 남한문화 관련 글을 분류해 보았다. 그 결과, 크게 두 가지로 구분되었다. 하나는 '남한실상 알리기'이고, 또 다른 하나는 '남한변화를 위한 제언'을 목적으로 하고 있었다.

---

13) 한중모·정성무, 『주체의 문예리론 연구』(사회과학출판사, 1983), 10쪽.
14) 한정미의 『북한의 문예정책과 구비문학의 활용』, 17쪽.

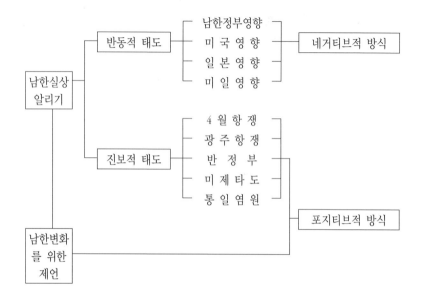

북한에서는 남한의 실상을 알리고자 할 때 남한문화의 부정적인 면과 긍정적인 면으로 구분하여 드러낸다. 전자는 '반동적 태도'로 후자는 '진보적 태도'라는 표현을 지속적으로 사용하고 있는데, 상반되는 이 두 표현만으로도 북한의 의도를 십분 파악할 수 있다. 그런데 표현은 달리하고 있으나 두 시각은 모두 남한의 현실을 북한 인민들에게 부정적으로 부각시키기 위한 것이라고 할 수 있다.

먼저, 북한의 시각에서 보았을 때 남한문화예술이 반동적인 양상으로 존재할 수밖에 없는 것은 남한정부 때문이거나, 미국, 일본 때문이다. 이들이 문화예술을 그들의 입맛에 맞게 생산하도록 하거나, 유통하도록 하기 때문에 반민족적인 경향을 띤 문화예술 활동이 활발하게 이루어지고 있는 것으로 해석하고 있다. 사정이 이와 같기에 남한은 '오염장', '공해지대'로 만들어지게 되었다는 것이다.

미국이나 일본은 식민지 예속화 정책을 펴기 위하여 실존주의, 실용주의, 프로이드주의 등에 뿌리를 둔 색정주의, 허무주의, 자본주의, 반공사상 등 퇴폐적인 문학사조가 남한에서 판을 치도록 유도하고 있다고 한다.[15] 그런가 하면 순수예술이라는 이름하에 민족적이고 계급적인 의식을 마비시켜 예술가들의 극히 개인적이고 주관적인 사상만이 존재하게 되었다고 한다. 이와 같은 미국과 일본의 움직임은 남한정부가 적극적으로 호응을 해 주었기에 가능했는데, 민족의 분열을 조장하기 위하여 남과 북의 대결의식을 고취시킨 작품에는 원고료를 높게 책정해 주는 방법 등이 그 예라고 했다. 그 결과, 문인협회 자체를 정부의 하수인으로 몰락시키고 있으며, 남한 국민들로 하여금 민족에 대한 불신을 갖게 하는 원인이 되어 북한에 대한 대결의식, 민족 허무주의 사상을 가지게 만들었다고 한다.[16]

그 결과, 남한의 문예정책은 민족 간의 신뢰와 단결에 바탕을 둔 북한이 지향하는 통일정책을 저해하는 요인이 되고 있다고 했다.

사정이 이와 같기에 남한에서는 부정적인 문제를 해결하기 위해 자생적인 움직임이 나올 수밖에 없었고, 사회에 대한 반기를 든 남한 문화예술계의 움직임을 북한에서는 '진보적 태도'로 해석하고 있다. 4월항쟁·광주항쟁의 당위성을 언급하거나, 반정부·미제타도·통일염원의 주제를 담은 예술계의 경향을 논의하는 글들이 여기에 해당하는데, 북한에서는 이들 진보 집단들이 사회에 대한 반기를

---

15) 퇴폐적인 문학사조는 고전작품을 해석할 때도 드러난다고 한다. 예를 들어 〈춘향가〉를 해석할 때, 북한에서는 옳은 것에 항거하는 춘향의 고매한 정신세계를 시대를 앞지른 진취성 있는 여성으로 해석하고 있는데 남한에서는 춘향이가 변학도의 횡포에 끝까지 대결할 수 있었던 것은 이도령에게서 기대하는 정치적인 배경 때문이라고 해석한다며 이는 반동적이고 속물적인 '양키식' 눈으로 고전을 평가하고 있는 증거라고 했다(한룡옥,「미제에 복무하는 남조선의 반동 문예학」,『조선어문』1960년 2호, 58쪽 참고).

16) 김원택,「분렬주의자들의 어용도구로 전락된 남조선반동문학」,『남조선문제』1986년 2호(누계 250호), 51쪽.

들 수밖에 없을 정도로 '해독성'17)이 강한 상황이라는 것이다. 그런
데 이들 글의 논점은 진보적인 태도를 보이는 그 자체에 초점이 맞
추어진 것이 아니라, 반기를 들 수밖에 없을 만큼 문제점이 많다는
것에 주로 초점이 맞추어져 있다. 남한의 부정적이고, 급박한 상황
을 드러내기 위한 의도인 것이다.

이처럼 남한의 실상을 드러내기 위한 움직임이 있는가 하면 또
다른 한편에서는 이와 같은 부정적인 환경을 개선하고, 개혁하기
위해 남한 국민들이 취해야 할 각 분야별 의무가 무엇인지를 알려
주는 '남한변화를 위한 제언'의 글이 있다.

한 국가의 문화는 선조들의 창조적 재능에 의해서 만들어진 것이
고, 시대를 초월하여 인민에게 공감을 불러일으키는 것은 선조들의
생활적 진실성이 담겨져 있기 때문이기에 북한에서는 남한과 달리
전통 문화, 민족 문화를 계승 발전시키기 위한 것에 토대를 두고 있
다고 한다. 그러나 전통문화, 민족문화라고 하더라도 인민의 혁명
과업과 목적을 저해하는 것이라면 배제하고, 국제적으로 선진적인
것은 적극적으로 수용해야 한다고 한다. 민족문화와 서구문화의 조
화를 위한 '이용과 섭취', '개조와 발전'을 의미하며 이는 북한이 추
구하는 문예정책이라고 한다. '새로운 민족 문화의 창달', '외국 문화
는 민족 문화를 창조하기 위한 량식'이라는 미명하에 민족문화를 말
살하고 민족문화를 서구문화에 예속시키려는 남한의 문예정책과는
그 지향하는 바가 다르다는 것이다.18) 따라서 '공화국 북반부의 이

<hr>

17) 「남조선에 류포되고 있는 부르죠아 문예사조의 반동적 본질과 그 해독성」
(『조선문학』 통권 397, 1980), 「남조선에 류포되고 있는 미국식 생활양식
의 해독적 후과」(『근로자사』 통권 548, 1987), 「허무주의와 염세주의를
고취하는 남조선 부르죠아문학의 반동적본질과 해독성」(『조선문학』 통
권 422, 1982) 등에서 문화예술계의 경향을 해독성이 강한 것으로 기술하
고 있다.
18) 전통문화와 서구문화를 대하는 북한의 태도에 대한 내용은 리효범의 「남

모든 훌륭한 성과들을 남반부에 적극 도입하여 남북의 모든 지혜와 재능을 합친다면 세계에 자랑할 창조물을 더 많이 내놓을 수 있을 것'[19])이라고 제언하고 있다.

살펴본 바와 같이, 북한에서는 전통문화에 대한 해석과 계승의 문제, 서구문화의 수용에 대한 의식이 북한이 남한보다 우월하다는 점을 나름대로 논리적으로 전개하고자 하는 흔적을 여기저기에서 찾아볼 수 있다. 그런가 하면, 독자가 북한인민으로 극히 제한되어 있음에도 불구하고 제언의 형식을 빌리고 있다. 여기에서 남한 문화를 통해 구하고자 한 것이 무엇인지 그 의도를 찾을 수 있을 것이다. 제언을 받아들여야 할 남한 국민들이 정작 그 제언의 목소리를 들을 기회가 없다면, 그 제언의 목적은 다른 것에 있다는 말이기 때문이다.

북한에서는 남조선 해방을 위한 인민교양을 끊임없이 진행하고 있다. 이를 위해서는 인민을 설득할 근거가 있어야 하는데 북한 당에서는 설득의 근거를 남한과의 대비를 통해서 구한 것이 아닌가 한다. 남한정부의 적극적인 협력하에 미국과 일본 등이 문화의 식민지화를 모색하는 반동적 태도가 성행하자, 진보적 의식을 지닌 작가들이 반정부적인 태도를 가지고 정부에 항거하는 모습을 지닐 수밖에 없었다는 것, 그리고 이들의 진보적인 움직임을 좀 더 의식화하기 위한 제언이 요구될 정도로 문제가 심각하다는 것이다.

2. 연구의 인과적 경향성 분석

북한의 남한연구 경향을 정확히 알기 위해서는 북한에서 선택한

조선에서 민주주의 민족문화건설을 위하여」, 『남조선문제』 1965년 10호 (누계 16호) 참고.
19) 위의 글, 57쪽.

작품도 그 분석의 대상에 포함해야 한다. 그런데 작품의 수가 방대할 뿐만 아니라 그중에는 제목만 확인하였을 뿐 작품을 직접 접하기 쉽지 않은 경우도 있었다. 작품 하나하나를 일일이 확인하기가 쉽지 않았다는 말이다. 그래서 여기에서는 '작품'을 제외한 '논의'와 관련한 글만을 점검 대상으로 삼으려 한다.[20] 그 결과, 문화일반 46편, 예술·문화 106편, 문학 분야 논의는 71편, 언어 분야 논의는 31편으로 구분되었다.[21]

기본적으로 북한의 남한연구는 저널리즘적인 기술을 하고 있다. 더구나 정치적인 목적에서 자유로울 수 없는 상황이기에, 북한에서의 남한연구는 다소 진지하지 않은 학문적 태도를 보이고 있다. 남한의 연구태도와 비교했을 때 그렇다는 말이다. 다만, 그 출발이 정치적인 경향에서 자유로울 수 없다고 하더라도 연구의 성격을 짚어 볼 필요가 있는 것 같다. 연구목적에 의한 의도를 분석함에 있어 기초자료가 되어 줄 수 있을 것 같기 때문이다. 그 결과, 학술연구와 정책연구로 구분할 수 있었다. 그런데 그 성격을 정확하게 학술연구와 정책연구로 구분하기에는 다소 애매한 점이 있었다. 그래서 필자의 분석태도와 잡지의 성격 등을 참고로 연구성격을 구분하고, 연구의 방향성이 학술적 연구경향을 띠고 있는지, 정책적 연구경향을 띠고 있는지 구분해 보았다.

---

20) 분석 가능한 작품만을 대상으로 할 경우, 통계 및 분석에 오류를 범할 수 있다는 판단이다. 작품 모두를 그 대상으로 삼는 것은 충분한 시간을 두고 일일이 점검을 한 후에 진행·보완하고자 한다.
21) 북한 잡지에 실린 남한 관련 문화 분야 글 667편 중, '작품'과 관련한 글 425편을 제외하면 '논의'와 관련한 글은 총242편이다.

〈표 6〉 연구성격에 따른 각 분야별 분류

분 야	연구 성격	편수	백분율
전체 (242편)	학술적 연구경향	31	12.8
	정책적 연구경향	211	87.2
문화일반 분야 (46편)	학술적 연구경향	5	10.9
	정책적 연구경향	41	89.1
문화예술 분야 (71편)	학술적 연구경향	4	5.6
	정책적 연구경향	67	94.4
문학 분야 (94편)	학술적 연구경향	13	13.8
	정책적 연구경향	81	86.2
언어 분야 (31편)	학술적 연구경향	9	29
	정책적 연구경향	22	71

위의 자료에서 확인할 수 있는 바와 같이 북한의 남한문화 연구는 학술적 연구경향보다는 정책적 연구경향을 보이고 있는 연구물이 월등히 많았다. 전체 242편 중, 87.2%인 211편이 정책적 연구경향을 띤 연구물이었고, 각 분야별 성격도 다르지 않았다. 다만, 각 분야별 연구성격에서 다소 특이한 점은 언어 분야가 다른 여타의 분야보다 학술적 연구경향을 띤 연구물이 29%로 다소 높게 나타났다는 것이다.

남한언어에 대한 언급을 할 때는 남한정부의 언어정책과 미국의 영향을 받은 남한언어의 특징을 구체적으로 거론하는 경우가 많았다. 이와 같은 태도는 언어 외의 다른 문화 분야도 마찬가지다. 그럼에도 불구하고 남북한 언어정책이나 문법교육을 비교하거나 한자말학술용어 정리 방안에 대한 논의 등 학술적인 연구경향을 보인 연구물이 많은 것은 이념에서 비롯된 주의·주장에서 벗어나 이론적 접근이 가능한 분야이기 때문이 아닌가 한다. 자국어나 외국어를 관리하는 태도, 언어순화에 대한 의식 등은 이념과의 상관성에서 보다 자유로울 수 있기 때문이다. 이 말은 곧, 남북한의 동질성을 지키거나 회복하는 데 언어의 역할이 보다 직접적이고 구체적일 수 있다는 것을 의미하는 것으로 해석할 수도 있을 것 같다.

다음은, 북한 당국의 연구의도(목적)를 기준으로 각 분야별로 세분화 한 결과이다.

〈표 7-1〉 북한 당국의 의도를 기준으로 한 각 분야별 분류[22]

문화 일반 분야	남한실상 알리기(43)				남한변화를 위한 제언	총계
	반동적 태도(43)					
	남한정부 영향	미국영향	일본영향	미일영향		
편수	12	24	4	13	3	46
메시지 전달 방식	네거티브(43)				포지티브(3)	

* 괄호 안의 숫자는 편수.

〈표 7-2〉

문화 예술 분야	남한실상 알리기(64)						남한 변화를 위한 제언	총계
	반동적 태도(46)		진보적 태도(18)					
	남한정부 영향	미국영향	광주 항쟁	반정부	미제 타도	통일 염원		
편수	30	16	2	6	4	6	7	71
메시지 전달 방식	네거티브(46)		포지티브(25)					

---

22) '북한실상 알리기' 하위분류의 '반동적' 태도와 '진보적' 태도는 북한의 표현이다. 전자는 민족문화를 지키지 못하고 있거나 미국이나 일본 등 외세에 의해 변하고 있는 등 변질의 상황을, 후자는 그런 상황에 맞서 싸우는 저항의 상황을 말하는 것이다. 물론, 북한의 시각이 그렇다는 것이며, 북한의 논의 의도를 분명하게 드러내는 표현이라는 판단에서 그대로 살려 기술하기로 한다.

〈표 7-3〉

문학 분야	남한실상 알리기(81)							남한변화를 위한 제언	총계
	반동적 태도(51)		진보적 태도(30)						
	남한정부영향	미국영향	4월항쟁	광주항쟁	반정부	미제타도	통일염원		
편수	27	24	2	1	14	5	8	13	94
메시지 전달 방식	네거티브(51)		포지티브(43)						

〈표 7-4〉

언어 분야	남한실상 알리기(19)		남한변화를 위한 제언	총계
	반동적 태도(19)			
	남한정부영향	미국영향		
편수	11	8	12	31
메시지 전달 방식	네거티브(19)		포지티브(12)	

위의 점검에서 확인할 수 있는 바와 같이 남한문화 관련을 다룬 논의는 '남한변화를 위한 제언'(이하 변화제언)보다 '남한실상 알리기'(이하 남한실상)를 위한 논의가 많았다. 그런가 하면 남한실상을 드러냄에 있어서도 '진보적 태도'보다는 '반동적 태도'의 빈도가 높게 나타났으며, 문화일반과 언어 분야에 대한 논의에서는 남한실상을 알림에 있어 '반동적 태도'로 일관하고 있었다.

북한에서는 모든 문화예술 분야가 당의 지침에 의해서 복무한다고 했다. 출판물도 마찬가지다. 당의 지침에 의해서, 철저한 계산하에 제작된다. 남한문화 관련 논의에 변화제언보다 남한실상 관련 논의 편수가 많다는 것은 곧, 북한 당국이 남한의 문화 분야를 다루는 목적이 바로 남한의 실상을 드러내는 데 있다는 것을 말하는 것이다. 남한실상 논의에서 진보적 태도보다 반동적 태도로 논의를 전개하고 있다는 점도 이를 뒷받침 하는 근거이다.

앞에서 북한에서는 적극적이고 능동적으로 혁명 사업에 참여해야 참된 삶이라고 했다. 그리고 문예물도 이를 위해 복무해야 한다고 했다. 이를 위해 북한에서는 인물이나 사건의 부정적인 사실을 비판하는 내용보다는 긍정적 모범이 되는 인물과 사건을 제시하는 내용 위조로 인민을 교양하는 것이 좀 더 감동적이고, 모범적이라고 한다. 낡은 사상을 가진 사람이나 과오를 범한 사람들도 모범적인 인물형에서 감동을 받아 새로운 인간으로 개조될 수 있고, 그럼으로써 사회주의국가에 부합하는 새로운 인간형이 될 수 있을 것이라고 했다.[23] 북한의 '숨은 영웅 찾아내기', '영웅 따라하기'가 이와 같은 지침에 의해서 만들어진 것이라고 할 수 있다.

이처럼 북한에서는 모범적 인간형이나 사건을 제시함으로써 인민들이 능동적으로 혁명사업에 참여하게 하는 자발적인 분위기를 조성하는 데 관심이 많다. 그런데 남한의 문화 관련 글은 '진보적 태도'보다 '반동적 태도'로 진행하고 있다. '반동적 태도'에서 그려지는 남한의 실상은 '정치적인 반대파를 제거하고 미제와 그 주구들의 범죄행위를 정당화하기 위한 반공의식'[24]과 미국이나 일본 등의 외세 영향을 받아 자본주의, 부르조아 사상에 의해 문화가 존재하고, 언어 또한 잡탕말·혼혈화 되어 남한은 그야말로 공해지대로 변질된 것이었다.[25] 모범적인 사례를 보여 주기보다, 부정적인 사례를 드

23) 김일성, 「천리마 시대에 상응한 문학예술을 창조하자(작가 예술인들과의 담화)」(1960), 27~29쪽 참고.
24) 경일, 「침략과 전쟁정책에 복무하는 〈반공〉문학예술」, 『남조선문제』 1967년 5호(누계 34호), 23쪽.
25) 남한에서의 문화 존재 양상은 유영근, 「남조선에 침투되고 있는 양키무용」, 『남조선문제』 1966년 9호(누계 26) ; 서치렬, 「남조선에서 류포되고 있는 미국식 생활양식의 해독적 후과」, 『근로자』 1987년 12호(누계 548) ; 리종표, 「외래어의 ≪공해지대≫로 전변된 남조선 사회」, 『근로자』 1983년 10호(누계 498) ; 조희윤, 「여지없이 짓밟히고있는 남조선문화재」,

러냄으로써 남한의 어두운 부분을 강조하고자 했던 것에서 비롯된 것으로 보인다.

'진보적 태도'도 마찬가지다. 사실, 북한의 입장에서는 진보적 태도의 주인공들이 모범적인 사례에 해당하는 것이다. 표면적으로는 그렇다. 그런데 이면을 살펴보면 현재 정권을 잡고 있는 남한의 지도자 혹은 정부에 대해 저항하는 모습이다. 체념하거나 포기하는 것이 아니라, 부적절한 상황에 항거하고 있는 것이다.

북한에서는 남한의 문예정책은 기본적으로 '반동적인 것'이라고 한다. 미국이 남한을 강점한 이후 식민지 문예 정책을 감행하여, 퇴폐적이며 세기말적인 반동 문화예술이 존재하게 되었고, 미국이 이러한 영향력을 행사할 수 있는 데에는 남한정부에서도 "서양 문화를 숭상해서 학자들이 각 방면으로 나아가 연구하는 것은 우리 문화를 높이는 데 도움"이 된다는 태도를 취하고 있었기 때문이라고 한다.[26] 이처럼 남한정부의 협조하에 미국이 식민지 문예 정책을 펼치고 있다고 한다.

사회주의국가에서 보았을 때 현 정부나 지도자에게 저항하는 모습은 그리 모범적인 모습은 아니다. 그러나 위와 같은 남한정부와 미국의 반동적 문예정책에 의해 남한문화가 심하게 말살·변질되고 있기에 그들의 저항은 정당한 것이다. "4월 인민 봉기는 부패와 모순으로 가득 찬 사회현실에 대한 쌓이고 쌓인 울분과 분노의 폭발이였으며 민주주의적 자유와 생존의 권리를 요구하여 일떠선 남조선 인민들의 애국적인 구국항쟁"[27]인 것이다.

『남조선문제』 1981년 1호(누계 192) 등 참고.

26) 북한이 생각하는 남한의 문예정책은 경일의 「미제와 괴뢰 도당의 반동적 문예 정책」, 『남조선문제』 1966년 5호(누계 22호) 참고.

27) 경일, 「남조선 문학에서의 진보적 경향」, 『근로자』 1965년 21호(누계 283), 35쪽.

그런데 현재 남한실상은 '남한정부'와 '외세'에 의해서 만들어진
것이다. 반동적 태도의 논의 150편 중 남한정부에 의한 변질은 74편
이고 외세에 의한 변질은 76편이다. 외세 변질의 76편은 다시 미국
과 일본의 영향으로 구분할 수 있는데 미국영향이 69편, 일본영향
이 4편, 미일의 영향이 3편이었다. 결국 미국의 영향에 의해 조정되
고 있다는 것이며,28) 남한정부의 협조하에 미국이 식민지 문예정책
을 펼치고 있기 때문에 가능한 것이다.29)

이와 같은 남한정부와 미국의 영향 때문에 남한의 문예물은 양풍
혹은 왜색왜풍을 퍼뜨리는 도구로 활용되어 남한 국민들의 사상문
화에는 물론이며 문화재, 대중가요, 스포츠에도 영향을 미치고 있
다.30) 나아가 창작 및 출판 환경도 어렵게 만들어서, 남한의 작가와
예술인들은 생활고에 시달리게 되었다고 한다. 작가와 예술인뿐만
아니라 체육인도 생활고에 시달리고 있다고 한다. "판자집에서 불도
때지 못하고 랭방에 앉아서 석유등불을 켜놓고 언손을 입김으로 불

---

28) 일본 영향하의 변질에 대한 논의는 1970년대에 시작하여 80년대 초를 마
지막으로 더 이상의 논의가 없었다. 그러나 미국 영향하의 변질에 대한
논의는 최근까지도 지속적으로 이루어지고 있었다.

29) 남한정부, 미국, 일본 등의 영향이 시기적으로 뚜렷하게 구분되어 있지
않았다. 예를 들어 문화일반의 일본영향으로 반동적 분위기가 형성되었
다는 내용의 글이 총 4편인데, 1972년 · 1973년 · 1981년 · 1987년에 각각
해당하는 것이었다. 서울에서 86아시안게임과 88올림픽이 개최될 즈음
체육 분야의 언급이 잦아지거나, 88~89년 미국영화직배급제 반대운동이
있을 당시 영화에 대한 언급 등이 다소 잦아지는 경향이 있는 것과 같이
특정 사건 사고에 영향을 받는 사례도 있기는 하지만, 일반화로 정리할
수 있을 만큼 대단한 언급은 아니었다. 문예활동은 여타 다른 분야—정
치, 경제, 사회, 군사, 외교적 사건 등—에 비해 사건 사고의 영향력이 크
거나 높지 않은 것에 그 이유가 있는 것이 아닌가 한다.

30) 김성진, 「양풍과 왜색, 왜풍이 판을 치는 개같은 세상, 남조선」, 『조선예
술』 11호(1974) ; 류현, 「남조선에 대한 미제의 사상문화 침략책동과 그
반동성」, 『남조선문제』 1987년 2호(누계 256) ; 「버림받고 있는 남조선문
화재」, 『남조선문제』 1978년 5호(누계 160) ; 김길남, 「남조선에 퍼지고 있
는 대중가요의 반동성」, 『남조선문제』 1967년 11호(누계 40).

어가며 글을 쓰다가 숨진 작가가 있는가 하면 어느 한 예술단체는 외국공연을 떠났다가 돈이 떨어져 밥값을 물지 못해 오도가도 못하고 려관에 인질로 잡혀있었던 일까지 있었다"고 소개한다.

4월항쟁과 광주항쟁은 이러한 상황에서 비롯된 민중들의 진보적인 저항 표출이며, 반정부·미제타도를 위한 민중들의 저항도 같은 맥락에서 소개하고 있다. 그런데 4월항쟁과 광주항쟁의 경우는 사건이 일어났던 시기를 기준으로 5년 이내에 다루고 있다. 미제타도의 경우도 1988~89년 당시, 미국영화직배급제에 반대했던 영화인들의 '미국영화 안보기'운동을 고무 격려하는 내용으로, 두 해에 걸쳐 다루고 있다. 그러나 반정부 저항의식의 경우는 1960대부터 2000년대까지 꾸준히 다루고 있다.

언어 분야의 경우는 반동적 태도만을 다루고 있다. 민족어를 대신하여 외래어를 사용하고 있어 잡탕말로 난무하고 있는데, 이는 미국의 침략정책에 복무한 결과라고 한다. 남한변화를 위한 제언에서도 고유어, 민족어를 발전시키는 것만이 문제를 해결하는 방법이며[31] 이를 위해서는 북한의 주체사상에 입각한 주체언어 사용의 중요성을 역설하고 있다.

남한문화에 대한 언급으로 구하고자 한 의도와 남한의 실상을 드러내기 위해 반동적이거나 진보적인 시각으로 평가하고 있음을 확인했다. 그런데 독자에게—인민에게—이와 같은 메시지를 전달하기 위해 선택한 전달 방식은 다시 두 가지로 구분할 수 있었다. 남한문화를 바라보는 북한의 시각에서 보았을 때, 하나는 네거티브적 방식이고, 또 다른 하나는 포지티브적 방식이다.

---

31) 안순남의 「고유어를 살려쓰는 것은 북과 남사이의 언어의 이질화를 막고 그 순결성을 지켜나갈수 있게 하는 근본방도」, 『조선어문』(2005)과 정순기의 「6.15통일시대와 〈겨레말 큰사전〉 북남공동편찬」, 『문화어학습』(2007) 참고.

남한의 문화를 반동적 시각에서 평가할 때는 네거티브적 방식을 취하고 있다. 미국과 일본, 남한정부의 반동적 움직임을 확인시키는 과정을 통해 북한 당국이 구하고자 한 것은 북한인민들이 남한을 북한보다 부족함·문제점이 많은 곳으로 판단하게 하려고 했던 것이 아닌가 한다. 남한에 대한 부정적인 시각을 강화하기 위한 장치를 마련한 것으로 볼 수 있다는 말이다.

그런가 하면, 남한의 문화를 진보적인 태도로 바라보는 글이나 남한변화를 기대하는 제언의 경우는 포지티브 전달 방식을 취하고 있다. 반정부적인 태도, 통일을 염원하는 태도, 변화의 방향 모색 등은 보다 발전적인 방향으로 나아가기 위한 움직임이다. 북한의 시각에서 보자면 그렇다는 말이다. 그런데 이들이 진보적이라고 평가하는 내용이나, 제언하는 방향을 점검해 보면 그 지향점은 항상 현 북한의 정책 방향을 따르고 있다. 북한문화가 남한문화보다 우수한 점이 많기 때문에 남한의 예술가·작가들도 반정부적인 태도로 방향을 전환하게 된 것이며, 남한문화보다 우월한 문화를 소장하고 있는 북한이기에 남한의 예술가·작가들에게 남한문화가 가야 할 방향을 안내해 줄 수 있는 것이다. 북한문화가 남한문화보다 우월하다는 점을 강조하고 있는 것이며, 남한보다 우월한 문화를 소장할 수 있었던 것은 결국, 안정적인 지도체제가 있어 가능했던 것이다.

북한에서 문예물을 통해 인민교양을 할 때는 주제적·정서적으로 밝은 것을 선택한다. 지상낙원에서의 인민들의 행복한 삶을 드러내기 위한 목적이다. 노래를 부를 때 밝은 표정으로 부르는 것, 북한 특유의 아름다운 창법을 지키는 것 등은 이러한 일환에서 비롯된 것이다. 문예물은 당연히 그와 같은 목적으로 자리를 잡은 것이다.

그런데 남한문화를 다룰 때는 태도가 달라진다. 남한의 어둡고 부정적인 부분에 논점을 맞춘 전개를 하고 있기 때문이다. 전달 방식 또한 포지티브보다는 네거티브적인 태도를 취하는데, 이와 같은 전

달 방식으로 인해 독자에게—북한인민에게—남한의 부정적인 부분
이 강화되는 효과를 내게 되는 게 아닌가 한다. 남한의 정보를 자유
롭게 수용할 수 없는 북한의 현지 사정을 고려한다면 당에서 제시
하는 남한에 대한 정보는 거의 전부라고 해도 과언이 아닌 상황이
기에 부정적인 측면을 최대한 극대화할 수 있는 방향에서 끊임없이
장치를 마련하게 될 것이기 때문이다.

IV. 맺음말

  남한문화 중 북한 당국에서 주로 관심을 가진 것은 문학 분야이
다. 특히, 잡지에 수록된 문화 분야 중 문학 작품이 차지하는 비중
이 높았는데 이는 문학을 소개하고 유통하는 데 있어 다른 여타의
장르보다 수월하다는 장르적 특징 때문인 것으로 보인다. 문학 작
품의 경우는 북한작가의 작품 못지않게 남한작가의 작품을 소개하
는 데에도 적극적이었는데, 북한이 선택한 남한작가는 70~80년대에
활동한 민주화운동 작가들이 대부분이었다. 그들의 작품에는 당시
의 실상을 통해 정부의 정책을 비판하거나 저항하는 의식을 담은 작
품들이 주종을 이루고 있는데, 북한이 남한 작품을 통해서 드러내
고자 한 것이 무엇인지를 알 수 있는 부분이었다.
  이와 같은 북한 당국의 의도는 각 분야별 논의 점검에서도 확인
할 수 있었다. 북한 당국의 남한문화에 대한 논의는 ‘남한실상 알리
기’와 ‘남한 변화를 위한 제언’을 목적으로 진행되고 있었으며, 남한
실상을 알리는 데 있어 남한정부 혹은 외세의 영향에 의해 변질되
고 있는 반동적 상황을 드러내는 데 많은 부분을 할애하고 있었다.
이는 남한문화 논의의 내용별 점검에서도 확인할 수 있었는데, 이
는 북한의 작품이 주제적·사상적으로 밝고 경쾌하게 다루어지고

있다는 점과는 상반된 것이다. 이런 까닭에 남한 변화 모색을 위한 제언에서도 남한정부 혹은 외세에 어떻게 방어적 태도를 취해야 하는지 그 방향을 알려주고 있는 것이다.

그런가 하면 북한에서는 남한문화를 다룸에 있어 사건·사고에 민감한 반응을 보이지는 않았다. 86아시안게임과 88올림픽이 서울에서 개최될 즈음 체육 분야에 대한 언급의 경우는 그 즈음으로 다소 제한된 경향이 있지만, 이외의 다른 분야의 경우는 특별한 관련성을 보이지 않았다.

북한에서는 모든 분야가 남조선 해방을 위한 무기로서 존재한다. 그러나 발 빠르게, 전투적으로 때로는 시간차 대응을 해야 하는 정치, 군사, 외교 등과 달리 문화 분야는 사건·사고의 영향력이 크지 않은 분야이다. 문화 분야는 인민의 사상 교양을 위한 기능을 주로 수행하고 있다. 세계에 대한 정보를 시시각각 접하기 힘든 인민을 대상으로 하는 것이기에 오히려 사건·사고에 대한 반응이 민감하지 않는 것으로 보인다.

북한에서의 남한문화 소개 및 논의의 의도를 파악했는데, 본 연구의 결과는 북한인민의 남한문화에 대한 인식의 방향을 가늠하는 데 기초자료가 되어줄 수 있을 것 같다. 나아가 통일·통합의 시대가 되었을 때 북한인민들의 문화교육을 위한 정책 방향을 설정하는 데에도 기초자료가 되어줄 것이다. 예로, 북한 당국에서 남한의 외래어에 대한 문제의식 점검이 북한이탈주민들의 언어교육 교수법 개발에 중요한 자료가 되어 줄 수 있을 것 같기 때문이다. 따라서 북한 당국의 남한문화에 대한 인식 점검은 남한과 북한문화의 접점을 찾아가는 시발점이 된다는 활용적 측면에 의미를 부여할 수 있을 것 같다. 이어지는 작업에서는 북한의 남한문화작품을 보다 면밀하게 분석, 보완함으로써 북한 당국의 남한문화에 대한 인식의 근거를 마련하고자 한다.

남한 군사

I. 머리말

1948년 북한정권이 수립된 이후 현재에 이르기까지 북한학계의 남한 군사 분야 연구에 대해, 남한학계가 체계적으로 자료를 수집하고 연구한 경우는 거의 없었다. 이는 군사 분야의 특성상 북한 발간 원자료 접근의 어려움이 크고, 자료 자체도 많지 않기 때문이다. 이러한 가운데, 필자는 국내외에 소장되어 있는 북한의 남한 군사연구 자료를 수집하고 데이터베이스(DB)를 구축한 것을 기반으로 하여, 북한의 남한 군사연구 현황을 분석하고 특징을 도출하고자 하였다.

본 연구는 우선 북한정권 수립 이후 현재까지 국내외에 소장된 북한의 남한연구와 관련한 다양한 형태의 정기간행물, 부정기 간행물, 단행본을 수집하였다.[1] 다음으로, 이 문헌들에 수록된 북한의 남한연구 자료 중 군사연구 관련 자료만을 뽑아 연구대상으로 삼았

---

* 동국대 북한학과 교수
1) 이 글의 자료 수집 결과에 대한 자세한 내용은 강성윤, 「북한의 남한연구에 대한 실증적 조사연구: 전문학술지와 단행본을 중심으로」, 『통일문제연구』 제21권 2호(2009), 204~213쪽.

다. 연구대상 자료로 선정한 37종의 잡지 중 군사연구를 다룬 자료
는 12종의 정기간행물2)이었다.

이 글에서는 이 12종의 정기간행물에 대한 자료 분석을 중심으로
북한의 남한 군사연구 분야 현황과 그 특징을 살펴보았다. 기본적
으로 북한학계가 '학술지'라는 공간문헌을 통해 남한 군사연구 전체
를 다룬다고 보기는 어렵다. 즉, 공개되지 않은 영역에서 남한 군사
연구분야를 축적하고 있을 가능성이 높다. 하지만 현실적으로 비공
개 자료를 확보하는 것은 불가능에 가깝다. 이에 필자는 12종의 공
간물(公刊物)에 의존해 북한의 남한 군사연구를 분석했다.

북한학계의 남한 군사연구 범위는 남한 군사뿐만 아니라 한미군
사동맹 등도 포함된다. 북한의 전통적인 대남인식은 미국의 군사기
지화, '식민지화'에 기반하고 있다. 때문에 사실상 북한의 남한 군사
연구는 한미군사동맹, 한미일 군사관계 등을 포괄한다고 볼 수 있
다. 또한 장기적인 차원에서 북한의 남한 군사연구는 '군축', '주한미
군 철수'를 포함한 평화협정 및 통일문제의 차원까지 확대되는 측면
이 있다. 그러나 이 글에서 통일문제 등은 제외하였다.

II. 북한의 남한 군사연구 현황

1. 연구자료현황

북한의 남한 군사관련 연구 분야는 큰 틀에서 정치 분야의 하위
범주이다. 본 연구의 수행 기간에 수집한 정기간행물 중 군사관련

---

2) 이 간행물들은 『남조선문제』, 『근로자』, 『김일성종합대학학보』, 『철학연
구』, 『정치·법률연구』, 『조선녀성』, 『국제생활』, 『사회과학』, 『교원선전
수첩』, 『조선사회민주당』, 『인민』, 『조선문제연구』 등이다.

문헌은 총 248건3)이다. 〈표 1〉과 같이 248건의 문헌 중 남한 군사연구만을 다루고 있는 문헌은 57건에 불과하다. 하지만 여기서는 남한 군사연구의 범위를 확장해 미국과 일본 등 자본주의 국가들과의 군사문제, 여타의 군사동맹 등을 포괄하는 연구로 확장하였다. 이는 남한 군사연구의 영역에 대해 북한이 보다 중시하는 것들이 한미군사동맹 등이기 때문이다.

〈표 1〉 북한 저널별 남한연구 자료 수집현황

간행물명	수집년도	남한연구 전체논문	군사관련 연구	남한 군사연구
남조선문제	1965~1988	2381	141	50
근로자	1946~1991	620	44	2
김일성종합대학학보	1956~2009	279	1	·
철학연구	1962~2009	58	1	·
경제연구	1956~2009	212	·	·
국제생활	1953~1991	229	21	1
력사과학	1955~2009	65	·	·
정치법률연구	2003~2009	58	2	·
사회과학	1976~1986	30	1	1
사회과학원학보	2000~2009	11	·	·
조선사회민주당	1983~2003	98	4	1
교원선전수첩	1970~2008	113	7	·
인민	1946~1956	28	4	·
인민교육	1955~2005	64	·	·
조선녀성	1946~2009	296	16	·
조선예술	1967~2009	43	·	·
조선문학	1947~2009	28	·	·

---

3) 정치(대분류)에서 군사(중분류)의 비중은 전체 1700여 건에서 248건으로 약 14%를 차지하였다.

어문연구	1966~1967	·	·	·
조선어문	창간~2009	14	·	·
조선어학	창간~1965	4	·	·
조선영화	1986~1997	15	·	·
상업	1957~1964	9	·	·
통일문학	1995~2007	15	·	·
기타간행물	·	11	·	·
남조선문제론문집	1965	10	·	·
력사과학론문집	1957~1995	4	·	·
철학론문집	1959~1993	4	·	·
경제론문집	1975~1984	4	·	·
법학론문집	1955~1980	3	·	·
사회과학론문집	1966~1984	7	·	·
정경론문집	·	3	·	·
조선민주주의인민공화국창건15주년 론문집	1964	6	·	·
김일성종합대학창립15주년기념론 문집	1961	1	·	·
8·15해방15주년기념경제론문집	1960	1	·	·
조선대학학보(조총련)	1959~2007	20	·	·
조선문제연구(조총련)	1957~1983	108	6	2
사회과학론문집(조총련)	1989~1990	2	·	·
합계	·	4,854	248	57

* 자료 수집 : 동국대학교 북한학연구소 한국연구재단 과제 수행 기초학문연구팀

〈표 1〉의 북한 학술지 중 군사관련 연구는 북한의 남한연구 전체 논문 4,854건 중 248건으로 5.1%에 불과하다. 이는 학술지의 특성상 군사 분야의 연구 결과 자체가 많지 않고, 공개리에 발표되는 논문 숫자도 적기 때문이라 하겠다. 한편, 군사관련 논문이 가장 많이 수록된 학술지는 『남조선문제』로 전체 248건 중 141건이며 56.9%에 해

당한다. 다음으로는 『근로자』이며, 『국제생활』, 『조선녀성』 등이 뒤를
따르고 있다.

이들 문헌은 일련의 자료 분석을 통해 주제와 내용에 따라 〈표 2〉
와 같이 남한정치 연구영역의 하위 분야로서 군사연구로 중분류하
고, 이를 크게 '군사일반'과 '군사동맹'으로 소분류하였다.

〈표 2〉 군사 분야 분류 및 연구현황

대분류	정치	
중분류	군사	
소분류	일반	동맹
문헌 건수	196	52
합계	248	

이러한 분류는 해당 문헌이 지칭하는 주요 대상국을 중심으로 진
행하였다. 군사 '일반'은 각각의 개별국에 따른 분류이며 남한의 군
사동맹국인 미국과 일본이 중심인 문헌은 '동맹'으로 분류하였다. 분
석의 중심을 남한 군사연구를 중심으로 하되, 아래의 분류는 남한의
군사연구를 명확히 설명하기 위한 방법으로 활용하였다. 문헌분석을
통해 〈표 3〉과 같이, 군사일반은 미국군사 일반, 남한군사 일반, 북
한군사 일반,[4] 일본군사 일반, 기타군사 일반[5] 등으로, 군사동맹은

---

4) 다음의 문헌이 '북한군사 일반'에 해당한다. 김동환, 「위대한수령 김일성
   동지께서 밝혀주신 남조선괴뢰군을 혁명의 편에 돌려세우기위한 정치사
   상사업에 관한 사상」, 『남조선문제』 1973년 8호, 17~23쪽 ; 송택호, 「조선
   반도를 비핵지대로 만드는것은 세계열핵전쟁을 방지하기 위한 중요고리」,
   『남조선문제』 1986년 3호, 31~33쪽 ; 저자없음, 「대규모적인 단계적 무력
   축감은 온 겨레의 념원을 실현하기 위한 절박한 요구」, 『남조선문제』
   1987년 6호, 6~8쪽 ; 리승엽, 「원쑤들의 '동기토벌'을 완전 실패시킨 영용한
   남반부 인민 유격대와 그들의 당면 임무」, 『근로자』 1950년 6호, 9~22쪽 ;
   리기석, 「인민 군대의 승리적 진격에 호응한 남반부 인민 유격대의 투쟁」,
   『근로자』 1950년 14호, 43~50쪽 ; 김수천, 「조선반도를 비핵지대, 평화지

한미군사동맹, 한미일군사동맹, 기타군사동맹6) 등으로 나누었다.

〈표 3〉을 보면,『남조선문제』에 수록된 군사 분야 문헌은 총 141건으로 군사일반, 군사동맹을 통틀어 가장 많은 문헌을 다루고 있다. 다음으로『근로자』가 44건,『국제생활』이 21건을 차지하고 있다. 여타의 〈학술지〉에서도 남한 군사연구를 발견할 수 있지만 기본적으로는 해당 〈학술지〉의 특성을 충실히 반영하는 것이 우선이기 때문에 남한 군사연구는 많지 않다. 즉,『남조선문제』와『근로자』는 남한을 대상으로 하거나 정치적 문제 등의 사안을 해설하고 선전하는 것이 주목적이기 때문에 상대적으로 다른 〈학술지〉에 비해 남한 군사 분야 문헌이 많다고 하겠다.

〈표 3〉에서 볼 수 있듯이 군사 일반에서는 '미국군사 일반'이 91건으로 전체 군사 일반 문헌에서 46.4%를 차지한다. '남한군사 일반'은 총 57건으로 29.1%이다. 이는 북한의 군사연구가 주한미군문제, 미국의 대한반도 군사정책 등을 가장 중시하고 있으며, 다음으로 남한 군사 일반에 대해 관심을 갖고 있다는 의미로 해석된다. '미국군사 일반'과 '남한군사 일반'을 합치면 총 148건으로 전체 군사일반 문헌에서 75.5%에 해당한다. 이 두 주제가 군사일반의 대부분을 차지한다고 볼 수 있다. 한편, 군사동맹에서는 '한미군사동맹'이 28건으로

대로 전환시키는것은 조선과 세계의 평화를 위한 절박한 과업」,『근로자』 1986년 9호, 72~76쪽 ; 리창선, 「조선반도에서 전쟁을 방지하고 평화를 수호하는것은 우리 당의 일관한 립장」,『근로자』 1987년 11호, 81~86쪽.
5) 다음의 문헌이 '기타군사 일반'에 해당한다. 저자없음, 「[용어해설] 전초기지」,『남조선문제』 1967년 5호, 47쪽 ; 저자없음, 「[상식] 태평양전쟁」,『남조선문제』 1983년 6호, 31쪽 ; 저자없음, 「[상식] 미싸일」,『남조선문제』 1983년 9호, 50쪽.
6) 다음의 문헌이 '기타군사 동맹'에 해당한다. 남기혁, 「조선침략전쟁을 위한 미일군사결탁의 강화」,『남조선문제』 1981년 12호, 53~54쪽 ; 계정복, 「미일반동들의 《극동유사시연구》와 조선침략전쟁준비의 로골화」,『남조선문제』 1982년 6호, 24~25쪽 ; 현명준, 「아세아 침략을 위한 미일 반동들의 《공동작전》계획」,『근로자』 1965년 23호, 5~42쪽.

53.8%이며, '한미일군사동맹'은 14건으로 26.9%이다. 두 군사동맹을
합치면, 42건으로 80.7%를 차지한다.

〈표 3〉 북한의 군사관련 연구현황 분류

| 구분 | 간행물 명 | 연구주제 세부분류 | | | | | | | | 합계 |
| | | 군사일반 | | | | | 군사동맹 | | | |
		미국 군사 일반	남한 군사 일반	북한 군사 일반	일본 군사 일반	기타 군사 일반	한미 군사 동맹	한미일 군사 동맹	기타 군사 동맹	
정책잡지	남조선문제	47	50	6	4	10	13	5	6	141
정책잡지	근로자	20	2	11	2	1	1	3	4	44
전문학술지	김일성종합대학 학보	·	·	1	·	·	·	·	·	1
전문학술지	철학연구	·	·	1	·	·	·	·	·	1
전문학술지	정치 · 법률연구	1	·	·	·	1	·	·	·	2
대중잡지	조선녀성	8	·	·	·	1	4	3	·	16
정책잡지	국제생활	7	1	4	·	·	8	1	·	21
전문학술지	사회과학	·	1	·	·	·	·	·	·	1
정책잡지	교원선전수첩	4	·	·	·	·	2	1	·	7
정책잡지	조선사회민주당	1	1	·	·	1	·	1	·	4
정책잡지	인민	·	·	3	·	1	·	·	·	4
정책잡지	조선문제연구	3	2	·	·	1	·	·	·	6
소계		91	57	26	6	16	28	14	10	248
합계		196					52			

북한 문헌을 통해 남한 군사연구를 분류해 보면, 대상 자체가 '남
한 군사'보다는 '미국 군사'와 '한미 군사동맹', '한미일 군사동맹' 등
에 관한 내용이 주를 이루고 있다. 이는 문헌 자체가 내부 교양자료
이기 때문에 외부 군사문제를 통해 1. 자본주의 군대의 문제를 부

각하고, 2. 미국, 일본의 군사정책을 통한 제국주의, 군국주의를 비판하며, 3. 미국에 예속된 남한의 정권 및 군대를 비난하고, 4. 전쟁위기 고조를 통한 내부 단결을 하기 위한 것 등으로 해석할 수 있다.

2. 시기별 남한 군사연구 경향 변화

북한의 시기별 남한 군사연구 현황은 〈표 4〉에서 알 수 있듯이, 1980년대가 153건으로 약 62%를 차지하고 있다. 1980년대 남한 군사연구가 활발했던 것은 대내외적인 환경 변화, 그중에서도 1976년에 시작해 1980년대에 본격화된 한미연합작전훈련, 즉 팀스피리트 훈련에 대한 북한의 강력한 반발 때문으로 판단된다. 남한 군사연구는 1950년대부터 1980년대까지 점차적으로 증가 추세를 보이다가 1990년대부터 하락했다. 이는 '남한 군사연구'의 상당 부분을 감당하는 주요 간행물인 『남조선문제』가 폐간되었기 때문이다. 기초학문연구팀에서는 『남조선문제』를 1988년 4호까지 입수하였다. 이전 시기도 마찬가지이지만, 사실상 1990년대부터는 자료의 양보다는 내용의 질을 평가하는 것이 중요하다고 볼 수 있다. 하지만, 1990년대 이후 자료는 문헌 수와 내용이 많지 않기 때문에 질적 분석을 하는 것은 한계가 있다. 이렇게 볼 때 사실상 북한의 남한 군사연구는 1960년대부터 1980년대까지로 한정된다.

1950~1960년대에 북한은 남한과의 대부분의 영역에서 상대적 우위를 점하고 있었기 때문에 북한의 남한 군사연구는 상당히 낮은 수준을 유지한 것으로 판단 할 수 있다. 한국전쟁 이후 한일협정이 맺어지는 이전 시기인 1953~1964년은 북한이 남한과의 대부분의 영역에서 우위를 보인 시기로 평가할 수 있다. 남한은 1950년대 말까지 계속 정치적 불안정에 휩싸였고, 이후 3·15부정선거, 4·19혁명, 이승만정부 이후 과도정부의 수립, 5·16군사쿠데타[7]로 인한 정치적

혼란을 겪고 있었다. 반면 김일성은 이 시기에 일련의 숙청작업을
통하여 자신의 권력을 공고화하고 정치적 안정을 유지하고 있었다.
적어도 이 시기 북한은 전후 복구 및 체제정비에 우선적인 정책목
표를 두고 있었기 때문에 공식문헌상으로 남한의 군사연구는 상대
적으로 더디게 진행되었다고 볼 수 있다.

〈표 4〉 시기별 북한의 남한 군사연구 현황

시기	군사		합계
	군사일반	군사동맹	
1950년대	11	·	11
1960년대	17	4	21
1970년대	38	6	44
1980년대	114	39	153
1990년대	8	1	9
2000년대	8	2	10
합계	196	52	248

1960년대 중·후반기는 북한의 남한 군사연구가 본격적으로 태동
한 시기이다. 남한 군사연구의 내용은 대략 1960~70년대는 박정희
정권 및 군사교육·정책 비판,[8] 1980년대는 이전 군사정권의 연속
선상에서 전두환정권 비판,[9] 미군에 종속적인 남한군대문제[10] 등을

---

7) 신종대, 「5·16 쿠데타에 대한 북한의 인식과 대응: 남한의 정치변동과
   북한의 국내정치」, 『정신문화연구』 제33권 제1호(2010), 81~103쪽 참조.
8) 장봉, 「≪정훈 교육≫은 무엇을 노리는가」, 『남조선문제』 1965년 9호,
   33~36쪽 ; 최진호, 「남조선괴뢰군내에서 ≪정훈교육≫을 더욱 강화하기 위
   한 미제와 박정희괴뢰도당의 책동」, 『남조선문제』 1971년 11호, 30~36쪽 ;
   성정호, 「괴뢰군 ≪현대화 5개년계획≫은 전쟁과 분렬을 위한 범죄적 계
   획」, 『남조선문제』 1977년 6호, 22~26쪽.
9) 윤자홍, 「죽은 독재자의전쟁정책을 이어가는 남조선괴뢰도당」, 『남조선
   문제』 1980년 7호, 36~37쪽.

다루고 있다.

<표 5> 시기별 북한의 '남한군사 일반' 연구현황

간행물 시기	남조선 문제	근로자	국제 생활	사회 과학	조선사회 민주당	조선문제 연구	합계
1950년대	·	·	·	·	·	·	·
1960년대	2	1	·	·	·	·	3
1970년대	19	·	·	·	·	1	20
1980년대	29	1	·	1	1	1	33
1990년대	·	·	1	·	·	·	1
2000년대	·	·	·	·	·	·	·
합계	50	2	1	1	1	2	57

'미국군사 일반' 연구의 시기별 대략적인 특징을 살펴보면, <표 6>에서 볼 수 있듯이 1950년대는 남한에 주둔한 '미군 철수'[11] 강조가 주를 이루고, 1960년대는 국제적 시각에서 '미국의 군사전략'[12]에 초점을 맞추고 있음을 확인할 수 있다. 1970년대는 미국의 '한반도 전쟁 위협'이나 '미군 철수'가 주요 이슈이며, 1980년대는 '미군의 남한 전략', '한반도 내 미국의 전쟁, 핵위협 고조'[13]가 문헌에서 부각되고

10) 박영호, 「남조선괴뢰군은 식민지고용군대」, 『남조선문제』 1984년 10호, 47~50쪽 ; 리명곤, 「남조선≪국군≫의 통수자는 남조선주둔 미군사령관」, 『조선사회민주당』 1983년 2호, 73~77쪽.

11) 저자없음, 「미제 침략군은 남조선에서 당장 물러가라!」, 『근로자』 1959년 6호, 34~37쪽 ; 오재양, 「미군의 남조선에서의 철퇴는 조선문제의 평화적 해결을 위한 선결조건이다」, 『조선문제연구』 1958년 2권 1호, 13~23쪽.

12) 황석과, 「아세아에서의 미제 호전광들의 위험한 불장난」, 『근로자』 1962년 9호, 26~29쪽 ; 최호경, 「남조선에 대한 미제의 군사기지화 정책」, 『근로자』 1964년 12호, 40~44쪽 ; 박순재, 「세계 제패를 위한 미제의 군사전략과 그 파산」, 『근로자』 1965년 22호, 39~48쪽.

13) 진용부, 「조선반도를 핵전쟁마당으로 전변시키려는 미제의 책동」, 『남조선문제』 1986년 3호, 36~38쪽 ; 방철수, 「남조선의 극동최대의 핵전초기

있다. 사실상 2000년대가 되면 새로운 문제를 내세우기보다는 이전
부터 반복하고 있는 남한에서의 '미군 철수', '한국전쟁기 미군의 패
배경험'14) 등을 주로 다루고 있다.

〈표 6〉 시기별 북한의 '미국군사 일반' 연구현황

시기＼간행물	국제생활	조선문제연구	근로자	남조선문제	조선녀성	교원선전수첩	정치·법률연구	조선사회민주당	합계
1950년대	2	1	1	·	·	·	·	·	4
1960년대	·	·	10	·	·	·	·	·	10
1970년대	·	1	5	4	1	·	·	·	11
1980년대	4	1	4	43	3	3	·	·	58
1990년대	1	·	·	·	·	·	·	·	1
2000년대	·	·	·	·	4	1	1	1	7
합계	7	3	20	47	8	4	1	1	91

〈표 7〉에서 확인할 수 있듯이, 군사동맹 관련 주요 논문 대부분
은 1980년대에 집중되어 있다. 대내외적 환경을 고려한 종합적인 검
토가 필요하지만, 1980년대에 '한미 군사동맹'이 주로 연구된 배경은
한·미 연합작전훈련, 즉 팀스피리트 훈련15)이 본격적으로 전개된

지」, 『근로자』 1987년 3호, 93~96쪽 ; 엄용섭, 「남조선에서 미제의 범죄적
인 핵전쟁책동」, 『교원선전수첩』 1989년 9호, 114~124쪽.
14) 본사기자, 「조선전쟁에서 미제의 패배상」, 『조선녀성』 2000년 4호, 40쪽.
15) 조남훈, 「미제의 ≪팀 스피리트≫군사연습과 전쟁 위험의 증대」, 『남조
선문제』 1983년 6호, 28~29쪽 ; 안동렵, 「≪팀 스피리트 84≫ 군사연습과
미제의 북침흉계」, 『남조선문제』 1984년 6호, 44~46쪽 ; 리종학, 「≪팀 스
피리트 85≫ 합동군사연습과 핵전쟁의 위험성」, 『남조선문제』 1985년 4호,
43~45쪽 ; 김진명, 「≪공세전략≫과 ≪팀 스피리트 86≫」, 『남조선문제』
1986년 3호, 39~41쪽 ; 진용부, 「북침을 노린 ≪팀 스피리트≫」, 『남조선
문제』 1987년 3호, 39~42쪽.

시기가 바로 이 시기였기 때문이다. 한국과 미국은 1983년부터 팀
스피리트 훈련을 더욱 견고한 대북 군사훈련으로 발전시켰다. 북한
은 1983년 팀스피리트 훈련에 대응해 2월 1일~5월 16일 사상 처음으
로 '준전시 상태'를 선포하고 군사력 증강을 계속했다. 그러나 군사
력 증강은 경제침체를 더욱 심화시킬 수밖에 없었다.

<표 7> 시기별 북한의 '한미군사동맹' 연구현황

간행물 시기	남조선문제	근로자	교원선전 수첩	조선녀성	국제생활	합계
1950년대	·	·	·	·	·	·
1960년대	1	·	·	·	·	1
1970년대	·	1	·	·	·	1
1980년대	12	·	2	3	7	24
1990년대	·	·	·	·	1	1
2000년대	·	·	·	1	·	1
합계	13	1	2	4	8	28

한편, '한미일 군사동맹'에서 1960년대는 미국의 군사전략으로 한
일회담과 베트남 파병 등이 중요한 주제가 되었다. 1970년대는 문
헌이 많지 않지만, '반공군사동맹', '전쟁 책동'으로서의 '한미일 3각
군사동맹'을 부각시키고 있다. 체제위기가 지속될수록 북한은 남한
군사연구를 통해 남한정부, 3각 군사동맹,[16] 미국의 핵개발을 신랄
하게 비판한다.

---

16) 냉전시기 한미일 관계에 관해서는, 박선원, 「냉전기 한미일관계에 대한
체계이론적 분석」, 『한국정치외교사논총』 제23집 제1호(2001), 313~342쪽
참조.

〈표 8〉 시기별 북한의 '한미일 군사동맹' 연구현황

간행물 시기	남조선 문제	근로자	조선 녀성	조선사회 민주당	교원선전 수첩	국제 생활	합계
1950년대	·	·	·	·	·	·	·
1960년대	1	·	·	·	·	·	1
1970년대	·	1	1	·	·	·	2
1980년대	4	2	1	1	1	1	10
1990년대	·	·	·	·	·	·	·
2000년대	·	·	1	·	·	·	1
합계	5	3	3	1	1	1	14

〈표 8〉에서 볼 수 있듯이, 한미일 군사동맹 관련 연구가 상대적으로 활발했던 1980년대는 기본적으로 미국을 중심으로 한 3각 군사동맹의 문제 제기가 구체화된 시기이다. 이 시기는 대외적으로 미·소 양극체제에서의 소련의 한계, 중국의 대미, 대일 접근정책으로 인한 북방삼각동맹의 약화, 남한의 국제적 지위 향상(1986년 아시안게임, 1988년 서울올림픽, 대중·대소 관계 개선) 등으로 인해 북한의 국제환경 자체가 고립되었다. 구조적으로 북방삼각동맹이 무너지고 대내적으로 김정일 지위체계를 안정화시키고 공고히 하기 위한 상황에서 선택할 수 있는 수단은 군사충돌을 자제하면서 3각 군사동맹을 지속적으로 비판하는 것으로 볼 수 있다. 적어도 1980년대까지는 내부적으로 전쟁 위기나 미국, 일본, 남한의 군사적 위협 제기 등이 효과적인 교양자료가 된 것으로 판단된다.

III. 북한의 남한 군사연구 이슈 분석

북한의 남한 군사연구의 주요 이슈는 시기별로 변화를 보여 왔다.

1960년대 남한 군사연구의 주요 이슈는 '정훈교육'이었다. 1970년대 들어서는 보다 다양한 이슈에 대한 연구로 확장되었다. 그것은 정훈교육을 포함해, 남한 군인, 남한의 전쟁 준비 및 전력 증강, 남한 대통령 비판, 남한 병역제도 비판 등을 내용으로 하였다. 한편, 1980년대에 들어서는 남한의 군사정책, 남한 군인, 남한 군사비, 미국의 '군사식민지'로서의 남한 등으로의 변화를 가져왔다. 여기에서는 북한의 남한 군사연구에서 가장 많이 연구되고 있는 정훈교육, 남한군인, 남한의 전쟁준비 및 전력증강, 대통령 및 남한정권 비판, 군사정책과 군사비 등에 대한 비판을 살펴보고자 한다.

1. 남한의 '정훈교육' 비판

북한은 남한군대에 대해 한반도와 아시아에 대한 미국의 침략과 야망을 실현하기 위한 '식민지 고용 군대'임을 명확히 하고 있으며, 나아가 자본가와 관료들의 이익을 옹호하는 집단으로 묘사되고 있다. 이러한 측면에서 남한군대의 '정훈교육'은 병사들 속에서 맹목적인 복종과 기계적인 순종을 강요하는 유용한 매개체로 묘사되었다. 그러나 4·19혁명을 예로 들며 남한사회는 민족적, 계급적 모순이 첨예화되어 있고 북한의 사회주의 건설은 훌륭히 수행[17]되고 있기 때문에 객관적 현실 앞에서 '정훈교육'은 무력화될 것이라고 주장한다.

> 장병들의 민족적, 계급적 각성을 마비시켜 그들을 미제의 침략 정책에 충실히 복무하는 값싼 대포밥으로 동포 형제 자매들에게 총부리를 돌리며 로동자, 농민의 혁명적 진출을 무자비하게 탄압하는 매국 배족적 반인민적 무장 도구로 만들기 위하여 ≪반공≫, 숭미 공미 사

---

17) 장봉, 「정훈교육은 무엇을 노리는가」, 『남조선문제』 1965년 9호, 36쪽.

상과 인간 증오 사상 및 맹목적 ≪군인정신≫을 주입하는 것이다.18)

　　미제와 박정희괴뢰도당이 괴뢰군대에서 감행하고 있는 ≪정훈교
육≫의 중요한 목적은 무엇보다도 먼저 괴뢰군 병사들과 중하층 장
교들의 민족적 및 계급적 각성을 가로막으며 제놈들의 침략정책에 충
실히 복무하는 값싼 대포밥으로, 동포형제들에게 총부리를 돌리며 로
동자, 농민들의 혁명적 진출을 무자비하게 탄압하는 보다 철저한 매
국배족적 무장력으로 만들자는데 있다.19)

　　위에서 언급되고 있듯이, 1965년 장봉의 논문 「정훈교육은 무엇
을 노리는가」가 미국의 식민지 군대의 맹목적인 복종과 순종에 초
점이 맞추어졌다면, 1971년 최진호의 논문, 「남조선괴뢰군내에서
≪정훈교육≫을 더욱 강화하기 위한 미제와 박정희괴뢰도당의 책동」
의 '정훈교육'은 이전과는 차이를 보인다. 즉, 남한의 정훈교육을 '반
공교육'으로 동일시하여 이러한 '반공선전'을 하는 원인을 북한에 수
립된 사회주의제도와 그 우월성, 궁극적으로 김일성에 대한 존경과
동경심이 날로 높아가고 있기 때문이라는 것이다. 다시 말해 북한
의 우월한 사회주의제도와 수령 김일성을 일부로 헐뜯기 위해 '정훈
교육'을 진행하고 있다는 것이다.
　　1971년의 '정훈교육'과 1965년의 '정훈교육'은 큰 틀에서 미국 식민
지 군대의 교육이라는 내용에서는 변함이 없으나, 해당문제의 원인을
규명함에 있어서 '김일성의 역할, 지위'를 억지로 폄하하는 차원에서
남한의 '정훈교육'을 바라본다는 점에서 차이가 있다. 이는 1967년 북
한의 유일지도체제 정립이 일반 학술지에 반영된 결과로 해석된다.

---

18) 위의 글, 33쪽.
19) 최진호, 「남조선괴뢰군내에서 ≪정훈교육≫을 더욱 강화하기 위한 미제
　　와 박정희괴뢰도당의 책동」, 『남조선문제』 1971년 11호, 30쪽.

2. 남한군인

북한의 남한 군사연구에 있어서 남한군인은 기본적으로 '미국과 남한의 정권에 의해 강제적으로 군 생활을 하는 과거의 노동자, 농민' 등으로 표현되고 있다. 즉, 그들은 '미국과 남한정권에 의하여 강제로 끌려나와 계급과 민족을 반대하는 치욕스러운 괴뢰군 살이'를 강요당하고 있다는 것이다. 종국적으로 남한정권에 대해서는 철저한 비난과 비판이 가해지는 반면, 남한군인에 대해서는 이들의 투쟁내용을 적극적으로 설명하면서 북한 내부의 선전도구로 활용하고 있다.

> 그들은 미제의 식민지고용군대, 남조선에 대한 미제와 그 앞잡이들의 식민지파쑈통치의 도구로서 공화국북반부를 반대하는 침략적 군사도발과 전쟁 연습에 날마다 내몰리며 심지어 미제의 웰남침략전쟁의 대포밥으로 끌려다니고 있으며 생존과 민주주의, 조국통일을 위하여 싸우는 남조선인민들에게 총부리를 겨눌 것을 강요당하고 있다.[20]

특히 남한군인들을 '김일성을 존경하고 북한을 희망의 등대로 바라보는 대상으로 규정짓거나, 남한정권을 타도할 수 있는 잠재 요소'로 인식하고 있다. 즉, '남조선 괴뢰군 병사들 속에서도 반미반독재감정과 함께 반전기운이 날을 따라 높아가고 있다'[21]는 식의 선전을 하고 있는 것이다. 달리 설명하면 남한군인의 정신상태는 '반미반괴뢰감정'과 '염전염군(厭戰厭軍)사상'을 일반적으로 지니고 있는 것으로 표현하는데, 이러한 군인의 정신력 해이는 상대적으로 북한군의 정신력 우위를 각인시켜 주는 역할도 한다고 볼 수 있다.

---

20) 리창갑, 「남조선괴뢰군 병사, 중하층장교들의 최근 사상동향」, 『남조선문제』 1972년 3호, 36쪽.
21) 계정복, 「괴뢰군병사들의 동향」, 『남조선문제』 1983년 3호, 14쪽.

3. 남한의 '전쟁 준비 및 전력 증강' 비판

북한의 남한군사 연구는 기본적으로 '남한의 전쟁 준비가 미국의
도움 아래 진행되고 있다는 것'을 전제한다. 남한의 전쟁 준비가 진
행되고 있으며, 전력 증강에 대한 비판이 중요하게 다뤄지고 있다.
그리고 이는 북한체제의 유지 전략에 전적으로 활용되고 있다. 남
한의 '북침 책동을 분쇄하기 위해서는 전체 주민들이 지도자를 중심
으로 일치단결해야 한다'는 논리로 활용되고 있는 것이다.

> 미일제국주의자들의 적극적인 비호밑에 박정희괴뢰도당은 ≪통일
> 은 당장 이루어질수 없다.≫느니, ≪실력배양을 하여 힘의 우위를 보
> 장≫해야 한다느니 뭐니 하면서 최근년간에는 괴뢰군의 ≪정예화≫
> 와 장비의 ≪현대화≫, 군수산업의 건설과 ≪향토예비군≫의 강화를
> ≪당면국방시책≫으로 내세우고 공화국북반부를 반대하는 전쟁준비
> 소동에 피눈이 되어 날뛰고 있다.[22]

> 모든 사실들은 미제의 적극적인 부추김밑에 박정희괴뢰도당이 다
> 그치고 있는 괴뢰군 ≪전력증강5개년계획≫이 우리 나라에서 평화를
> 유린하고 민족분렬의 영구화를 꾀하며 새로운 북침전쟁을 일으키려
> 는 범죄적인 계획이라는것을 확증해주고있다.[23]

> 남조선괴뢰도당은 죽은 독재자의 전쟁정책을 이어가면서 우선 괴
> 뢰정부예산에서 ≪방위비≫를 대대적으로 늘이고 괴뢰군장비의 ≪현
> 대화≫를 더욱 다그치고있다.[24]

22) 김춘선, 「미일제국주의의 비호밑에 더욱 강화되고있는 박정희괴뢰도당
    의 전쟁준비책동」, 『남조선문제』 1974년 2호, 25쪽.
23) 최명갑, 「괴뢰군 ≪전력증강5개년계획≫은 새 전쟁준비를 다그치기 위한
    범죄적계획」, 『남조선문제』 1976년 10호, 37쪽.
24) 윤자홍, 「죽은 독재자의 전쟁정책을 이어가는 남조선괴뢰도당」, 『남조선

전두환악당의 북침전쟁소동에서 주목되는것은 미국상전의 장단에 맞추어 ≪남침위협≫이라는 허황한 구호를 내들고 남조선전역에 전쟁분위기를 조성하는 한편 괴뢰군과 민간군사조직들을 임의의 시각에 전쟁마당에로 내몰수 있도록 그 지휘체계를 재정비보강하며 그 누구를 공격하기 위한 군사연습을 미친듯이 벌리고있는것이다.[25]

위의 내용들에서 볼 수 있듯이, 북한의 남한 군사연구는 북한체제의 우위를 선전하기 위한 도구적 성격이 강하다고 볼 수 있다. 논문들의 제목에서도 알 수 있듯이, 북한의 남한 군사연구는 남한에 대한 직설적이고 부정적인 용어들이 동원되면서 북한 주민들의 결속을 꾀하는 도구로서 활용되고 있다.

4. 남한 대통령 및 정권 비판

군사 분야에서 남한의 정권 비판에 관한 요지는 다음과 같다. 즉, 남한의 군 통수권자가 미국의 지휘 아래 70만에 가까운 청장년을 군대에 강제로 징집시켜 민주주의와 조국통일을 요구하며 투쟁하는 인민대중을 탄압하는 도구 혹은 전쟁의 희생양으로 군대를 이용하고 있다는 것이다.

북한의 남한군사 연구는 기본적으로 남한 군인은 노동자, 농민의 근로인민 출신이기 때문에 남한정권에 대한 불평과 불만은 당연한 것이고, 필연적인 것이라고 설명한다. 남한정권은 내부적 갈등을 일으키는 장본인이며, 특히 한반도에서 전쟁을 일으키려는 집단이기 때문에 남한 군인의 항거가 필수불가결하다는 것이다.

문제』 1980년 7호, 36쪽.

25) 본사기자, 「자멸을 재촉하는 북침전쟁소동」, 『남조선문제』 1983년 6호, 30쪽.

　남조선괴뢰군 병사들과 중하층장교들의 반박정희기운은 오늘 박
정희괴뢰도당의 파쑈폭압통치와 매국배족행위가 강화되고 그것을 반
대하는 각계각층 인민들의 투쟁이 힘차게 벌어지고있는것과 때를 같
이하여 전에 없이 높아지고 있다.26)

　력대남조선괴뢰정권은 미제의 전쟁사환군들, 매국배족적인 군사
파쑈분자들로 꾸려졌으며 군사파쑈독재에 의거하여 미제의 전쟁정책
수행에 장애로 되는 모든 사회정치적요소들을 야수적으로 탄압하는
한편 모든 인적물적자원을 미제의 전쟁정책 수행에 동원하고있다.27)

　위의 글에서 볼 수 있듯이, 이는 남한 대통령과 정권에 대한 비판
을 통해 남한 내부에서의 지도자와 군인들의 갈등을 부추기려는 북
한의 전통적 방식이다.

5. 남한의 군사정책과 군사비에 대한 비판

　북한의 남한군사 연구에서, 남한의 군사정책은 사실상 전쟁 준비
를 위한 정책으로 정의된다. 특히 남한의 군사비는 단순히 자금의
활용에 관한 문제를 넘어 이러한 돈이 '군사기지 및 시설'을 신설,
확장하는데 노동자, 농민을 비롯한 주민들을 강제동원하는 문제를
낳는다고 설명한다. 그리고 남한의 군사정책이 전반적으로 '남한 경
제의 예속성과 기형성을 심화시키고 민족경제의 파탄을 촉진하며
남한 주민들을 더욱더 재난과 고통 속에 밀어 넣을 것'이라고 주장
한다. 그리고 종국에는 한반도의 통일을 가로막는 커다란 장애28)가

---

26) 한원진, 「남조선괴뢰군안에서 더욱 높아가는 반박정희 기운」, 『남조선문
　　제』 1978년 12호, 32쪽.
27) 한원진, 「남조선괴뢰정권은 미제의 전쟁정책 수행의 도구」, 『남조선문제』
　　1981년 9호, 29쪽.

되는 것으로 전망한다.

≪향토예비군≫은 전 독재자 박정희역적놈이 이른바 ≪향토≫를 지킨다는 간판밑에 괴뢰군의 보충적인 예비병력으로 써먹기 위하여 1968년 4월에 조작해낸 반혁명적민간군사조직이다. 오늘 전두환역적은 ≪향토예비군≫을 파쑈화, 정규무력화하기 위한 책동을 그 어느때보다도 더욱 미친듯이 벌리고있다.29)

남조선에서는 우선 방대한 자금이 군사비로 지출되고있다. 괴뢰정부의 올해 ≪예산≫에서 직접적군사비인 ≪방위비≫는 3조 2천 985억 7,400만원으로서 세출항목에서 34.4%라는 가장 큰 비중을 차지하고있다. 괴뢰들의 ≪방위비≫에는 군수공업의 육성비와 각종 무기와 그 부분품의 구입비 그리고 괴뢰군과 군사기관의 유지비가 포함되여있다. 그런데 최근년간 ≪방위비≫에서 무기구입과 군수공업에 투자하는 몫이 50%이상에 달하고있다.30)

최근년간 직접적군사비인 ≪방위비≫가 재정예산의 30%를 훨씬 넘고있다. 올해의 경우 ≪방위비≫는 예산의 33.2%에 해당하는 3조, 4,516억원에 달하고있다. 놈들은 이것으로써 미국으로부터 여러 가지 살인무기와 전투기자재를 사들이며 군수공업에 투자할것을 계획하고있다.31)

위의 글에서 볼 수 있듯이, 남한의 대북군사정책과 군사비에 대

28) 리민철, 「화약내 짙어가는 ≪군사기지경제≫」, 『남조선문제』 1981년 12호, 41쪽.
29) 박일청, 「≪향토예비군≫을 더욱 파쑈화하기 위한 괴뢰들의 책동」, 『남조선문제』 1981년 10호, 34쪽.
30) 리민철, 「화약내 짙어가는 ≪군사기지경제≫」, 40쪽.
31) 장영호, 「전쟁정책에 복무하는 남조선경제」, 『남조선문제』 1984년 6호, 47쪽.

한 비판이 적나라하게 이루어지고 있다. 이러한 글들은 북한 내부적으로 대남 경각심을 고조시키면서 주민들의 결속을 강화하는 용도로 활용되고 있다고 하겠다.

IV. 북한의 남한 군사분야 연구의 특징

1. 남한 군대의 '식민지화' 비판

북한이 남한 군사분야 연구에서 기본적으로 전제하고 있는 것은 '남한의 군대가 미국에 의해 운영되고 있다는 점'을 강조하고 있다는 점이다. 사실상 북한의 남한 군사연구는 구체적인 남한 군사문제에 대한 연구라기보다는 거의 대부분 미국과 남한정권을 비판하기 위한 도구로 활용되고 있다. 전반적인 대미, 대남정책의 연장선상에서 '식민지 군대'로서의 한국군을 강조하고 있다. 그러나 '남한 군대의 식민지화'는 명백히 사실과 다른 것으로, 북한 내부의 주민들에 대한 선전의 논리로서만 활용될 뿐이다.

반면, 남한군인들에 대해서는 남한정권에 대한 비판과는 판이한 차이를 보인다. 즉, 남한 군대, 군인은 '미국이나 정권에 의해 어쩔 수 없이 복무'하는 것이므로 달리 봐야 한다는 것이다. 이것은 남한 군사에 대한 북한 연구 내용들이 정권 차원과 남한군인들을 분리해서 보고 있다는 것을 의미한다.

북한의 남한 군사연구는 일관되게 남한 군사문제가 체제문제와 직결됨을 강조해 왔다. 이는 남한 군사문제를 본질적으로 남한 체제문제와 직결시키고, 그 과정에서 남한군대 하부로부터의 갈등과 모순을 부각시키겠다는 것이다. 그러한 선전이 북한 내부 주민들에게 일관되게 주입되고 있는 것이 현실이다.

2. 남한 군사 분야 이슈의 다양화

북한의 남한 군사 분야는 남한정권과 남한의 대북 군사정책에 대한 비판을 기본으로 다양한 분야를 연구한다. 이를테면 '학도호국단',32) '교련강화책',33) '징병도주자',34) '올림픽 남침설',35) '국방위원회 연회사건',36) '제4땅굴'37) 등 구체적인 사례를 통해 군사 분야의 다양한 내용을 소개하고 있다. 이러한 사례에 대한 연구는 구체적인 지명, 수치 등을 언급함으로써 사건의 사실감을 더해주고 있다.

한편, 이러한 이슈의 다양화는 남한 군대가 불합리하고 완전하지 않다는 것을 보여줌으로써 북한 주민들에 대한 선전 도구로 활용된다고 볼 수 있다. 이는 남한 내부의 군대와 관련한 문제들을 제기함으로써 북한 주민들의 결속을 강화하는 방편으로 활용하는 것이다. 실제 남한 군대에서 발생하는 문제들을 과장하는 방식을 택하거나, 북한의 소행이 명백한 사안을 모략극으로 몰아감으로써 자신들이 저지른 것을 회피하고자 하는 행태를 보이기도 했다.

이를 위해 다양한 분야의 사건들을 등장시키고 있다. 징병도주자 문제, 1986년 국회 국방위원회 회식사건 등과 같은 경우, 마치 남한

---

32) 저자없음, 「[용어해설] ≪학도호국단≫」, 『남조선문제』 1975년 9호, 48쪽.
33) 저자없음, 「[용어해설] ≪교련강화책≫」, 『남조선문제』 1971년 10호, 48쪽.
34) 저자없음, 「[단신자료] 늘어나는 ≪징병도주자≫」, 『남조선문제』 1986년 4호, 33쪽.
35) 진용부, 「북침을 노린 ≪올림픽남침설≫」, 『남조선문제』 1986년 4호, 31~33쪽.
36) 저자없음, 「[전재물] ≪국방위원회 연회사건≫」, 『남조선문제』 1986년 6호, 63~64쪽.
37) 리명준, 「≪제4땅굴≫사건은 남조선괴뢰도당의 반공화국 모략극」, 『국제생활』 1990년 5호, 16~18쪽.

사회에 그러한 문제들이 항상 존재하는 것처럼 과장하는 행태를 보이고 있다. 또 '땅굴사건' 같은 경우 남한 당국의 모략극으로 몰아가는 행태를 보임으로써 자신들이 저지른 문제를 회피하려는 의도를 드러냈다.

3. 체제 결속 합리화의 극대화

전반적으로 북한의 남한 군사연구는 미국, 남한, 일본의 전쟁 위험 고취가 북한의 군사정책 및 군사비 증강을 논리적으로 타당하게 하는 효과를 가진다는 논리를 만들어내고 있다. 특히, 남한의 정권 차원에서 이러한 전쟁 논리가 강화되고 있다고 강조함으로써 북한체제의 결속을 합리화시켜 내는 도구로 활용되고 있다.

이러한 체제 결속을 위한 합리화는 북한의 남한연구에서 변함없이 일관되게 이루어지고 있는 방식이다. 이것은 남한이라는 적대적 대상의 존재를 북한체제 내부의 결속을 강화시키는 방식으로 활용하는 것이다. 이것은 북한체제의 위기상황이 발생할 때마다 활용되는 방식이었다. 1980년대 한미합동군사훈련인 팀스피리트 훈련이 시작되면, 북한체제는 거의 준전시상태를 선포하고 각 지방마다 반미 궐기대회를 수없이 개최하였다. 북한의 남한 군사연구는 이러한 북한체제의 통치방식에 적극적으로 부응하는 형태의 연구를 가장 중요한 연구 목표로 설정하고 있다.

북한은 체제 자체의 어려움이 부각될 때마다 이러한 방식을 적극적으로 활용하면서, 위기를 극복해 왔다. 그것은 분단 이후부터 현재까지 북한체제가 활용하고 있는 방식이다. 그러나 그것이 반복적으로 지속됨으로써 실제 효과 측면에서는 점차 반감되고 있다고 볼 수 있다.

V. 맺음말

이 글에서는 북한의 남한 군사연구 관련 원자료인 12종의 정기 간행물 수집을 기반으로, 북한의 남한 군사연구 현황을 분석하고 특징을 도출하였다. 북한의 정기 간행물 중 남한 군사연구가 상대적으로 집중된 간행물은 『남조선문제』였다. 북한의 남한 군사관련 연구현황을 보면, 미국 군사부문에 대한 연구가 남한 군사부문보다 더 많이 연구되었음을 알 수 있다. 또 한미군사동맹에 대한 비판적 연구가 상당수를 차지하고 있다. 이는 북한의 남한 군사연구가 기본적으로 '미국에 군사적으로 종속된' 남한을 전제하고 있기 때문으로 보인다.

북한의 남한 군사연구가 본격적으로 시작된 시점은 1960년대 중·후반부터이다. 남한 군사연구의 내용은 대략 1960대와 1970년대는 박정희정권 자체와 군사교육 및 군사정책 비판이 주를 이루고, 1980년대는 군사정권의 연속선상에서 전두환정권 비판과 '미군에 종속적인' 남한 군대문제 등이 다뤄지고 있다. 한편, 북한의 시기별 남한 군사연구를 보면, 1980년대가 대단히 활발했다. 이는 1976년 시작된 한미 연합작전훈련, 즉 팀스피리트 훈련에 대한 북한의 강력한 반발과 이를 통한 내부 결속을 위한 선전 등에 기인한 것이었다.

북한의 남한 군사분야 연구의 주요 특징은 남한 군대를 미국의 '식민지 군대'로 본다는 점, 남한 군사분야의 이슈가 상당히 다양하다는 점, 북한체제의 합리화와 주민 선전을 위한 방편으로 남한 군사연구가 활용되고 있다는 점 등이다. 여기서 미국의 '식민지화한 남한 군대'로 보는 북한의 남한 군사연구는 객관적 사실과 다르다. 그것은 체제 내부를 향한 주민선전용으로만 활용되고 있다.

남한 통일정책

전 미 영*

I. 머리말

분단국의 운명을 안고 국가수립을 진행해야 했던 남북한 정권에게 있어서 상대방은 일방의 정통성을 위협하는 가장 위험한 경쟁자인 동시에 또한 국가와 정권의 정통성을 구축하는 데 있어서 필요한 '타자'이기도 했다. '적대적 대결' 상태에서 '화해와 협력'의 시기에 이르는 분단 65년을 거치면서 우리에게 북한은 '타도의 대상', '극복의 대상', '교류와 협력'의 대상으로 그 의미가 변화해 왔다.

또한 이 과정에서 북한에 대한 우리 사회의 관심의 증대는 학문 분야에서 '북한학'을 태동시켰으며, 대북정책과 통일정책 수립을 위한 정책학의 차원을 넘어 북한사회 전반에 대한 총체적 접근을 지향하는 지역학적 정체성을 모색하고 있다. 이와 함께 북한사회 전 분야에 대한 다양한 연구성과가 이루어져 왔다.

그렇다면 북한에서 남한사회에 대한 연구는 어떻게 진행되어 오고 있는가? 북한에서 남한연구는 학술적, 정책적으로 어떤 의미를 갖고 있는가? 이 연구는 이러한 문제의식에서 출발하고 있다. 지금

* 동국대학교 북한학연구소 연구교수

까지 우리 학계에서 '북한에서 보는 남한'이라는 주제의 연구는 주로 북한의 대남정책 연구의 일환으로 간접적으로 조명되어 왔다.[1] 따라서 북한에서 남한사회를 어떻게 이해해왔으며, 또 남한사회를 알기 위해 어떤 방식으로 남한문제에 접근해왔는지에 대한 경험론적인 연구는 시도되지 못했다.

이 연구는 북한의 남한연구에 대한 자료수집 및 연구특성 분석의 일환으로 북한의 남한 대북·통일 분야에 대한 연구자료를 수집하고 그 연구현황을 분석했다. 본 연구는 무엇보다도 그동안 우리 사회에서 관심을 기울이지 못했던 북한의 남한연구에 대한 기초자료를 찾는 작업에 많은 노력을 기울였다.

북한의 남한연구 자료는 분단 60여 년 동안 북한의 남한관 및 인식의 실체를 이해하기 위한 중요한 자료라고 할 수 있다. 따라서 지금까지 북한학 연구분야에서 등한시되어 왔던 북한의 남한연구 자료를 발굴해내는 작업은 북한학 연구의 토대구축 작업이라는 측면에서 시급한 과제라고 할 수 있다. 본고에서는 북한의 남한연구 중 대북·통일정책 분야를 중심으로 남한의 대북·통일 정책 분야에 대한 북한사회의 연구현황 및 연구의 특성을 분석하고자 한다.

---

1) 최완규, 「김정일정권의 대남정책 변화요인과 방향연구, 1994~1998－북한 국내정치와 대남정책과의 상관성을 중심으로」, 『안보학술논집』(1998) ; 최완규·이수훈, 「김정일 정권의 통일정책: 지속과 변화」, 『통일문제연구』 2001 상반호 ; 전현준, 『북한의 대남정책 특징』(통일연구원, 2002) 전현준, 『북한의 대남정책의 특징』(통일연구원, 2002) ; 전미영, 「1960년대 북한의 대남인식과 대남정책－로동신문 분석을 중심으로」, 『국제정치논총』 제44집 3호(2004).

II. 연구범위 및 방법

이 연구는 북한의 남한연구에 관한 연구의 일환으로 북한에서 생산된 남한사회에 대한 연구물을 그 대상으로 하고 있으며, 그중에서도 남한의 대북·통일문제에 관한 연구를 분석 대상으로 하고 있다. 본 연구가 수집대상 자료로 선정한 37종의 잡지 중 남한의 대북·통일정책을 다루고 있는 논문의 수는 총 9종의 잡지에 197건의 논문이 게재되었다.

〈표 1〉 수집 대상 자료

간행물명	논문빈도	간행물명	논문빈도
남조선문제	88	조선어학	-
근로자	43	조선영화	-
김일성종합대학학보	4	상업	-
철학연구	-	통일문학	-
경제연구	-	기타간행물	-
국제생활	33	남조선문제논문집	-
력사과학	3	력사과학논문집	-
정치법률연구	-	철학론문집	-
사회과학	-	경제론문집	-
사회과학원학보	-	법학론문집	-
조선사회민주당	9	사회과학논문집	-
교원선선수첩	2	정경론문집	-
인민	-	조선민주주의인민공화국창건 15주년론문집	-
인민교육	-	김일성종합대학창립15주년기념론문집	-
조선녀성	12	8·15해방15주년기념경제논문집	-
조선예술	-	조선대학학보(조총련)	-
조선문학	-	조선문제연구(조총련)	3
어문연구	-	사회과학논문집(조총련)	-
조선어문	-	합계	197

  본 연구는 수집자료에 대한 계량적 분석과 질적 분석을 상호보완
적으로 활용하고자 한다. 본 연구에서 계량 분석은 수집자료의 특성
상 제한적으로 활용될 것이다. 그것은 먼저 북한에서 남한연구 전
문 잡지의 출간 시기에 따른 시기별 자료의 편중성 때문이다. 예를
들자면 북한이 "남조선과 조국통일문제를 전문적으로 취급하는" 것
을 목적으로 발행했다고 하는 잡지인 『남조선문제』의 경우, 1964년
에 창간되어 1990년대 초반까지 발행된 것으로, 1960년대 이전의 자
료의 수는 매우 적을 수밖에 없었다. 또한 북한의 학술지를 비롯한
잡지(정기간행물, 부정기간행물) 수집의 현실적인 한계에 기인한 것
으로서, 『남조선문제』의 수집은 1965년 1호부터 1988년 4호까지에
한정되어 있다. 이러한 문제로 인해 본 연구에서의 논문의 계량적
분석은 동일한 시기 내의 세부주제별 분포 분석 등 제한적으로만
활용되었으며, 통시적인 변화양상을 추적하는 데에서는 배제시킬
수밖에 없었다.

  본 연구는 지난 60년간 북한사회에서 이루어진 남한연구의 현황
과 특성을 규명하기 위해 연구의 내용 분석과 함께 인과적 분석을
시도하고자 한다. 인과적 분석이란 분석 변수들 간의 관계에서 그
인과적 관계성을 규명하는 방법이라고 할 수 있다.[2] 본 연구는 인
과적 분석방법을 원용하여 북한의 남한연구의 연구동기와 목적이
무엇이며 어떤 계기에 의해 연구들이 행해지고 변화해 왔는지를 살
펴보고자 한다.

  북한의 남한연구에 대한 인과적 분석은 본 연구과제를 통해 수집
된 1차 자료의 DB에 대한 질적 분석과 평가 작업이라는 측면에서
중요한 의미를 갖는다고 할 수 있다. 이를 위해 본 논문에서는 다음
과 같은 단계로 연구를 진행하고자 한다.

---

2) 김광웅, 『사회과학연구방법론─조사방법과 계량 분석』(박영사, 1982), 472쪽.

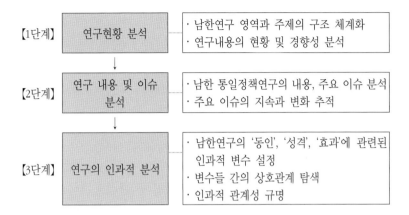

먼저, 1단계에서는 기초자료를 영역과 주제별로 분류하여 북한의 남한 통일정책연구의 현황을 살펴보고자 한다. 다음으로 북한의 남한 통일정책연구의 주요 내용을 이슈별로 살펴보고 주요 이슈들의 지속과 변화여부를 파악할 것이다. 마지막으로 인과적 분석을 위해 수집자료의 문헌정보 변수와 함께 논리적 가설을 반영하여 인과적 변수를 설정하고자 한다. 인과적 변수로는 원인변수로 연구성격/연구동인 변수를 설정하고, 매개변수로 남북관계 변수를 활용하고자 한다. 변수들 간의 관계성 규명을 통해 북한의 남한연구에 관한 인과적 효과를 분석하고, 이를 토대로 북한의 남한 통일정책연구의 특징적 양상을 규명할 것이다.

Ⅲ. 북한의 남한 통일정책에 관한 연구현황

1. 저널별 자료현황

먼저 수집자료를 게재 저널별로 살펴보면, 북한의 남한 대북·통일정책 논문이 가장 많이 수록된 잡지는 『남조선문제』로 전체 논문 중 44.7%를 차지하고 있다. 『남조선문제』는 1964년 3월 창간된 잡지로 "남조선과 조국통일문제를 전문적으로 취급하는 월간종합리론 잡지"를 표방하고 있다. 또한 『남조선문제』는 "남조선 관계부문 연구사, 전문가들과 일군들, 근로자들을 독자대상"으로 하는 잡지로 북한사회에서 가장 전문적인 남한연구 관련 저널이라고 할 수 있다. 『남조선문제』에는 남한의 통일정책에 관한 연구가 53.40%로 가장 높은 빈도를 보이고 있으며 다음으로 통일방안(10.18%), 통일환경(15.9%), 통일운동(12.5%)의 순으로 게재되고 있다.

〈표 2〉 주요저널별 논문 빈도

구분	저널명	게재 논문	
전문학술지	김일성종합대학학보	4(2.0%)	7(3.5%)
	력사과학	3(1.5%)	
정책잡지	남조선문제	88(44.7%)	176(89.34%)
	근로자	43(21.8%)	
	국제생활	33(16.8%)	
	조선사회민주당	9(4.6%)	
	조선문제연구	3(1.5%)	
대중잡지	조선녀성	12(6.1%)	12(6.1%)
		197(100%)	

두 번째로 남한의 대북·통일정책 관련 논문이 수록된 학술지는 『근로자』로 43건(21.8%)이 수록되어 있다. 1946년 창간된 『근로자』는 "조선로동당 중앙위원회 정치리론기관 잡지"로 북한사회에서는 규정되어 있다. 세 번째로 많은 게재 빈도를 보이고 있는 학술지는 『국제생활』로 33건(16.8%)이 게재되었다.[3] 국제생활은 "조선로동당

---

3) 국제생활은 1953년 3월 창간되어 조선중앙통신사에서 반월간으로 발행

과 공화국정부의 대외정책과 조국통일방침을 해설 선전하는 글들과 주요 국제문제들과 사건들에 대한 당의 입장"을 싣고 있으며 "대외사업부문 일군들의 정책적 안목과 시야를 넓혀주고 그들의 실무수준을 높여주는 것"을 기본 목적으로 하고 있는 잡지이다. 이 세 잡지를 통해서 알 수 있듯이 북한의 남한 대북·통일정책에 관한 연구는 북한의 대표적인 정책 잡지에 수록되어 있으며, 이에 비해 전문학술지와 대중지에는 낮은 게재 빈도를 보이고 있다.

2. 주제 분류에 따른 연구현황

북한의 남한 통일정책 연구분야의 수집자료를 주제별로 분류하였다. 먼저 남한의 통일방안에 관한 연구는 다시 일반적인 통일관과 남한 당국이 공식적으로 제기한 통일방안으로 분류하였다. 대북·통일정책에 관한 분야는 정책기조와 정책사안으로 다시 분류하였다. 통일운동에 관한 연구는 남한사회 내부의 통일운동과 해외 및 범민족 통일운동으로 분류하였다. 통일환경에 관한 연구분야는 국제사회 전반을 거론하는 경우과 미·일에 국한된 연구로 다시 분류하였다. 각각의 연구주제 분류에 따른 연구현황은 다음 〈표 3〉과 같다.

주제별 연구현황을 보면, 대북·통일정책 분야가 83건(42.13%)으로 가장 높은 빈도를 보이고 있으며 다음으로 통일운동 분야 44건(22.33%), 통일환경 분야 43건(21.82%), 통일방안 분야 27건(13.70%)으로 나타났다. 통일정책 분야의 경우에도 정책기조에 관한 연구가 14.45%임에 비해 개

되다가, 1957년에 중단되었다. 1958년 다시 속간되면서 국제생활사에서 반월간으로 1965년부터 월간으로 방행되었으며 1968년부터 1997년까지는 근로자사에서 격월간으로 발행되었다. 1986년부터 1991년 1월까지 월간으로 다시 속간되었다.

별 정책사안에 관한 연구가 85.55%로 대다수를 차지하고 있다. 수록 저 널별로 나타난 주제별 연구현황은 다음 〈표 3〉과 같다.

〈표 3〉 남한 통일정책연구의 주제분류

분야	주제분류	세부분류		합계	
남한 통일정책	통일방안	통일관	6	27 (13.70%)	197 (100%)
		통일방안	21		
	대북·통일정책	정책기조	12	83 (42.13%)	
		정책사안	71		
	통일운동	남한 내	29	44 (22.33%)	
		해외·범민족	15		
	통일환경	국제사회	26	43 (21.82%)	
		미·일	17		

〈표 4〉 수록 저널별로 본 주제별 연구현황

저널명	통일방안		대북·통일정책		통일운동		통일환경		합계
	통일관	통일 방안	정책 기조	정책 사안	남한 내	해외· 범민족	국제 사회	미·일	
남조선문제	5	11	5	42	4	7	5	9	88(44.7%)
근로자	-	3	3	11	10	-	10	6	43(21.8%)
김일성종합대학학보	-	2	-	1	-	-	-	1	4(2.0%)
국제생활	-	1	1	8	8	5	9	1	33(16.8%)
력사과학	-	-	-	-	3	-	-	-	3(1.5%)
조선사회민주당	-	3	1	5	-	-	-	-	9(4.6%)
교원선선수첩	-	-	-	-	1	1	-	-	2(1%)
조선녀성	-	-	1	4	3	2	2	-	12(6.1%)
조선문제연구	1	1	1	-	-	-	-	-	3(1.5%)
	6	21	12	71	29	15	26	17	197(100%)

3. 시기별 연구현황

수집자료를 시기별로 분류해 보면, 대북·통일정책 분야에 관한 북한연구는 1960년대까지는 매우 미미한 수준이었던 데 반해서, 1970년대 35건, 1980년대 105건, 1990년대 37건으로 증가하고 있다. 특히 80년대에 가장 많은 연구빈도를 나타내고 있으며 전체 논문의 53.29%에 달하고 있다.

〈표 5〉 시기별 연구현황

주제분류	세부분류	~50년대	60년대	70년대	80년대	90년대	2000년대	합계	
통일방안	통일관	-	-	1	5	-	-	6	27
	통일방안	-	-	3	10	8	-	21	
대북·통일 정책	정책기조	-	-	3	4	4	-	12	83
	정책사안	3	1	15	43	8	1	71	
통일운동	남한 내	3	4	2	13	4	3	29	44
	해외·범민족	1	0	0	8	6	-	15	
통일환경	국제사회	1	1	8	12	4	-	26	43
	미·일	-	-	3	10	3	1	17	
		8 (4.06%)	6 (3.045)	35 (17.76%)	105 (53.29%)	37 (18.78%)	5 (2.53%)	197 (100%)	

Ⅳ. 북한의 남한 통일정책연구의 내용 및 이슈 분석

1. 북한의 남한 통일정책연구의 주요 이슈

1) 통일방안 연구의 주요 이슈

시기	통일방안 주요 이슈	북한의 대응논리
1970년대	승공통일론, 자유민주주의체제하의 통일론, 민족이질화론	남북연방제, 민족대단결
1980년대	승공통일론, 선평화 후통일론, 신라식통일론, 단계적 통일론, 민족화합민족통일론, 민족공동체통일론, 자유민주주의체제하의 통일론, 독일방식	고려민주연방공화국 창립방안(중립국가)
1990년대	영구분열방안, 제도통일론, 3단계 통일방안, 남북연합	연방제방안, 고려민주연방공화국 창립방안, 민족대단결

　　북한의 남한통일방안에 관한 연구는 1970년대부터 본격화되었다. 연구의 내용을 보면, 주로 남한정부에서 발표한 통일방안에 대한 비판이 중심을 이루고 있다. 1970년대에는 박정희정권의 '자유민주주의체제하의 통일론', '평화정착론', '승공통일론'을 다루고 있으며, 1980년대에는 전두환정권의 민족화합민주통일방안, 노태우정권의 '민족공동체통일론'을 비판하고 있다. 1990년에 들어서는 '제도통일론'을 집중적으로 비판하는 한편, '남북연합'을 분열주의적 정책이라고 평가하고 있다. 남한 통일방안에 대한 북한의 주장들을 보면 다음과 같다.

〈자유민주주의체제하의 통일론〉

　ㅇ 박정희 정권의 자유민주주의체제하의 통일론은 남조선의 식민지적이며 반인민적인 파쇼통치제도를 무력적인 방법으로 공화국분반부에까지 강요하려는 '승공통일론'의 변종이며…… 민족분열론이다(이창걸, 「박정희괴뢰도당이 부르짖고 있는 〈자유민주주의 체제하의 통일론〉의 반동적 본질」, 『남조선문제』 1973년 7호, 20~21쪽).

　　'자유민주주의 체제하의 통일론'을 "자주적평화통일을 반대"하고 남한을 미국의 영구식민지로 만들려는 민족분열론이라고 평가하고 있다. 또한 이 논문에서는 남한정부의 '단계적 통일론'을 분열을 영구화하기 위한 지연전술로 평가절하하고 있다.

〈선평화, 후통일론〉

o '선평화, 후통일론'은 무엇보다도 '통일여건의 성숙'이요 뭐요 하면서 '평화'의 간판을 앞에 내걸고 통일문제를 영원히 뒤로 미루려는 그 분렬주의적 본질이 있다(남기혁, 「민족의 영구분렬을 노리는 〈선평화, 후통일론〉」, 『남조선문제』 1980년 5호, 38쪽).

박정희정권 시기 제기되었던 '선평화, 후통일론'이 평화정착이 없이는 통일이 불가능하다는 주장에 대해 통일을 위한 조건이 성숙되지 않았다는 구실을 내걸고 조건이 성숙될 때까지 통일문제를 다루지 말고 뒤로 미루자는 것이라고 비판하는 한편, 선평화 후통일론의 선결조건으로 내세우는 '불가침조약'이 분열을 고착화시키는 것이라고 강변하고 있다.

〈민족화합 민주통일론〉

o 민족화합민주통일론에는 무엇보다도 우리나라를 두 개 조선으로 영원히 고착시키려는 놈들의 흉악한 속심이 담겨져 있다. …… (잠정)협정대로 한다면 두 개의 국가로 공존한다는 것이며 남조선을 영원히 미제의 침략적인 식민지군사기지로 남겨놓는다는 것이다(신상흡, 「〈민족화합민주통일)론의 반동적 본질」, 『남조선문제』 1984년 10호, 38쪽).

북한의 주장에 따르면, 민족화합민주통일론에서 주장하는 잠정협정이 2국가의 공존을 전제한 것으로서, 이것은 동서독 방식을 본따 나라의 분열을 영구화하려는 전략에 지나지 않는다는 것이다. 북한의 남한의 통일방안에 관한 주요 연구들은 다음과 같다.

저자	논문명	저널명	년도	권호
한계현	남조선괴뢰도당의 〈민족이질화론〉은 가장 악랄한 영구분열론	남조선문제	1978	6호
한계현	남조선괴뢰도당의 〈평화정착론〉은 두개조선 조작을 위한 영구분열론	남조선문제	1978	11호
한계현	〈신라식통일〉론의 분렬주의적 본성	남조선문제	1980	6호
한원진	〈단계적통일〉론의 분열주의적 본성	남조선문제	1980	9호
박여운	다시 대두된 〈교차승인론〉	남조선문제	1983	7호
로광섭	조선에 독일방식을 적용할 수 없다	남조선문제	1984	6호
정덕기	민족의 영구분렬을 꾀하는 로태우역도의 〈민족공동체통일방안〉	국제생활	1989	12호
김태화	〈실체인정론〉의 반동적 본질	근로자	1991	2호
변철승	〈민족이질화론〉의 반동성	조선사회민주당	1991	3호
김영희	김영삼괴뢰도당의 〈3단계 통일방안〉의 반동성	근로자	1994	1호
김광수	〈제도통일론〉, 무엇이 문제인가	조선사회민주당	1995	4호
원동연	남조선괴뢰들의 〈남북연합〉의 분열주의적 본질	근로자	1996	1호
량창일	〈3단계 통일방안〉의 반동성	김대학보	1996	42권 4호
신분진	남조선통치배들의 〈제도통일론〉의 반동성	김대학보	1999	45권 1호

2) 대북 · 통일정책연구의 주요 이슈

북한의 남한 통일정책에 관한 연구논문들은 1970년대부터 집중적으로 발표되기 시작했다. 주요 내용들을 남한정권의 통일정책을 '두개조선'정책으로 규정하는 한편, 1980년대 노태우정권기의 북방정책,

문민정부의 통일정책 등을 집중적으로 거론하고 있다. 주요 논문들
에서 제기하고 있는 남한 통일정책에 관한 내용들은 다음과 같다.

시기	대북·통일정책 주요 이슈	북한의 대응논리
~1960년대	단정수립	민주기지강화 자주적 평화통일
1970년대	남북공동성명배신, 두개조선조작책동, 평화정착론, 민족분열영구화	대민족회의 소집, 자주통일, 정전협정 평화협정으로 전환
1980년대	분열주의정책, 두 개조선정책, 교차승인론, 북방정책, 남북대화중단, 대화창구 일원화,	대화와 협상, 조국통일3대원칙, (경제문화)교류와 합작, 3자회담, 김장완·불가침선언, 평화협정
1990년대	민족교류안, 실체인정론, 민족이질화론, 대북공조체제, 햇볕론	전민족적 통일전선, 민족대단결, 북남관계개선
2000년대	민족분열 합법화	민족공조, 우리민족끼리, 6·15공동선언 관철, 3대공조, 선군정치

〈북방정책〉

o 남조선괴뢰들의 '북방정책'은 미제의 대조선정책의 기본으로 되고
 있는 '두개조선' 전략의 일환이다. …… 로태우일당이 북장정책을
 통하여 추구하려는 목적은 사회주의나라들과 다각적인 접촉과 교
 류를 거쳐 국교관계를 수립하고 유엔가입의 돌파구를 열어 두 개
 조선을 조작하기 위한 길을 닦으려는 데 있다(김태화, 「'북방정책'
 은 '두개조선'조작을 위한 반민족적 책동」, 『근로자』 1989년 5호,
 79~80쪽).

이 논문은 북방정책이 1970년대 초의 서독의 동방정책을 모방한
것이며, 그 내용상에서는 6·23특별성명이나 민족화합민주통일방안
과 본질에 있어서 차이가 없는 것이라고 주장하고 있다. 또한 남한

정부가 북방정책을 통해 사회주의나라들과 국교관계 수립을 기대하고 있지만 사회주의나라들이 북에 대한 연대성을 표현하며 남한과 국교를 수립할 의사가 없음을 명백히 표명하였다고 강조하고 있다.

〈문민정부의 통일정책〉

o 김영삼은 이른바 '통일정책의 3대기조'라는데서 '통일이 없는 자유가 불완전하다면 자유가 없는 통일은 더욱 불완전하며 통일이 없는 번영이 문제가 있다면 번영이 없는 통일에는 문제가 더 많다고 했다. 그의 말은 자유민주주의와 시장경제가 보장되지 않은 통일은 바람직하지 못하다는 것이다(박동근, 「남조선 문민정권의 통일정책의 부당성」, 『조선사회민주당』 1993년 4호, 47쪽).

특히 김영삼정부의 3단계 통일방안이 본질에 있어서 북한의 사회주의를 붕괴시키려는 전략으로서 절대로 용납될 수 없다고 강조하고 있다.

〈남북대화 창구일원화〉

o 대화창구일원화를 고집하면서 남조선당국자들은 이 반대화, 반통일 책동을 합리화하기 위해 그 무슨 대표성, 전문성, 기술에 대해 떠들고 있으나, 그것은 전적으로 부당한 것이다. 당국만이 남조선 인민을 대표할 수 있다는 대표성에 관한 논의는 각 당, 각파, 각계 각층 인민들의 참가 하에서만 해결할 수 있는 조국통일문제해결의 기본요구에 배치될 뿐 아니라……(함영일, 「북남대화의 다각화」, 『조선사회민주당』 1990년 2호, 47쪽).

이 논문은 남북대화의 다원화, 다각화는 통일문제의 원칙적 문제로서 남북대화가 당국자들이나 개별적 당파의 독점물이 되어서는 안 된다고 주장하고 있다. 또한 국가보안법과 안기부와 같은 제도

들을 즉시 철폐할 것을 주장하였다. 남한의 통일정책에 관한 주요
연구들은 다음과 같다.

저자	논문명	저널명	년도	권호
홍철규	남북공동성명의 합의사항을 유린하는 남조선반동들의 배신행위	남조선문제	1972	10호
차응팔	〈두개조선〉조작을 위한 박정희괴뢰도당의 매국배족 책동	남조선문제	1976	5·6호
안덕진	박정희괴뢰도당은 북과 남 사이의 대화를 정체상태로 빠뜨린 극악한 분렬주의자	남조선문제	1977	7호
한계현	통일대화에 역행하는 분렬주의 행위	남조선문제	1980	4호
남기혁	전두환괴뢰도당의 범죄적인 민족분렬영구화 정책	남조선문제	1981	8호
김주호	세계적 규탄과 조소의 대상으로 된 역적의 〈상호방문〉 타령	남조선문제	1982	1호
계정복	괴뢰들이 부르짖는 배족적인 통일대화	남조선문제	1983	7호
김춘선	〈북방정책〉과 그 파탄	남조선문제	1984	6호
정은규	통일의 길을 막으려는 계획적인 도발행위	남조선문제	1985	2호
김교식	조국통일에 역행하는 괴뢰들의 분렬, 대결 행위	남조선문제	1987	4호
김영희	남조선괴뢰도당의 〈북방정책〉의 반동성	국제생활	1988	12호
김태화	〈북방정책〉은 〈두개조선〉조작을 위한 반민족적 책동	근로자	1989	5호
방철수	온 겨레의 통일념원을 우롱한 로태우역도의 〈민족교류안〉	국제생활	1990	10호
박동근	남조선 〈문민정권〉의 〈통일정책〉의 부당성	조선사회민주당	1993	4호
	남조선괴뢰들의 〈대북공조체제〉는 용납 못할 반통일체제	근로자	1999	8호

3) 통일운동 연구 주요 이슈

남한사회의 통일운동에 관한 논의는 1980년대 후반, 민주화의 진전으로 사회적으로 통일운동이 확산되는 시점을 중심으로 진행되었다고 볼 수 있다. 통일운동에 관한 연구들은 남한 통일운동에 대한 평가 및 통일운동 활성화에 대한 기대를 나타내고 있다. 주요 내용들을 보면 다음과 같다.

〈통일운동 평가〉

o 남조선인민들의 통일운동에서 일어난 변화는 무엇보다도 반미자주 통일의 구호를 전면에 제기하고 미제에게 공격의 화살을 돌리고 있는 것이다. …… 남조선인민들의 통일운동에서 일어난 변화는 다음으로 이 운동이 각계각층을 망라한 대중적 운동으로 확대된 것이다(천형무, 「남조선에서의 조국통일운동의 새로운 단계로의 발전」, 『력사과학』 1989년 2호, 9~10쪽).

이 논문은 활발히 전개되고 있는 남한의 통일운동이 조국통일3대 원칙과 연방제통일 실현을 위한 투쟁으로 발전하고 있다고 해석하는 등 남한의 통일운동이 북한의 통일전략에 유리하게 작용할 것에 대한 기대감을 표출하고 있다.

〈1990년의 통일운동 평가〉

o 지난해에도 남조선에서 조국통일운동의 선봉적 역할을 수행한 것은 청년학생들이었다. …… 청년학생들은 통일운동의 앞장에 서서 분단의 장벽을 마스고 끊어진 피줄을 잇기 위하여 모든 정열을 다 바쳐 투쟁하였다.

이 논문은 1990년의 남한 내의 통일운동이 학생들을 중심으로 광범위한 대중운동으로 발전한 데 대해 높이 평가하며 남한에서의 통일운동의 활성화가 북한이 당시 주장해왔던 1990년대 통일 실현을 가능하게 해줄 것이라고 전망하고 있다. 통일운동 분야에 관한 주요 논문들은 다음과 같다.

저자	논문명	저널명	년도	권호
한영읍	남조선에서 급격히 높아가는 자주적 조국통일기운	국제생활	1988	7호
려연구	문익환목사의 평양방문은 우리나라 민족통일운동사에 기록될 애국적인 소행	국제생활	1989	11호
박정섭	남조선청년학생들의 평양축전참가의 길을 막은 남조선 괴뢰도당의 범죄 행위	국제생활	1989	8호
천형무	남조선에서의 조국통일운동의 새로운 단계	력사과학	1989	2호
박태호	민족의 분렬을 끝내고 조국을 통일하기 위한 남조선인민들의 투쟁	력사과학	1990	2호
안명일	조국통일운동을 확대발전시키기 위한 남조선인민들의 투쟁	력사과학	1991	2호
강정덕	광주인민봉기 후 조국통일을 위한 남조선 녀성들의 투쟁	조선녀성	1994	1호
배명희	1980년대 새로운 단계에로 발전한 남조선종교인들의 조국통일운동	력사과학	1996	1호
리종익	6·15공동선언의 기치 밑에 장엄하게 펼쳐진 통일운동의 새로운 장	력사과학	2006	1호

2. 연구 이슈의 지속과 변화

북한의 남한통일론에 관한 연구들의 주요 이슈의 선택은 시기별 남한의 정책과 발표내용들을 선택적으로 다루고 있다. 따라서 각 시

기별 이슈들이 거론되고 있으나, 비판 논리와 그 대응방식은 1970년
대부터 현재에 이르기까지 일관된 방식을 취하고 있다.

시기	연구주제	비판 논지	대응논리
'70	'승공통일론'	사회주의제도를 뒤짚어엎은 기초우에 통일하겠다는…… 시대에 뒤떨어진 사고방식4)	남북연방제 민족대단결
	'자유민주주의체제 하의 통일론'	남조선의 식민지적…… 파쇼통치제도를 무력적 방법으로 공화국북반부에까지 강요하려는 승공통일론의 변종5)	
	'단계적 통일론'	분렬을 영구화하기 위한 지연술6)	
'80	'선평화 후통일론'	평화의 간판을 앞에 세우고 통일문제를 영원히 뒤로 미루려는 범죄적 분렬주의적 구호7)	고려민주연 방공화국 창립방안
	'신라식 통일론'	신라식통일론은 철저한 외세의존과 반민족적 분렬주의 궤변8)	
	'단계적 통일론'	비정치적영역에서의 통합만을 내세우는…… 1민족 2국가, 두 개 조선을 조작하는 분렬주의9)	
	'민족화합민주통일 방안'	우리나라를 두 개 조선으로 영원히 고착시키려는 흉악한 속심이 담겨있다10)	
'90	'제도통일론'	제도통일론은 사실상 통일을 하지 않고 나라의 분렬을 끝없이 지속시키자는 것11)	연방제방안, 고려민주연 방공화국 창립방안, 민족대단결
	'3단계 통일방안'	불필요한 단계들을 설정하여 통일을 무한정 지연시켜 분렬을 영구화하려는 반민족적이고 반통일적 방안12)	
	'한민족공동체통일 방안'	북을 흡수하려는 음흉한 목적을 추구13)	

---

4) 라창걸, 「박정희괴뢰도당이 부르짖고 있는 자유민주주의체제하의 통일론의 반동적 본질」, 『남조선문제』 1973년 7호, 23쪽.
5) 위의 글, 21쪽.
6) 위의 글, 21쪽.

먼저, 북한 당국은 1970년대 초부터 남한의 통일론과 통일방안을 '외세의존'과 '분열주의'라는 양대 논리로 비판하고 있다. 박정희정부의 '선평화 후통일론'의 경우 '통일을 지연시키기 위한 분열주의적 시도'로 비판하고 있으며, 이후 '단계적 통일론', '민족화합민주통일방안', '한민족공동체통일방안', '3단계 통일방안'의 점진적, 단계적 통일방안 역시 통일을 무한정 지연시키는 분열주의로 비판하고 있다. 또한 '제도 통일론'은 상이한 두 체제의 현실을 고려하지 않는, 사실상 통일을 하지 말자는 분열주의라고 비난하고 있다.

〈표 6〉 통일방안의 주요 이슈와 비판 논리

	70년대	80년대	90년대 이후
주요 이슈	'자유민주주의체제하의 통일론' '단계적통일론' '선평화 후통일론'	'단계적통일론' '선평화 후통일론' '신라식 통일론' '민족화합민주통일방안'	'제도통일론' '3단계 통일방안' '한민족공동체통일방안'
비판 논리	'승공통일론의 변종' '분열영구화'	'분열주의' '2개조선 고착화'	'분열영구화' '흡수통일'

---

7) 남기혁, 「민족의 영구분열을 노리는 선평화 후통일론」, 『남조선문제』 1980년 5호, 39쪽.
8) 한계현, 「신라식통일론은 외세의존과 분렬주의의 궤변」, 『남조선문제』 1980년 6호, 33쪽.
9) 한원진, 「단계적통일론의 분렬주의적 본성」, 『남조선문제』 1980년 9호, 35쪽.
10) 신상흡, 「민족화합민주통일론의 반동적 본질」, 『남조선문제』 1984년 10호, 38쪽.
11) 리문환, 「제도통일론의 분렬주의적 본질」, 『근로자』 1991년 5호, 87쪽.
12) 량창일, 「3단계 통일방안의 반동성」, 『김일성종합대학학보 – 력사법학』 1996년 4호, 43쪽.
13) 신분진, 「남조선통치배들의 제도통일론의 반동성」, 『김일성종합대학학보 – 력사법학』 1999년 1호, 49쪽.

〈표 7〉 대북·통일정책의 주요 이슈와 비판 논리

	70년대	80년대	90년대 이후
주요 이슈	남북공동성명 평화정착론	교차승인론 남북대화 북방정책 대화창구 일원화	민족교류안 대북공조체제 햇볕론
비판 논리	두개조선조작책동	남북대화 중단 책임 두 개조선 정책	민족분열 합법화

　　북한학계가 남한통일방안에 대해 가장 강하게, 그리고 지속적으로 비판하고 있는 것이 '제도통일론'에 관한 것으로, 북한은 궁극적으로 1국가, 1제도에 의한 통일을 상정하고 있는 한국정부의 '제도통일론'이 "북한의 사회주의체제를 허물고 남한의 자유민주주의체제를 북에까지 연장하려는 반동적 통일론", 즉 '흡수통일론'이라는 것이다. 특히 80년대까지의 남한의 통일방안을 영구분열정책이라고 비판하던 것에서 80년대 후반부터는 남한의 통일방안이 흡수통일을 지향하고 있음을 강하게 비판하고 있다.[14] 이러한 변화는 동서독 통일, 대남 체제경쟁력의 상실 등에 따른 북한체제의 위기감의 반영이라고 할 수 있다.

　　한편 이에 대한 대응논리로 북한 당국은 '민족대단결' '민족공조'를 주장해 왔는데, 이는 북한 당국이 주장하는 '연방제방안'이 외세의존적, 분열주의적 정책을 극복하기 위한 가장 올바른 방안임을 정당화하려는 의도임을 확인할 수 있다.

---

14) 신분진,「남조선통치배들의 제도통일론의 반동성」,『김일성종합대학학보』 1999년 45권 1호 ; 량창일,「3단계 통일방안의 반동성」,『김일성종합대학 학보-력사법학』 1996년 4호 ; 리문환,「제도통일론의 분렬주의적 본질」, 『근로자』 1991년 5호 ; 강문수,「제도통일론은 영구분렬론」,『조선사회민주당』 1991년 3호 ; 박동근,「남조선 문민정권의 통일정책의 부당성」,『조선사회민주당』 1993년 4호.

남한 통일정책 분야에 대한 북한의 주장은 각 시기별 남측의 대북정책과 통일논의에 대한 비판으로 일관되어 있으며, 그 비판의 논리는 남한 당국의 대북·통일정책이 대결을 고조시키고, 두개조선 정책을 추진하는 반통일적 정책이라고 비판하고 있다. 특히 김대중 정부의 햇볕정책에 대해서도 민족분열을 합법화하려는 시도로 비판하고 있다. 남한통일정책에 관한 북한의 연구 이슈는 시기별로 남한의 대북정책을 반영하여 다양하게 제기되고 있지만 비판논지는 '두개조선 책동', '분열주의'라는 주장을 지속적으로 제기하고 있음을 알 수 있다.

V. 북한의 남한 통일정책연구의 인과 분석

1. 인과 분석을 위한 변수 설정

1) 연구성격, 연구동인

(1) 연구목적

북한의 남한연구의 연구목적에 따른 성격 규명을 위해 학술연구와 정책연구라는 두 개의 범주로 개념화하여 살펴보고자 한다. 본 연구에서는 북한의 남한연구에서 나타나는 특성을 고려하여 다음의 5항목에 따른 분류를 시도하였다. 먼저 학문적 정체성을 구축하기 위한 연구와 이론적 해석에 의존한 연구는 학술적 성격이 강한 연구로 분류하였으며 정책비판, 정책제안을 비롯하여 북한체제를 합리화하는데 주력하고 있는 연구는 정책적 성격이 강한 연구로 분류하였다.

연구성격	학문정체성	학술연구적 성격
	이론적해석	
	정책비판	
	정책제안	
	체제합리화	정책연구적 성격

남북관계를 고려할 때, 북한사회에서 남한의 통일정책연구는 다분히 정책연구의 성격이 강하다. 그러나 북한의 남한연구가 『김일성종합대학학보』, 『철학연구』, 『력사과학』, 『정치법률연구』 등 전문 학술지에서도 발표되고 있으며 이론적 접근을 통해 남한문제에 접근하고 있는 연구들도 드물게 확인되고 있다. 북한의 남한 대북·통일정책에 관한 분석 대상 논문 중, 「3단계 통일론」(『남조선문제』 1973년 6호), 「조선에 독일방식을 적용할 수 없다」(『남조선문제』 1984년 6호), 「제도통일론 무엇이 문제인가」(『조선사회민주당』 1995년 4호)는 남한의 통일방안에 대한 비판적 시각을 견지하고 있기는 하지만 비교적 이론적 비판에 의존하고 있다는 점에서 이론적 해석으로 분류하였다.

〈그림 1〉 연구성격에 따른 분류

구분	연구성격	빈도(%)	합계
학술 연구	학문정체성	0(0%)	3
	이론적 해석	3(1.52%)	(1.52%)
정책 연구	정책비판	98(49.74%)	194
	정책제안	8(4.06%)	
	체제합리화	88(44.67%)	(98.47%)

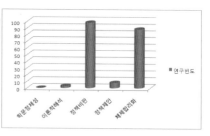

위의 표를 통해 확인할 수 있듯이 학술적 연구경향을 보이는 학문정체성(0%), 이론적 해석(1.52%)에 의존한 연구에 비해 정책연구

적 성향의 연구가 98.47%로 대부분을 차지하고 있다는 것을 알 수 있다. 정책연구의 세부적 성격을 보면, 정책비판이 98건(49.74%), 정책제안이 8건(4.06%), 체제합리화가 88건(44.67%)을 차지하고 있다.

(2) 연구의 동인

북한의 남한연구의 특성을 규명하기 위해 연구의 동인을 분석변수로 설정하였다. 여기서 연구의 동인이란 연구를 수행하게 된 계기를 의미하는 것으로써 본 연구에서는 남한연구의 계기를 크게 남한요인과 북한요인으로 분류하였으며, 또한 각각은 정책적 요인과 일반상황적 요인으로 분류하였다. 여기서 정책적 요인이란 당시 특정 정책에 의해 촉발된 것을 의미하며 일반상황적 요인이란 일반적 남한인식 또는 자아인식에 근거한 연구를 의미한다. 예를 들자면, 「괴뢰들이 부르짖는 배족적인 통일대화」(계정복, 『남조선문제』1983년 7호)와 같이 남북대화를 둘러싼 남한의 대북정책과의 갈등에 촉발된 연구의 경우는 남한-정책요인으로 분류하였으며, 「남조선 인민들 속에서 고조되고 있는 조국통일 지향」(『근로자』1964년 10호)의 경우는 '남한-일반상황'으로 분류하였다.

〈그림 2〉 연구동인에 따른 분류

구분	연구동인	빈도(%)	합
남한 요인	정책요인	92 (46.70%)	129 (65.48%)
	일반상황	37 (18.78%)	
북한 요인	정책요인	21 (10.65%)	68 (34.51%)
	일반상황	47 (23.85%)	

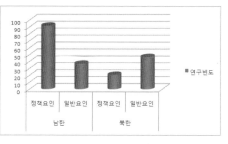

연구 동인별로 분석한 결과, 197건의 논문 중 남한요인이 129건 (65.48%), 북한요인이 68건(34.51%)을 차지하고 있다. 남한요인의 경우 개별정책에 따른 요인이 92건, 일반적 요인이 37건을 차지하고 있으며 북한요인의 경우, 개별 정책적 요인이 21건, 일반적 요인이 47건을 차지하고 있음을 알 수 있다. 이상을 통해 볼 때, 남한요인에 따른 연구의 경우는 주로 당시 남한 당국이 행한 특정 정책에 대응적 성격이 강함을 알 수 있다. 반면 북한요인의 경우는 북한체제의 정당화를 위한 일반적 요인이 주로 작용하고 있다는 사실을 알 수 있다.

(3) 메시지 유형: 긍정적/부정적

논문들의 메시지 전달 방식을 파악하기 위해 메시지의 성향을 다음과 같은 기준에 의해 분류하였다. 먼저, 논문의 내용을 중심으로 부정적(N), 긍정적(P)으로 분류하였으며, 논문의 제목의 용어를 통해 역시 부정적(n), 긍정적(p)으로 분류하였다. 논문 제목의 경우 부정적인 형용어 또는 부정적 단어(반동적, 악랄한, 규탄받는, 배격받는, 반동성, 분열영구화, 매국배족 등)의 사용여부를 통해 분류하였으며 다음의 4개의 경우로 대북·통일정책 연구논문을 분류하였다.

내용 제목	부정적 (N)	긍정적 (P)
부정적(n)	Nn(111)	Pn(24)
긍정적(p)	Np(0)	Pp(62)

위의 분류 기준에 근거하여 Nn, Np, Pn은 부정적 메시지로, Pp는 긍정적으로 분류하였다. 분석 대상 논문에 대한 분석결과는 다음과 같다.

〈그림 3〉 연구메시지 유형에 따른 분류

메시지 전달유형	빈도
부정적	135(68.52%)
긍정적	62(31.47%)

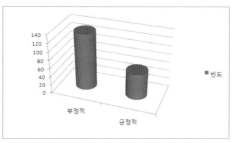

위의 표에서 볼 수 있듯이 북한의 남한 대북·통일정책에 관한 연구는 부정적한 메시지 전달이 135건으로 68.52%를 차지하고 있다. 반면 긍정적한 메시지 전달 방식에 의한 연구도 62건(31.47%)에 이르고 있는데, 긍정적한 메시지 전달은 주로, 통일운동과 통일환경의 주제 분야에서 다루어지고 있다. 통일관에서도 긍정적인 메시지 전달 방식의 연구를 발견할 수 있는데, 이것은 「남조선의 민중적 역사의식과 통일관」과 「새로운 추세를 보이고 있는 남조선지식인들의 통일론의」는 제목의 논문으로써 남한정부의 통일관에 대비되는 진보적 지식인들의 통일관에 대한 평가논문을 통해서이다.

2) 남북관계 변화 유형

남북관계의 변화양상을 분석변수로 설정하기 위해 시기별 남북관계 유형을 다음과 같이 구분하였다. 먼저, 분단 이후 현재까지의 60여 년의 기간을 냉전기/교착기와 관계개선/화해협력기로 구분하였다. 남북관계의 주요계기를 중심으로 하여 7단계의 시기로 구분하였다. 남북관계의 시기구분은 연구자의 관점에 따라 다소 차이를 보인다. 본 연구에서는 북한의 남한연구의 변화계기를 파악하는 변수로 설정하고 있는 만큼 남북관계의 변화추이를 비교적 세밀하게 구분하였다. 그러나 이러한 노력에도 불구하고 1년 단위의 시기구분 과정은 남북관계 변화를 정확히 담아내지는 못하는 한계가 있다. 예를 들자면 '관계개선 1기'의 경우 실제로 1972년 7·4공동성명 발표 이후 관계가 급속히 회복되는 남북관계는 1973년 8월 김영주 남북조절위원회 북측 공동위원장의 남북대화 중단선언으로 급속히 냉각되기에 이른다. 그러나 본 논문의 시기구분에서는 1973년까지를 관계개선기로 설정하였다. 1973년 전반기까지 남북관계는 비교적 순조롭게 진행되었으며 8월 남북대화 중단선언 이후에도 11월 남북 적십자 제1차 실무대표 접촉이 이루어지는 등 관계가 지속되었다는 점에 주목했다.

〈표 8〉 남북관계의 유형

시기	남북관계	주요사건	북한정치상황/통일정책	남한정치상황/통일정책
1945~1971	냉전기	- 1968 무장공비 청와대 기습	- 1960.8. 남북연방제 제의	- 1960 4·19의거 - 1961 5·16쿠데타 - 1969 국토통일원발족
1971~1973	관계개선기(1)	- 1971 남북적십자회담 1차예비회담 - 1972 7·4남북공동성명 - 1973 남북적십자회담 7차회담진행	- 1972 사회주의헌법 제정 - 1973 고려연방제	- 1972 김대중의 3단계 통일론 주장
1974~1983	교착기(1)	- 1974 육영수 피살 - 1976 판문점도끼만행 사건 - 1980 총리회담을 위한 접촉 - 1983 아웅산테러	- 1976 조국통일3대원칙, 5대방침 주창 - 1978 민족대단결 주창	- 1974 상호불가침조약 제의 - 1979 박정희서거 - 1980 전두환대통령 취임 - 1982 민족화합민주통일방안

1984~ 1993	관계 개선기 (2)	- 1984 남북체육회담, 북 한의 남한 수해구호품 전달 - 1985 남북경제회담, 이 산가족고향 방문, 예 술단공연 - 1990 남북고위급회담, 남북교류협력법 시행 - 1991 UN동시가입 - 1991 기본합의서채택 - 1993 이인모 송환	- 1980 고려민주연방 공화국창립방안 - 1984 합영법 - 1992 전민족대단결 10대강 령제기	- 1988 노태우대통령취 임 - 7 · 7선언 발표 - 1989 한민족공동체통 일방안 발표 - 1993 김영삼 대통령 취임
1994~ 1997	교착기(2)	- 1994 북, 방북조문단 불허방침 비난 - 1차 북핵위기 - KEDO 대북경수로 공 급협정 - 1996 북, 잠수함침투	- 1994 국제원자력기 구 탈퇴 선언. 김일 성 사망	- 1994 민족공동체통일 방안
1998~ 2008	화해 협력기	- 1998 정주영, 소떼 이 끌고 방북 금강산관광시작. - 2000 남북정상회담 - 교류협력 확대	- 1998 김정일 국방위 원장 추대. 헌법개정 - 2002 7 · 1경제관리 개선조치 - 2006 북한 핵실험	- 1998 김대중대통령 취임 - 2003 노무현대통령 취임
2009~	교착기(3)	- 2009 금강산관광객피 살	- 2009 3대 후계세습 준비 100일전투, 150일전 투	- 2008 이명박대통령 취임

〈표 9〉 남북관계에 따른 연구빈도

	냉전기	관계개선(1)	교착기(1)	관계개선(2)	교착기(2)	화해협력	교착기(3)
	1945~1970	1971~1973	1974~1983	1984~1993	1994~1997	1998~2008	2009~
연구빈도	14	7	75	85	8	7	1

남북관계 변화에 따른 남한 통일정책 분야에 관한 북한의 연구현
황은 〈표 8〉과 같다. 위의 표에서 확인할 수 있듯이 연구의 빈도가
가장 높은 기간은 관계개선 2기에 해당하는 1984년부터 1993년까지
의 기간으로 이 기간의 연구가 전체연구의 43.14%를 차지하고 있다.
〈그림 4〉에서 볼 수 있듯이 7단계의 남북관계의 변화과정을 냉전/
교착기와 관계개선/화해기로 양분해 보면, 관계개선/협력기가 50.25%
를 차지하고 있어 두 기간의 연구빈도가 큰 차이를 보이고 있지 않
다. 그러나 이는 관계개선/화해협력기가 총 24년에 해당하고, 냉전/
교착기가 41년이라는 점을 고려한다면 관계개선/화해협력기의 연구
가 냉전/교착시기의 연구에 비해 172%에 해당한다는 것으로 상대
적으로 높은 연구빈도를 보이고 있다는 사실을 알 수 있다.

〈그림 4〉 남북관계에 따른 연구빈도

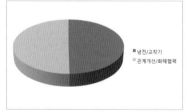

2. 변수 간 상관성 분석

1) 연구의 주제 범주와 분석 변수와의 상관성

(1) 연구성격과 연구주제 범주

연구주제에 따라 연구성격 유형의 상관성을 검토해 본 결과 통일

정책에 관한 연구의 경우는 정책비판적 성격의 연구가 60건, 체제
합리화적 목적의 연구가 19건을 차지하고 있다. 또한 통일운동을 다
루고 있는 44건의 연구의 경우 체제합리화적 성격의 연구가 41건으
로 높은 빈도를 보이고 있다. 통일환경에 관한 연구의 경우는 국제
환경 분야에서는 체제합리화적 성격의 연구가 28건으로 높은 빈도
를 보이고 있으며, 정책비판적 성격연구는 11건으로 나타나고 있다.

〈표 10〉 연구주제 범주와 연구성격의 상관성

연구주제	목적	학문 정체성	이론적 해석	정책 비판	정책 제안	체제 합리화	합
통일방안	통일관	-	-	4	-	2	6
	통일방안	-	3	18	-	-	21
대북·통일 정책	정책기조	-	-	12	-	-	12
	정책사안	-	-	48	4	19	71
통일운동	남한 내	-	-	3	-	26	29
	해외·범민족	-	-	-	-	15	15
통일환경	국제환경	-	-	1	2	23	26
	미·일	-	-	10	2	5	17
합계		-	3	96	8	90	197

(2) 연구동인과 주제 범주

연구주제와 연구의 동인의 관계성을 분석해 본 결과, 통일방안
연구의 경우는 남한정책요인이 24건으로 높은 빈도를 보이고 있으며,
통일정책연구의 경우에도 남한정책요인이 58건으로 높은 빈도를 보
이고 있다. 이에 비해 통일운동을 다루고 있는 연구의 경우는 북한
요인이 높은 빈도를 보이고 있다. 통일환경을 다루고 있는 연구의
경우도 북한요인이 높은 빈도를 보이고 있다.

<표 11> 연구주제 범주와 연구동인의 상관성

연구주제 \ 동인		남한요인		북한요인		합
		정책요인	일반상황	정책요인	일반상황	
통일방안	통일관	4	2	-	-	6
	통일방안	20	1	-	-	21
대북정책	정책기조	11	1	-	-	12
	정책사안	47	17	6	1	71
통일운동	남한 내	3	15	3	8	29
	해외·범민족	-	-	2	13	15
통일환경	국제환경	1	-	4	21	26
	미·일	6	1	6	4	17
합계		92	37	21	47	197

(3) 주제 범주와 메시지유형

<표 12> 연구주제 범주와 메시지 유형의 상관성

메시지 유형 \ 연구주제		부정적	긍정적	합계
통일방안	통일관	4	2	6
	통일방안	21	-	21
대북·통일정책	정책기조	12	-	12
	정책사안	64	7	71
통일운동	남한 내	27	2	29
	해외·범민족	-	15	15
통일환경	국제환경	5	21	26
	미·일	15	2	17
합계		125	72	197

남한의 대북·통일정책연구가 주로 부정적인 메시지 전달 방식에 의존하고 있는 데 반해, 남한통일운동에 관해서는 매우 긍정적 방식

으로 메시지를 전달하고 있다. 이는 시민들의 진보적 통일운동에 대한 지지 표명으로 이어지고 있다. 또한 남한통일운동에 관한 언급은 북한 당국과 김일성, 김정일의 영향요인으로 설명하는 등 객관적 사실이 아닌 선전선동적 성격을 드러내고 있다.

> 위대한 수령님의 신년사에 무한히 고무된 남조선 혁명가들과 인민들의 마음은 수령님에 대한 무한한 흠모의 정으로 가득 차 있으며 그들은 영생불멸의 주체사상의 휘황한 기치 따라 남조선사회의 민주화와 조국통일을 위한 정의의 애국투쟁에 더욱 힘차게 떨쳐나서고 있다.[15]

대외적 통일환경에 관한 연구의 경우, 미·일을 중심으로 한 서방사회의 영향에 관해서는 매우 부정적인 시각을 견지하고 있는 데 반해, 제3세계 또는 해외통일운동에 관해서는 매우 긍정적인 접근을 시도하고 있다는 점이다. 이 또한 미·일을 중심으로 한 서방세계의 영향력에 대항하고, 제3세계 국가들을 중심으로 연대성을 강화하고자 하는 전략의 일환으로 볼 수 있다. 통일환경 분야의 연구에서 주제별, 대상 국가별 메시지 전달 방식의 차이를 살펴보면 다음과 같다.

〈표 13〉〈통일환경〉 분야의 이슈별 메시지 유형

시기	부정적	긍정적
~1960년대	미주도하의 유엔결의 ; 외세간섭	-
1970년대	미, 두 개조선 조작책동 ; 외세간섭	세계, 소련, 구라파사회주의, 브라질, 국제적 연대성
1980년대	미·일, 두 개조선 조작책동 ; 미, 통일방해 ; 일, 비핵3원칙	국제적 지지 연대성 (소련, 구라파사회주의, 브라질) ; 범민족, 제3선언문
1990~ 2000년대	미, 조선분열 책임 ; 미, 통일방해	국제환경 조성

---

15) 위재협,「민주주의와 조국통일을 이한 남조선인민들의 의로운 투쟁은 반드시 승리할 것이다」,『남조선문제』1980년 3호, 3쪽.

2) 남북관계와 변수와의 상관성

(1) 남북관계와 주제변수와의 상관성

〈표 14〉 남북관계와 주제변수와의 상관성

연구주제		냉전기	관계개선(1)	교착기(1)	관계개선(2)	교착기(2)	화해협력	교착기(3)
		1945~1970	1971~1973	1974~1983	1984~1993	1994~1999	2000~2008	2008~
통일방안	통일관	-	1	4	1	-	-	-
	통일방안	-	2	8	6	4	1	-
통일정책	정책기조	-	-	6	5	-	1	-
	정책사안	4	3	30	29	2	2	1
통일운동	남한사회	7	-	5	13	1	3	-
	해외·범민족	1		6	8			
통일환경	국제환경	2		9	15	-	-	
	미·일	-	1	7	8	1		

　남북관계와 주제변수와의 관계를 분석해본 결과, 시기를 불문하고 통일정책–정책사안에 관한 주제 연구가 높은 빈도를 보이고 있으나, 상대적 연구비율을 볼 때, 관계개선/협력기에는 대결/교착기에 비해 통일방안 연구와 통일운동, 통일환경 연구비율이 다소 높음을 알 수 있다.

〈그림 5〉 남북관계와 주제변수와의 관계

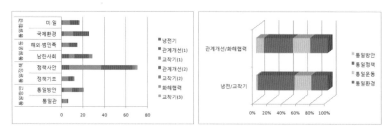

(2) 남북관계와 연구동인의 상관성

〈표 15〉 남북관계와 연구동인의 상관성

연구동인		냉전기	관계 개선(1)	교착기 (1)	관계 개선(2)	교착기 (2)	화해 협력	교착기 (3)
		1945~ 1970	1971~ 1973	1974~ 1983	1984~ 1993	1994~ 1997	1998~ 2008	2009~
남한 요인	정책요인	1	5	35	42	6	3	1
	일반요인	6	1	17	9	1	3	0
북한 요인	정책요인	1	1	5	13	-	-	-
	일반요인	6	-	18	21	-	2	-

남북관계에 따른 연구동인의 양상을 분석해 본 결과 관계개선/협력기에 남한정책요인이 상대적으로 높은 비율을 보이는 데 비해, 냉전/교착기에는 남한일반요인과 북한정책요인의 비율이 높음을 알수 있다. 이는 관계개선/협력기에는 남한 당국의 대북·통일정책이주요 요인으로 등장하고 있음에 비해 냉전/교착기에는 남한정책요인에 의한 연구가 감소하는 대신, 북한정책요인과 남한일반요인에의한 연구가 증가하고 있다.

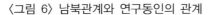

〈그림 6〉 남북관계와 연구동인의 관계

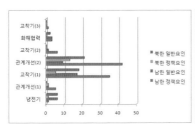

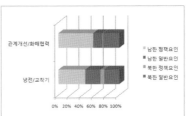

(3) 남북관계와 연구목적의 상관성

〈표 16〉 남북관계와 연구목적의 상관성

연구성격	냉전기	관계개선(1)	교착기(1)	관계개선(2)	교착기(2)	화해협력	교착기(3)
	1945~1970	1971~1973	1974~1983	1984~1993	1994~1999	2000~2008	2008~
학문정체성	-	-	-	-	-	-	-
이론적해석	-	1	-	1	1	-	-
정책비판	3	5	42	36	5	4	1
정책제안	-	-	1	7	-	-	-
체제합리화	11	1	32	41	1	4	-

　　남북관계 변화에 따른 연구성격 변수의 상관성을 보면, 냉전/교
착기에는 정책비판이 52.04%로 가장 높은 빈도를 보이고 있으며 체
제합리화를 위한 연구가 44.89%를 차지하고 있다. 이에 비해 관계
개선/화해협력기에는 정책비판이 45.45%로 감소하는 대신, 체제합
리화가 46.46%를 증가세를 보인다. 또한 관계개선/화해협력기에는
정책제안이 7%로 증가했음을 알 수 있다.

〈그림 7〉 남북관계와 연구성격의 관계

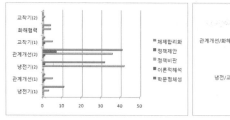
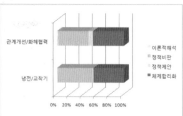

(4) 남북관계와 메시지 방식의 상관성

〈표 17〉 남북관계와 메시지 유형의 상관성

메지시 방식	냉전기	관계개선(1)	교착기(1)	관계개선(2)	교착기(2)	화해협력	교착기(3)
	1945~1970	1971~1973	1974~1983	1984~1993	1994~1997	1998~2008	2009~
긍정적	8	-	21	38	1	3	-
부정적	6	7	54	47	6	5	1

북한의 남한연구가 대체로 부정적 메시지 전달 방식을 전형적인 특성으로 하고 있으나, 분석결과 남북관계의 변화여부에 영향을 받고 있음을 확인할 수 있다. 연구비율을 보면, 냉전/교착기의 경우 긍정적 메시지 방식이 30.61%임에 비해 관계개선/화해협력기의 경우 부정적인 메시지 방식이 41.41%로 상대적으로 높음을 알 수 있다.

〈그림 8〉 남북관계와 메시지 유형의 관계

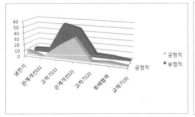
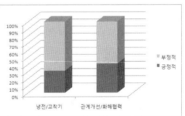

3. 북한의 남한 통일정책연구의 인과적 특성

본 논문에서는 북한의 남한 통일정책연구의 인과적 특성 규명을 위해 연구동인과 연구성격을 원인변수로 설정하고, 연구의 결과에 영향을 미친 매개변수로 남북관계의 변화를 주목하였다.

'학문정체성구축', '이론적해석', '정책비판', '정책제안', '체제합리

화'라는 다섯 가지의 연구성격에 따라 분류해본 결과 북한의 남한
통일정책연구의 경우, 남한정책 비판(49.23%) 가장 높은 빈도를 보
이고 있으며, 다음으로 자신들의 체제합리화(45.17%)를 위한 논의
가 높은 빈도를 보이고 있다. 또한 이때 정책비판을 목적으로 한 연
구의 경우 연구의 동인으로서 남한정책요인(85.50%)이 가장 높은
빈도를 보이고 있으며 다음으로 남한일반요인(10.30%)에 의한 연구
가 뒤를 잇고 있다.

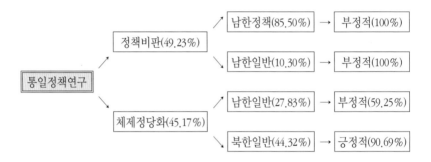

    이러한 분석을 통해 확인할 수 있듯이 북한의 남한연구는 남한
당국의 통일정책이 연구동인으로 작용하여 수행되고 있으며 남한정
책비판과 체제합리화를 목적으로 이루어지고 있다.
    본 연구에서는 연구성격과 연구동인을 원인변수로 설정하여 연구
의 계기를 분석하는 한편, 남북관계 변화여부가 북한의 남한통일정
책연구에 영향을 주었을 것이라는 가설을 가지고 남북관계 변수를
매개변수로 설정하여 각각 변수들 간의 관계를 분석하였다. 본 연
구에서는 남북관계를 '냉전/교착기'와 '관계개선/협력기'로 구분하고
각각의 기간 동안 분석 변수들 간의 관계성을 살펴보았다.

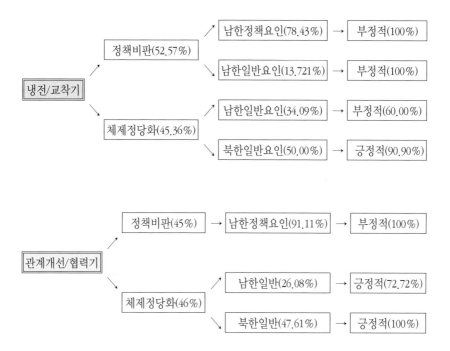

　분석 결과를 통해 알 수 있듯이, 남북관계 요인이 북한의 남한 통일정책연구의 목적과 동인에 영향을 미치고 있음을 확인할 수 있다. 이와 함께 남북관계 요인은 연구의 주제에도 영향을 미치고 있는데, 남북관계의 관계개선/협력기에는 냉전/교착기에 비해 통일방안 연구와 통일운동, 통일환경 연구비율이 증가하고 있는 데 반해 냉전/교착기에는 상대적으로 통일정책에 관한 연구비율이 증가하고 있다. 한편 메시지 유형이 남북관계의 변화여부에 큰 영향을 받고 있음을 확인할 수 있다. 연구비율을 보면, 냉전/교착기의 경우 긍정적인 메시지 방식이 30.61%임에 비해 관계개선/화해협력기의 경우 긍정적인 메시지 방식이 41.41%로 상대적으로 높음을 알 수 있다.

VI. 맺음말

북한의 남한 대북·통일정책 분야에 대한 연구들을 검토해 본 결과 다음의 몇 가지 특징을 확인할 수 있다.

첫째, 남한통일정책에 관한 연구가 집중적으로 진행된 시기의 문제이다. 북한의 남한통일정책에 관한 연구가 1970년대와 1980년대에 집중되어 있다는 것이다. 이것은 북한이 남한연구를 본격화하면서 출간한 남한연구 전문학술지인 『남조선문제』가 1964년 창간됨에 따라 1960년대 중반부터 남한연구가 본격화된 것이 큰 원인으로 작용하고 있는 것으로 보이지만, 『근로자』(1946년 창간), 『김일성종합대학학보』(1956년 창간) 등의 연구현황을 보더라도 북한에서의 남한 통일정책의 연구가 1970년대와 1980년대에 집중되어 있다는 것은 시사하는 바가 크다고 할 수 있다.

그것은 먼저, 남북관계의 변화를 일정부분 반영한 것으로 보인다. 1970년대 초 미국과 소련 사이에 데땅트가 진행되고 미국과 중국 간의 관계가 개선되는 등 한반도를 둘러싼 국제사회의 변화는 남북 당국의 대남, 대북정책에도 그 영향이 파급되어 남북한은 특별한 대책을 마련해야 했다. 또한 남북한 모두 내부적으로 통일정책의 전략 수정이 필요한 시점이었다. 남한은 그동안의 경제발전을 바탕으로 남북관계에서의 자신감을 획득했으며, 북한 당국으로서는 남조선혁명론에 입각한 통일전략에 수정이 불가피한 시점이기도 했다.

이러한 대내외적 환경변화는 남북한 당국으로 하여금 상대방과의 대화와 교류의 필요성에 공감케 했으며 그 결과 상대방을 협상의 파트너로 인식하게 되었다는 점에서 큰 진전을 가져왔다고 할 수 있다. 이러한 변화는 북한에 있어서 남한의 통일정책연구의 관심증대라는 현상으로 나타난 것이다. 물론 이러한 현상은 남한의 경우도 유사한데, 한국정부는 1969년 통일원을 발족하고 통일정책을 위한 인프라 구축에 박차를 가하였으며, 학술 분야에서도 1970년대에 접어들면서 북한을 학술적으로 접근하려는 시도들이 본격화되었음을 상기할 필요가 있다.[16]

두 번째로, 연구의 내용적 측면을 살펴볼 때, 북한의 남한 대북·통일정책연구는 남한의 통일방안과 통일정책들에 대한 비판으로 일관되어 있다. 그 세부적 내용들은 한국정부의 통일방안에 대한 논리적 비판과 한국정부의 통일정책에 대한 비난에 중점을 두고 있다. 예를 들자면, 박정희정권 시기의 "자유민주주의 체제하의 통일"은 "승공통일론의 변종으로써, 남조선을 미제의 식민지로 만들려는 민족분열론"으로 평가하며, "선평화, 후통일론"은 "통일여건을 구실로 통일을 위한 실제적 조치를 취하지 않는, 분열주의적 구호"로 평가절하하고 있다. 또한 "민족화합민주통일방안"은 "두개조선으로 영원히 고착화시키려는 분열영구화 책동"이라고 비판하고 있으며, "한민족공동체통일방안"에 대해서도 이 통일방안이 제기하고 있는 과도적 중간단계가 통일에의 접근단계가 아니라 남과 북을 두 개 국가로 분열시키는 단계라고 비판하고 있다. 남한의 통일정책에 대한 비판과 남한정부에 대한 비난으로 일관한 북한의 연구경향은 남한정부와의 체제경쟁적 차원에서 더욱 가속화되었다.

세 번째로, 연구의 유형에 관한 측면을 살펴볼 때, 북한의 남한 통일정책연구는 정책연구적 성격을 강하게 띠고 있다. 본 연구를 통해서 확인할 수 있었듯이 연구의 주된 목적이 남한정책비판(49.74%)과 북한체제 합리화(44.67%)를 위한 것이었음을 알 수 있다. 또한 연구의 동인은 남한정책요인(46.70%)에 촉발된 것으로서 남한정책에 대한 대응차원에서 이루어진 연구가 높은 빈도를 보이고 있었다. 연구의 메시지 성격유형을 보면, 북한의 남한 대북·통일정책은 부정적

16) 강성윤, 「「북한학」 연구의 현황과 과제」, 『분단반세기 북한 연구사』, 한울아카데미, 1999, 15쪽.

방식(74.61%)에 의존하고 있으나 통일운동 분야를 비롯해 북한체제를 합리화하기 위한 긍정적 방식의 메시지유형도 비교적 높은 빈도 (25.39%)를 보이고 있다.

네 번째, 북한의 남한 대북·통일정책연구는 남북관계 변수에 큰 영향을 받고 있다는 점이다. 연구의 분석결과 남북관계의 개선과 경색 여부에 따라 연구의 목적 및 연구주제 분포에서도 차이를 보이고 있다. 관계개선/화해협력 시기에는 정책비판의 목적에 따른 연구뿐만 아니라, 정책제안을 위한 연구도 진행되고 있다. 또한 연구주제에 있어서는 통일정책 연구분야뿐만 아니라 통일운동 분야의 연구가 증가하는 등 연구성과에 영향요인으로 작용하고 있다. 이러한 연구경향의 차이는 연구의 메시지 유형에도 영향을 미치고 있으며 관계개선/화해협력기에는 상대적으로 긍정적 방식의 메시지 유형이 증가하고 있다.

마지막으로, 남한 대북·통일정책연구와 북한의 대남·통일정책과의 상관성의 문제이다. 먼저, 북한의 남한연구의 성격이 대개 그러하듯이 남한통일정책에 관한 연구들은 북한의 통일정책을 정당화하는 기능을 수행하고 있다고 보여진다. 이는 북한의 학술적 연구가 갖는 전형적 성격에 기인하는 것으로서 북한에서 학술적 연구활동은 철저히 당의 정책과 수령의 교시에 부합된 것이어야만 한다는 원칙에 따라 이루어지고 있다. 특히 각각의 개별논문들은 김일성, 김정일의 교시를 인용하며 논의를 전개하고 있어서 당 지도부의 통일정책을 해설하는 역할을 수행하고 있다.

이러한 이유로 북한의 남한 대북·통일정책연구는 북한의 통일정책 결정의 영향요인이라기보다는 정책 반영으로서의 성격이 강하다고 볼 수 있겠다. 그러나 북한이 남한의 통일정책에 대한 대항논리를 만들어 가는 데에는 일정부분 기여했다고 할 수 있다. 북한의 연구들은 남한의 통일방안 및 통일정책을 외세의존적 정책, 분열주의적 정책, 반통일정책이라는 논리를 전개하는 한편 자신들의 연방제 통일방안을 민족자주에 기반을 둔 통일정책으로 주장하며 통일 의제를 주도해 가고자 했다.

남한 국제관계

이 종 국*

Ⅰ. 머리말

북한이 전개한 대 남한 국제관계에 관한 연구는 냉전과 남북분단이라는 한반도의 특수한 상황 속에서 제한적으로 전개되었다. 북한은 국가수립과 함께 한반도에서 한국을 어떠한 대상으로 생각하면서 자신들의 국가건설을 하였을까? 대체로 북한은 남한을 미국과 일본의 종속국가로 생각하면서 제국주의 정책을 비판하는 입장을 취하였다. 그리고 북한의 목표는 사회주의혁명을 통하여 한반도를 통일하고 궁극적으로 사회주의 국가를 건설하고자 하는 것이다. 그러나 이러한 목표는 한국전쟁 이후 현실적으로 이루어질 수 없는 중장기적인 목표가 되었다. 그리고 1960년대 이후 남북한은 정통성을 위한 경쟁과 국제사회에서 체제 우위경쟁을 진행하였다. 이러한 경쟁은 1965년 한일국교정상화와 함께 깨지기 시작하였으며, 그 이후 북한은 남한과 공존하지 않으면 안 되었다. 김일성은 한국과 평화공존을 모색하며 점차 제도화에 관심을 기울이게 되었다.

* 동북아역사재단 연구위원

이 글에서는 북한이 자신들의 실리와 신념체계 속에서 대외관계와 대남정책을 실시하였다고 전제하고, 북한의 남한국제관계연구가 전개된 기본적인 입장을 살펴보고자 한다. 당시의 대외환경의 변화를 고려하면서 연구하는 작업은 기존의 연구를 넘어 새로운 시도임에는 틀림없다. 북한은 국제질서를 미국과 소련을 중심으로 이루어진 제국주의 세력과 사회주의라는 구조로 이해하면서, 당시 국제정세는 제국주의자들에게 불리하며, 혁명하는 인민들에게 유리하다고 진단하였다.[1] 그리고 당시를 자주성의 시대이며 반제투쟁의 시대[2]라고 규정하였다.

북한이 거듭하여 주장한 논리는 한반도에서 평화를 담보하는 방법은 정전협정을 평화협정으로 바꾸는 것이며, 남과 북이 남북공동성명을 준수하고, 남과 북 사이의 군사적 대치상태를 해소하기 위한 결정적 조치가 취해져야 한다는 것이었다.[3] 이러한 점을 미루어 보면 북한은 사회주의 동맹국가인 중국과 소련의 관계를 기초로 하면서 적대관계에 있었던 자본주의 국가 미국과 일본을 중심으로 대외정책을 전개하였으며, 이러한 국제관계 속에서 남한을 하나의 변수로 다루었을 것이다. 그러나 그들은 한반도를 중심으로 자신들의 혁명 전략을 전개할 때 이것은 단순히 변수가 아니라 주체로 인식하기도 하였다.

북한의 국제관계관은 국제정세의 변화에 따라 어떠한 인식을 하였는가? 그리고 북한의 정책결정자들이 당시의 국제질서를 어떻게 보았는가? 이러한 의문들은 미국과 일본에 대한 인식, 한국정부를

---

1) 박인근, "미제는 민족적 독립과 자주권의 횡포한 교살자", 『근로자』 1976년 12호(누계 416호), 58쪽.
2) 위의 글, 59쪽.
3) 김필헌, "남조선에 대한 미제의 교활한 영구강점책동을 단호히 짓부시자", 『근로자』 1975년 9호(누계 401호), 56쪽.

보는 시각 등 북한이 동아시아 질서를 보는 시각이라는 주제로 여러 논문이나 단행본을 통해 선행연구가 잘 진행되었다. 사회주의 국가 북한이 남한을 연구하는 시각은 자본주의의 시각과 많이 다르다. 시종일관 선진 자본주의를 제국주의로 규정하고, 한국은 그들이 전개하는 제국주의 식민정책에 의해 작동되는 국가라고 인식하고 있다. 그리고 국제정세의 변화에 따라 북한이 전개하는 정책은 한국에서 미국과 일본이 전개하는 대 한국정책을 비판하고, 미국과 일본의 중심세력과 한국의 중심세력 관계를 비판하는 입장을 일관되게 가지고 있다. 북한은 소위 제국주의 연구에서 중심의 중심세력과 주변의 중심세력이 깊은 연관성이 있다는 협력(collabration) 관계를 자신들의 논리로 하고 있다.

그들이 한국의 국제관계에 깊은 관심을 가지고 연구를 하게 된 원인은 역시 대남정책을 수행하여 그들의 궁극적인 목적인 혁명을 통해 적화통일을 실현하기 위한 것이었다. 그리고 북한이 깊은 관심을 가진 것은 한국과 관련된 국제적인 이슈들과 한미일 사이의 국제정치 현안들이 대부분이었다. 이러한 현안들이 자신들의 대남정책을 실현하는데 어떠한 위치에 있었는가를 평가하는 자료로 관련 논문들이나 정책보고서가 작성되었다고 보아야 할 것이다.

한반도를 둘러싼 국제환경은 냉전의 변화와 함께 한미일 3각 동맹체제의 모습은 동맹관계의 편승, 변화, 이탈, 군사동맹의 강화 등 여러 가지 형태로 변화해 왔다. 이러한 변화에 대해 북한은 미 제국주의와 일본 군국주의의 대한국 식민지 정책의 전개라고 강력하게 비판하였다. 이러한 북한의 비판을 이해하기 위해서는 한반도 주변 국가들과 한국의 관계가 북한의 대남정책에 어떠한 요소로 작용하였을까와 깊은 관련성이 있다고 보아야 할 것이다.

한국의 국제관계의 발전은 북한이 대남정책을 수행하는 과정에서 중요한 판단자료였을 것이며 요소였을 것이다. 그리고 한국의 적

극적인 대외관계의 전개 및 진행은 북한에게 많은 부담이 되었고 정
권유지나 북한의 대내외 안전보장에 커다란 영향을 미쳤을 것이다.

　동아시아에 있어서 냉전의 변용이 진행되자 한국의 국제관계는
적극적인 외교를 전개하였다. 이러한 변화에 대한 북한의 대응은 한
국과 주변 동맹국가들에게는 항상 경계의 대상이었다. 일반적으로
모든 국가들은 상대방 국가들의 국제관계 활동에 민감하게 반응하
며 적극적으로 대응하는 것이 원칙이나, 북한은 다른 입장을 취하였
다. 즉 북한은 한국이 미국과 일본에 의해 식민지 지배를 당하고 있
으므로 해방전쟁을 통하여 한국을 구출해야한다고 주장하면서, 한국
정부를 타도해야 하는 상대로 인식하였다. 분단국가 동서독과는 달
리 북한은 분단을 해결하려는 방안을 모색하는 것보다는 폭력적인
방법으로 자유민주주의를 방해하고 테러, 정권전복 등의 형태를 통
해 대한민국의 정부를 타도하려 하였다. 물론 한국이 전개하는 적극
적인 국제관계 활동을 방해하면서 정통성 경쟁을 하였다. 그러므로
북한은 대남정책을 유리하게 전개하기 위하여 한국의 국제관계를 깊
이 연구하였을 것이다. 냉전기 남북한의 국제관계는 기본적으로 안
전보장이 중심이었다. 그러나 국제정세의 변화에 따라 한국은 안전
보장에서 경제문제 쪽으로 관심을 보였으나 대조적으로 북한은 근본
적인 변화를 하지 않았다. 그 결과 북한의 남한 국제관계 연구는 자
신들의 기준 아래서 한국외교의 전개에 대응하는 것이 대부분이었
을 것이다.

II. 북한의 남한 국제관계연구 현황분석

1. 잡지별 현황

잡지명	미국관계		미국의 동아시아정책		한일관계		남한관계	
	미제국주의	미군철수	아시아침략정책	대한국정책	일본군국주의	한일협정	국내정치	국제관계
남조선문제	134		9	6	55	4	65	
근로자	60				2	4		5
김일성종합대학학보	15		1		4	1		
철학연구	1							
력사과학	7				3			
정치법률연구	6						1	
조선녀성	44					5	1	
국제생활	26	1	3		1	1	2	1
조선예술					1			
사회과학	8		2					
사회과학원 학보	4							
인민교육	3							
직맹생활	1							
상업	2							
교원선전수첩	16					1		1
조선사회민주당	6		1					1
인민	4							
경제논문집	1							
저작집	1							
조선대학학보						1		
조선문제연구				1		3	1	

북한의 대 한국관련 국제관계연구를 취급한 잡지들은 다양하게 있지만, 주로 사회과학적인 입장에서 설명된 잡지는 『남조선연구』,

『근로자』, 『김대학보』, 『정치법률연구』 등이다.

『근로자』 역시 미국을 제국주의 침략자들이라고 규정하고 미 제국주의의 침략정책은 여러 가지 방법과 형태로 감행되고 있다고 주장한다. 특히 1960년대 북한은 미국이 행한 대 한국정책을 식민지 통치수법이라고 설명하면서 악랄한 식민지 통치자라고 비판하였다. 그리고 이 잡지를 통하여 북한은 미 제국주의, 신제국론, 세계화 등의 주제를 사회주의 북한이라는 입장에서 주장하였다.

그리고 『김대학보』는 미 제국주의와 일본 군국주의를 비판하면서 미국과 일본의 대 한반도 정책의 구체적인 내용을 자신들의 입장에서 주장하고 있다.

북한 역시 한국이 점점 강해지는데 대한 불안감을 보이고 있으며 한미일 관계가 강화되는 것을 위협으로 느끼고 있다. 그 결과 한국이 전개하는 대 미국과 일본에 대한 정책을 강하게 비판하면서 3국간의 이간(離間)정책을 전개하였다. 이러한 북한의 정책이 실패를 거듭하자 그들은 군을 중심으로 한 군사국가화의 길을 모색하고 위기 시스템 아래서나 동원되는 국가의 통치행위를 전개하고 있다. 북한은 미국의 대 한국정책을 최우선적으로 비판한다. 그리고 일본을 비판하면서 역대 한국정부를 미국과 일본의 추종세력 내지 협력자라고 강하게 비판한다.

마지막으로, 한미일 관계에 있어서 중요한 정치외교의 현안이 있을 경우 반드시 모든 잡지들이 비판하는 입장을 보이고 있다. 한일회담, 한미상호안전보장 관련 회의, 군사훈련 등의 이슈에 대해서는 미국과 일본을 제국주의와 군국주의 침략세력이고 교활하고 악랄한 식민지 통치자라고 강하게 비판하는 입장을 보이고 있다.

한국정세에 관해서는 상세하게 분석하고 현안을 예의주시하는 주도면밀함을 보이고 있으나 북한 자신들의 고정된 창을 통해서 한국을 관찰한 결과 잘못된 인식 아래 그릇된 정책을 전개하게 되었다.

　북한은 잡지의 성격에 따른 잡지 발간이라기보다는 모든 잡지가 북한당국이 전개하려는 정책적 의도를 구체적인 가이드라인에 따라 전개하고 있다. 예를 들면 『조선녀성』, 『국제생활』, 『상업』, 『교원선전수업』, 『조선사회민주당』 등의 모든 잡지들이 일관되게 체제를 위한 서술을 행하고 있다.

　본 연구에서는 북한의 대 남한의 국제관계 연구의 특징을 살펴보고 그 유형화를 시도하고자 하는 것이 연구의 목적이나, 천편일률적인 북한의 내용서술 분석을 극복하는 차원에서 그들의 주장은 한반도 주변을 둘러싼 국제정치나 세계정치와 매우 밀접한 상관성을 가지고 있다는 것을 지적할 수 있다. 그러므로 본 연구에서는 어떤 사건의 선행 충분조건과 인과 메커니즘을 앎으로써 그 사건이 왜 발생하였는가를 잘 설명할 수 있을 것이다. 각 잡지에서 주장하는 북한의 주장은 당시 북한의 지도자들이 국제관계를 어떻게 인식하였는지를 이해할 수 있는 기초자료이며, 각종 주장과 비판은 북한이 남한의 국제관계를 설명하는 내용이었다고 할 수 있다. 북한은 대남정책을 전개하기 위하여 한미일 관계를 보다 잘 활용하였다. 그들의 이러한 전략은 미국과 일본을 견제하고 중국과 소련으로부터 얻은 일종의 교훈일지 모른다.

2. 시기별 연구 현황

주제분류	세부분류	40년대	50년대	60년대	70년대	80년대	90년대	2000년대	합계
미국관계	미제국주의	4	21	23	65	144	18	48	323
	미군철수					1			1
미국의 동아시아 정책	아시아 침략정책			2	6				8
	대한국정책		3	3	2	2	1		11

한일관계	일본군국주의		1	5	30	26		8	70
	한일관계		2	8	8	7	1		26
한국비판	대미국정책				1	2	1		4
	대일본정책	1		4	3	2			10
	국내정치	2			4	33			39

　자세한 논의는 4장에서 북한의 남한국제관계연구를 시기별로 설명할 것이다. 기본적으로 북한의 남한 국제관계연구는 1960년대와 1970년대, 1980년대, 1990년대 네 시기로 나누어 설명할 수 있다. 이러한 시기 구분은 대체로 동북아시아 질서에서 전개되는 상황들과 많은 관련성을 가지고 있다. 북한은 이 시기 동안 미국, 일본, 한국을 중심으로 전개된 국제관계를 비판하였으며, 특히 1960년대와 1980년대는 미국과 일본을 강하게 비판하면서 자신들의 정책의 정당성을 확보하려고 노력하였다. 1970년대는 국제적인 긴장완화의 진전과 함께 북한은 실리적인 외교를 전개하였다. 물론 이러한 외교를 전개하면서도, 미 제국주의를 강하게 비판하고, 일본의 군국주의와 한일관계를 강하게 비판하였다. 위 표에서 알 수 있듯이 북한의 관심은 동서냉전이라는 구조 속에서 북한이 직면한 상황을 극복하기 위하여, 한미일을 비판하면서 특히 미국을 집중적으로 비판하는 것이었음을 알 수 있다.

3. 연구주제별 현황

분야	주제분류	세부분류
남한의 국제관계연구	미국·일본의 국제관계	미국 제국주의
		일본제국주의·군국주의
	한국과 미일관계	한미, 한일관계

남한의 국제관계연구	한반도 평화문제	남한정부
		평화통일
		3자회담
		핵문제

　주제별로 보면, 먼저 미국과 일본의 국제관계에 관한 주제들이 제일 많이 다루어지고 있다. 특히 미국과의 관계에서 미국을 제국주의로 규정하면서 미군철수를 강하게 비판하였다. 북한이 가장 많이 주장하는 것은 주로 미국의 대 한국정책을 부정적으로 평가하는 항목이다. 미제의 식민지 통치는 제국주의의 본성 자체로부터 온 것으로 보고 있으며, 일본의 제국주의와 본질 면에서는 같으며 통치방식이 다르다고 강조한다. 구체적으로 한미행정협정은 "미국이 남한강점을 정당화하고 남한에서 무제한 약탈만행을 합법화하는 책동"이라고 주장하고 있다.

　그리고 한일관계에 있어서는 일본의 대 한국정책을 비판하는 글이 대부분이다. 한일 안전보장문제와 관련하여 북한은 한국의 안전과 일본의 안전이 서로 연결되어 있어 일체를 이루고 있다고 비판하고 있다. 이처럼 북한은 한미일 관계가 긴밀해지는 것을 항상 견제하면서 비판하고 있다.

Ⅲ. 북한의 남한연구 경향 및 특성

1. 1960년대 연구 경향

　북한은 기본적으로 대결적인 입장을 보이고 있다. 그들의 인식은 미국과 일본은 제국주의적인 침략적 본성을 가지고 계속 침략하고 있고, 제국주의와 지배주의 세력 그리고 한국의 파쇼정권을 타도의 대상으로 설정하였다. 이러한 북한의 인식 아래 그들의 목표는 북한에서 사회주의 건설 및 완전한 승리이며, 궁극적인 목표는 민족해방과 인민민주주의 혁명완수를 통한 한반도의 공산화였다. 그러므로 그들의 대남정책 또한 당시 국제상황과 한국의 국제관계 발전 이라는 두 가지를 동시에 고려하면서 진행하였을 것이다.

1960년대 4·19혁명으로 한국정치사회는 사회불안 속에서 혁신계를 비롯하여 중립화론자에 이르기까지 다양한 사회단체가 등장하였다. 그 결과 한국사회는 혼란을 거듭하였다. 이러한 상황이 진행되자 북한은 남북교류, 남북대표자연석회의, 미군철수를 통한 평화통일 등 위장 평화공세를 강화하였다.[4]

1960년대 북한은 중·소 분쟁 그리고 사상과 외교 분야에서 사회주의 진영 내 충돌 발생이라는 어려운 환경에 직면하자 제3세계 국가의 일원으로 등장하여 자주노선을 강조하는 정책을 선택하기 시작한다.[5] 동시에 북한은 경제발전이 부진해지면서 군인들의 모험적인 행동은 김일성과 북한에 불안한 분위기를 조성하기 시작하였다.

1960년대 북한은 제4차 당대회(61년 9월) 이후 다변화 외교를 추진하기 시작하였다. 김일성은 당대회 사업총화 보고에서 사회주의 국가들과 상호협조와 친선을 발전시키면서 서로 다른 사회제도를 가진 국가들과도 평화공존의 원칙에 따라 관계발전을 하겠다는 의지를 밝혔다.[6] 당시 북한은 한국에 대해 적극적인 평화통일방안을 제시하면서 자본주의 국가들과 관계수립을 모색하였다는 것이다. 이러한 북한의 노력은 냉전초기 이후 진행된 블록 간 대립을 극복하려는 미국과 소련의 노력에 순응하고 있다는 입장을 취하면서, 실질

---

4) 대한민국 외교부, 『韓國外交 30年: 1948~1978』(1979), 75쪽.
5) 서대숙, 『현대북한의 지도자』(을유문화사, 2000), 109~121쪽.
6) 정규섭, 『남북한외교의 어제와 오늘』(일신사, 1997), 55쪽.

적으로는 한국과 미국, 일본을 비판하는 행동을 보였다. 북한의 노력은 결국 실패로 돌아가고 사회주의 국가들 사이에서의 상호협조와 원조문제 그리고 제3세계 국가들과 친선협조관계 확대와 민족해방투쟁 노선의 강조로 일관하였다.[7]

이러한 북한의 움직임에 대응하여 우리정부는 1961년부터 미국과의 관계를 강화하는 안보외교를 추진하면서 경제협력을 도모하는 외교를 전개하였다.[8] 1960년대 한국정부는 적극적으로 실리외교를 전개하였다. 그리고 통일외교도 적극적으로 전개하였다. 박정희 대통령은 1964년 1월 10일 연두교서를 통하여 "UN을 통해서 자유민주주의 원칙에 따라 통일을 달성할 수 있도록 적극적인 외교활동을 전개할 것입니다.……"[9]라고 통일외교를 강조하였다.

이러한 한국의 적극적인 외교활동 전개는 북한에게 위협적인 것으로 인식되었다. 북한은 점점 호전적인 자세를 취하면서 김일성은 소련을 방문하여 「우호협력 및 상호원조에 관한 조약」이라는 군사동맹조약을 체결하였다. 그리고 베이징을 방문하여 7월 11일 북한은 동일한 군사동맹조약을 체결하였다.[10] 당시 북한은 한국의 지도자를 비판하고, 한국의 정치체제에 대한 비판, 한국의 대외관계에 대한 비판이 주로 중심을 이루고 있으며 이러한 과정에서 김일성의 주장을 선전하였다.

1960년대 북한은 한국의 국제관계를 분석하면서 주로 신식민주의를 중심으로 한국을 비판하고 대 한국정책을 수립하였다고 볼 수 있다. 논문들의 주제[11]를 보면 미제침략정책, 미제국주의, 미국의 식

---

7) 위의 책, 57~58쪽.
8) 대한민국 외교부, 앞의 책(1979), 37쪽.
9) 위의 책, 78쪽.
10) 위의 책, 81~82쪽.
11) "한일회담의 본질을 정확히 리해하기 위한 몇 가지 문제"(65,8), "남조선에 대한 미제의 식민지 예속화 정책의 기본 특징과 최근 추세"(65,8), "미제

민지 예속화정책, 미국의 동아시아 전략 등이었다.

한미관계가 정상일 때 북한이 취하는 정책은 한미 간을 이간시키는 정책을 기본으로 하고 민족주의와 주체사상을 강조하였다. 그리고 긴장관계가 진행될 때는 미국에게 대화를 모색하는 정책들을 전개하고 평화정책, 한반도 통일 등의 정책을 실시하는 모습을 보였다. 그리고 한일관계가 정상일 때 북한이 취하는 정책은 한일관계를 이간시키는 정책을 전개하면서 한일 양국을 강하게 비판하는 정책을 실시하였으나, 긴장관계가 진행될 때는 일본과의 유화노선을 모색하면서 일본정부에 접근하는 정책을 전개하였다.

1960년대 한국외교는 미국과의 유대관계 강화로 집중되었다. 중요인사들의 방문외교와 조약들을 보면 이러한 사실들을 확실히 이해할 수 있다.[12] 이러한 한미관계의 강화를 지켜본 북한은 계속 미국과 일본을 제국주의로 비판하면서 미국을 강하게 비판하였다. 그리고 자본주의와 교류의 대상으로 삼았던 일본마저 소극적으로 일관하고 한일국교정상화라는 관계가 형성되자 북한은 더욱 미국과 일본을 비판하였다.

북한은 1964년 2월 27일 당중앙위원회 제4기 8차 회의를 통하여 미 제국주의자들을 몰아내고 민족해방혁명을 완수하기 위하여 통일을 위한 3대 혁명력량 방침을 제시하였다. 이처럼 북한은 1960년대 전반기 자신들이 설정한 혁명 전략을 완수하기 위하여 기존의 평화통일정책과는 차원이 다른 정책들을 내놓았다. 물론 이러한 정책이 등장하는 배경에는 한국의 경제발전 시작과 적극적인 외교정책에 많은 영향을 받았다고 볼 수 있다.

의 남조선에 대한 식민지 예속화 정책의 군사적 성격"(66,1), "남조선에 대한 미제의 식민지 예속화정책의 특징"(66,12), "남조선에 대한 미제의 군사기지화정책"(67,5), "미제와 박정희도당의 전쟁정책을 파탄시키자"(67,6).

12) 대한민국 외교부, 앞의 책(1979), 38~39쪽.

1965년 한국과 일본은 한일국교정상화를 맺었다. 우리 정부는 오랜 협상을 통하여 외교역량을 발휘하면서 적극적인 외교를 진행하여, 한일기본관계에 관한 조약, 재일 대한민국 국민의 법적지위 및 우대에 관한 협정, 대한민국과 일본국 간의 어업에 관한 협정, 재산 및 청구권에 관한 문제의 해결과 경제협력에 관한 협정, 문화재 및 문화협력에 관한 협정을 조인하였다. 이러한 외교노력은 한일 간의 문호개방뿐만 아니라 안보적인 차원에서도 중요한 의미를 가지고 있었다.[13]

이러한 상황이 전개되자 북한은 한일회담과 일본에 대해서 비판하였다. 먼저 한일회담은 "미국이 조종한 결과이며 침략적 군사뿔럭인 동북아세아 동맹을 조작하려는 음흉한 책동의 일환"[14]이라고 주장하였다. 그리고 미국이 한국에 대하여 식민지 예속화정책을 전개하고 있다고 비판하기 시작하였다.

1960년대 한국은 미국과 일본과의 관계를 정상적으로 구축하면서 국제적인 위상이 높아졌으며 경제적으로도 국력이 크게 신장하였다. 이러한 상황에서 북한은 간접적이고 소규모적인 도발을 일삼던 전략으로부터 무장 게릴라 침투와 휴전선 이남에서 군사작전을 시도하는 직접적인 침략을 감행하기 시작하였다.[15] 1968년 발생한 청와대 기습사건이나 미국의 푸에블로호 납치사건 등이 바로 북한의 도발형태였다. 우리 정부는 북한의 이러한 안보위협에 대처하기 위하여 미국과 협력적인 관계를 유지하면서 자주국방의 기초를 세워나가는 안보정책을 수행하였다. 1968년 4월 한미 정상회담을 통하여 미국의 존슨 대통령은 대한민국의 안전보장을 강화할 필요성은 한

---

13) 대한민국 외교부, 앞의 책(1979), 118쪽.
14) 김룡호, "한일회담의 본질을 정확히 리해하기 위한 몇 가지 문제", 『남조선문제』 1965년 5호(누계 11호), 50쪽.
15) 대한민국 외교부, 앞의 책(1979), 122쪽.

국을 위해서 뿐만 아니라 동북아시아 지역의 안전을 위해서도 중요
하다는 것에 합의하였다. 동시에 미국은 한국군의 현대화의 필요성
을 인정하였고 현대화 계획에 대한 미국의 지원도 확인하였다. 그
리고 한국과 미국 간 원활한 군사안보협력을 위하여는 국방 간 안
보회의를 제도화할 것을 서로 협의하였다.[16]

이와 같은 한미안보협력의 노력은 1969년 닉슨 대통령의 「괌 독
트린」으로 이어졌다. 아시아의 방위는 아시아 국가 자신의 책임 아
래 이루어져야한다는 것이다. 우리 정부의 안보외교방향은 주체적
이고 자주적인 입장에서 수립되어야한다는 것이었다.

북한은 1969년 11월 미국과 일본이 동아시아정책에 변화를 추구
하자 중국과 새로운 관계를 모색하기 시작하였다.

1960년대 북한의 대 남한 국제관계연구의 특징은 기본적으로 한
국의 국내정치를 활용하여 자신들의 목표를 달성하려 하였으며, 동
시에 미국과 일본이 전개하는 대 한국정책이 자신들에게 불리하자
강하게 비판하며 공격적인 자세를 취하였다는 것이다. 이러한 과정
에서 북한은 긴장을 조성하면서 도발을 일삼았다. 그러므로 1960년
대는 호전적인 북한의 이미지가 국제사회에 강하게 알려졌다. 북한
이 강경한 태도를 취한 배경으로는 미국이 전개하는 동아시아정책
과 한일국교정상화가 북한에게 많은 영향을 끼쳤기 때문이다. 그리
고 사회주의 국가인 중국과 소련의 갈등이 깊어지자 북한은 자주노
선을 선택하면서 보다 자신들의 의견을 강하게 주장하는 외교를 전
개하였다. 한국은 자주국방노력을 강화하였고 한미일 관계를 보다
강화하는 외교를 전개하였다. 1960년대의 북한외교가 북한의 한국
국제관계연구에 있어서 가장 강한 외교를 전개한 시기였다고 볼 수
있다. 북한을 두고 자본주의국가 미국과 일본, 사회주의 국가 중국

---

16) 위의 책.

과 소련이 북한에게 불리한 상황을 가져다주었다고 볼 수 있다. 이
러한 상황 아래서 북한의 한국에 대한 태도는 가장 도발적인 자세
로 나왔다고 볼 수 있다.

2. 1970년대 연구 경향

국제적인 긴장완화가 진행되자 북한은 대서방 접근을 시작하였다.
즉 국제적인 긴장완화기를 이용하면서 자신들의 전략구상에 몰두하
였다. 특히 미중 간의 화해가 동북아시아에서 진행되면서 북한은 자
주적 평화통일, 3자회담 등을 주장하면서 미국과의 관계개선에 노력
하였다. 즉 진영외교에서 긴장완화 외교를 추구하였다. 그러나 진영
외교와 그들의 사회주의적인 대결 사고가 그대로 유지된 상태에서
긴장완화 외교를 진행하였으므로 한계가 많았다. 소련과 중국이 대
미 강경노선을 포기하고 대화를 시작하자 북한은 강대국 사이의 긴
장완화가 진행되는 가운데 외교적인 수단으로 한국을 국제사회에서
고립시키는 정책을 전개하였다.[17]

1960년대는 남북한을 둘러싼 두 개의 세력권이 대립하는 시기였
다. 1970년대는 미중일 3국 관계가 정치 · 경제적으로 긴밀하게 되
고, 미국과 소련 사이는 대립이 진행되는 시기였다. 미국과 중국이
접근하게 되자 남북한은 1972년 남북공동성명을 발표하면서 동아시
아 국제질서의 변용에 능동적으로 대처하기 시작하였다. 물론 이러
한 남북한의 대화는 한반도에서 냉전체제를 종식시키는 의미는 아니
었으며 강대국의 접근으로 남북한의 국내체제는 서로 다른 입장을
취하는 태도를 보였다. 국제적인 긴장완화기를 맞이하여 남북한은

---

17) 小此木政夫, "朝鮮半島をめぐる国際政治", 三谷静夫 編, 『朝鮮半島の政
治経済構造』(日本国際問題研究所, 1983), 139쪽.

어느 정도의 자주성을 증대시키면서 동아시아 지역질서의 변화에 대응하려고 노력하였다. 북한은 이러한 주변국의 변화를 보면서 한 국이 전개하는 외교활동을 방해하고 고립시키려 노력하였다. 물론 이러한 노력은 1970년대 중반부터 어렵게 되지만, 당시 북한이 구상 하였던 계획은 동아시아 지역질서 변화와 한반도 관계개선에 역행 하는 것이었을지도 모른다. 그러므로 북한이 추구한 대외관계정책 은 사회주의 국가 사이에서도 대립하였으며, 그들의 전술적인 목표 를 달성하기 위해 설정해 놓은 대상 국가들과도 논리적으로 맞지 않 는 것이었다. 또한 당시 제3세계국가들에게 영향력이 있던 중국은 북한이 전개하는 과격한 외교노선을 어느 정도 완화시키며 그들의 영향력을 제한하는데 성공하였다. 당시 북한은 비동맹국가들과 관계 를 맺으면서 자주노선을 추구하는 동유럽국가들과 교류를 강화하였 으나 한국을 고립시키는데 실패하였다. 그 결과 대미관계 개선에 관심을 기울였다.[18)]

1970년대는 한국이 총력적인 안보외교를 전개함과 동시에 평화정 착외교를 전개하던 시기였으며, 동시에 1971년부터 한국군의 현대화 계획이 진행되었다. 주한미군 7사단이 철수함과 동시에 휴전선 방 위를 우리가 담당하게 되면서 우리군의 증강계획이 추진되었고 각 종 현대장비 국산화계획을 진행하였다.

1970년대 국내외 정세는 미국의 '닉슨 독트린'이 시작되면서 새로 운 질서를 예고하였다. 이러한 상황에 이르자 1975년경부터 북한의 김일성은 호전적으로 대응하기 시작하였다. 한국정부는 전쟁을 예 방하는 차원에서 모든 정책을 평화정착정책과 안보외교에 집중시켰 다. 구체적으로 평화정착 추구, 자주국방능력 배양, 우방들과 안보협 력을 강화하는 노력을 기울이면서 억지력을 최대한으로 높이는 정

---

18) 위의 논문, 140쪽.

0 of B

책대응을 실시하였다.[19]

당시 북한은 미국의 기본전략은 아시아 지역에서 혁명역량의 급성장을 가로막고 식민지 지배체제를 전면적으로 확립하는데 있다고 주장하였다.[20] 그리고 미국이 아시아 전략계획을 수행하는 과정에서 일본을 전략적 요충지로 생각하면서 활용하고 있다고 판단하였다. 즉 미국은 일본의 재무장을 인정하고 종속적인 동맹관계를 유지하고 정치, 경제, 군사적 결탁을 강화하여 미국의 이익을 지키려 한다고 북한은 판단하였다. 그리고 미국이 새로운 전쟁준비를 위하여 '한미일 3각군사' 동맹체제를 완성하고 일본의 모든 군사활동을 복종시키려 한다[21]고 계속 미국의 전략을 비판하였다. 이러한 북한의 인식은 바로 위협에 대한 잘못된 이해에서 비롯되었다고 볼 수 있다. 북한은 미국을 적으로 간주하고 미국은 동아시아 지역에 있어서 평화의 교란자이고 침략자라고 규정하였다.

일본에 대해서는 기본적으로 미국처럼 '일본 군국주의자들은 또다시 한국을 침략하기 위하여 전쟁준비를 하고 있으며, 아시아에서 미국의 전략적 요구와 대동아공영권의 옛 꿈을 이룩하기 위하여 침략무력이 증강되고 있다'[22]고 주장하였다. 기본적으로 북한은 미국을 침략과 전쟁의 주세력이라고 인식하면서, 일본을 비롯한 추종국가들은 아시아에서 미국의 기본전략을 지지하는 국가들이라고 판단하였다. 즉 미국과 일본을 침략자로 규정하면서 두 나라는 주종관계로 결탁되어있다는 것이다.[23] 이러한 북한의 인식은 식민지 지배

---

19) 대한민국 외교부, 앞의 책(1979), 131~132쪽.
20) 정성호, "미제의 남조선강점과 일본에 대한 통제", 『남조선문제』 1977년 4호, 26쪽.
21) 위의 논문, 27쪽.
22) 김선철, "일본군국주의의 재무장과 조선에 대한 침략전쟁준비", 『남조선문제』 1977년 7호, 15쪽.
23) 위의 논문.

자인 미국과 일본이 민족해방투쟁을 전개하는 북한을 말살하려한다
는 결론으로 연결된다. 제국주의 국가들의 복수주의적 야망으로 북
한이 희생당하는 구도를 상정하고 미일 양국이 공모결탁하고 있다
고 주장한다. 이처럼 북한의 안전보장에 대한 인식은 전쟁과 도발이
라는 것이다. 미국이 전개한 안전보장 정책에 대하여 북한은 정세를
도발시키는 것이며 변함없이 군사기지를 유지하는 것[24]이라고 비판
하였다. 그리고 한미 상호안전보장관계의 강화가 지속적으로 진행
되자 북한은 한반도에서도 인도 지나에서처럼 비극의 운명이 있어
날 수 있다고 위협하기도 하였다. 이처럼 북한은 미국의 닉슨주의로
부터 시작한 정책적 변화에 민감하게 반응하면서 미군철수에 모든
것을 걸고 정책적 대응을 전개하였다.

1970년대는 남북한 모두 국제적인 지지를 얻기 위하여 활발하게
노력하던 시기였다. 그리고 동시에 남북한 간 치열한 지지를 통해
통일정책을 달성하기 위하여 여러 가지 노력을 기울였다. 한국은
1974년 1월 18일 박정희 대통령이 연두기자 회견을 통하여 '남북상
호불가침협정' 체결을 북한에게 제의하는 등 노력하였으나, 북한은
한국의 제의를 받아들이지 않고 오로지 미국과 평화협정을 체결하
겠다는 의지를 보였다. 북한은 오로지 한국을 국제적으로 고립화시
키려는 전술을 전개하는 데 일관하였다. 이러한 북한의 노력은 당시
국제환경 속에서 어느 정도 효과를 거두기는 하였으나 한국의 적극
적인 외교노력과 북한의 외채불이행문제와 김정일 후계자문제가 국
제적으로 파문을 일으키면서[25] 한계를 드러내기 시작하였다.

또한 1970년대는 북한에게 있어서 세계 속에서 존재감을 잃기 시

---

24) 박일청, "조선에 대한 미제의 침략과 전쟁정책에는 변함이 없다", 『남조
선문제』 1977년 11호, 31~34쪽.

25) 重村智計·玉城 素, "80年代の南北関係", 三谷静夫 編, 『朝鮮半島の政治
経済構造』(日本国際問題研究所, 1983).

작한 시기인지도 모른다. 북한 외교정책의 목적은 "자주, 친선, 평화"라고 주장하면서 선진국들과의 대화는 기피하고 제3세계국가들과 관계를 유지하였다. 물론 선진 국가들을 신식민주의 정책을 펴는 국가들로 비판하면서 자립경제를 외쳤으나 구호에 그쳤다.[26)]

1970년대 북한은 한국의 경제발전을 위협으로 느끼기 시작하였다. 1960년대 자신들이 진행한 국방과 경제의 병진정책은 과다한 국방비 지출로 결국 예상보다 3년 이상 연기되었다. 이러한 상황 아래서 북한은 사회주의체제가 우위라는 이데올로기는 흔들리기 시작하였으며 자신들이 구상한 통일구상 또한 어려운 상황에 직면하였다. 이러한 국내외적인 어려움에 직면한 북한은 새로운 헌법을 제정하여 김일성의 절대 권력을 유지하고 주체사상을 중심으로 국가발전을 전개하지 않으면 안 되었다. 그러나 1970년대에 전개된 세계적인 긴장완화 상황은 북한과 중국, 소련 사이에 형성된 공통기반을 약화시켰으며 사회주의 국가 간 분열현상도 나타나기 시작하였다.

1970년대 북한의 대 남한 국제관계의 특징은 다음과 같다. 기본적으로 한반도를 둘러싼 동아시아 국제정치가 긴장완화 국면에 접어들자 북한은 자신들에게 유리하다는 판단 아래 동유럽과 제3세계를 중심으로 적극적인 외교활동을 전개하였다. 동시에 미국과 일본이 전개하는 동아시아 전략들이 자신들에 불리하자 민감하게 반응을 보이면서 새로운 정책적 대응을 시작하였다.

1970년대 북한은 미국과 일본이 전개하는 전략이라는 독립변수에 정책적으로 대응하였다. 동맹관계의 추이에 따라 북한은 자신들의 자주성을 강조하면서 대공산권 외교를 전개하기도하고 한국정책을 비판하였다. 국제적으로 긴장완화가 진전되면서 북한은 자신들의 실리를 위한 외교를 전개하였다. 이 시기의 북한이 전개한 대 한국의

---

26) 서대숙, 앞의 책(2000), 161쪽 이하.

국제관계 연구는 자신들의 실리외교를 전개하기 위한 기초였을 것
이다. 모든 국가들이 긴장완화를 전개하면서 자신들의 국익을 추구
하는 과정에서 북한도 사회주의 국가들과 개발 국가들과의 관계를
강화하는 정책을 추구하였다. 이것이 두 번째 형태(북한과 사회주의
국가와 개발 국가와의 관계 협력)라고 할 수 있다.

3. 1980년대 연구 경향

1980년 10월 제6차 당 대회에서 북한은 자주 · 친선 · 평화로 체계
화된 외교정책을 전개하기 시작한다. 그러나 북한의 적극적인 외교
활동은 점점 실패의 길로 접어들었다. 먼저, 북한은 미국을 제국주
의로 규정하고 미국이 전개하는 것은 식민지 침략과 약탈이라고 규
정지었다. 그리고 미국이 전개하는 정책은 힘의 대결 노선과 힘의
정책이라고 설명한다.[27] 1981년 취임한 미국의 레이건 대통령이 주
장한 정책들은 자주적인 국가들을 간섭하고 침략하는 것이라고 비
판하였다. 왜냐하면 레이건의 정책은 힘의 간섭정책이고 세계의 평
화를 위협하고 있다고 인식하였기 때문이다. 결국 미국은 자주성, 내
정불간섭의 원칙을 위반하면서 블록불가담 운동을 방해하고 있다고
북한은 주장하였다. 물론 북한은 당시 그들이 전개하던 비동맹운동
이 점점 약화되어가자 그 책임을 미국에게 지우면서 미국이 전개한
새로운 전략에 대해 강하게 비판하였다.[28]
둘째로, 일본에 대해서도 제국주의와 군국주의의 부활이라는 관
점에서 비판하였다. 당시 한국과 일본 사이에서 전개되었던 안보경
제협력에 대해 비판하고, 일본국내에서 전개되는 개헌문제에 대해서

---

27) 윤자홍, "1980년대 미제의 대외정책동향과 《두개 조선》정책", 『남조선
문제』 1980년 9호, 58쪽.
28) 방철수, "호전광의 넉두리 《신례간주의》", 『남조선문제』 1987년 1호, 60쪽.

도 강하게 비판하였다. 그리고 일본이 미국의 정책에 편승하면서 한국의 방위지원을 강화해 나가자 유엔에서 범죄적 행동을 하고 있다고 비판하였다.[29]

셋째로, 북한은 한국의 우방국과의 관계에 대해 비판하면서 한국이 전개하는 대외관계는 심각한 위기에 처해있다고 판단하고, 한국과 미국은 국제무대에서 고립되고 배격당할 것이라고 주장하였다.[30]

넷째로, 동아시아에서 전개되고 있는 3각 군사동맹의 상황, 환태평양공동체에 대하여 비판하였다. 북한은 미국이 힘에 의한 대외정책을 실시하고 있다고 주장하면서, 미제국주의가 진행하는 침략적 군사블럭정책은 바로 그러한 정책의 산물이며 사회주의 국가들을 침략하려고 한다[31]고 강조하였다. 그리고 미제국주의는 여러 가지 침략기구들을 조작하고 3각 군사동맹을 완성하여 환태평양공동체를 만들고 있다고 인식하였다. 한국을 비롯하여 미국, 일본이 경제협력을 위하여 만드는 것까지도 북한은 미일반동들이 결탁하여 아시아 태평양지역을 지배하려고 한다[32]고 비판하였다. 북한은 환태평양공동체 형성과 같은 경제적 상호의존이라는 시대적 흐름에 대해 이러한 현상은 미제의 경제적 이해와 관련되고, 미제의 비호 아래 일본의 독점자본이 해외로 팽창하는 것이라고[33] 인식하였다.

마지막으로, 북한은 자신들이 제안한 3자회담이 한반도에 조성된 전쟁위험을 근원적으로 제거하고 평화를 보장하고 통일문제를 평화

29) 원태림, "유엔을 무대로 감행되는 일본반동들의 조선통일방해책동", 『남조선문제』 1983년 7호, 42쪽.
30) 현성남, "대외적 고립에서 벗어나기 위한 남조선괴뢰들의 책동", 『남조선문제』 1983년 3호, 23쪽.
31) 원태림, "아세아판 ≪나토≫ − 미일남조선 3각군사동맹", 『남조선문제』 1984년 6호, 35쪽.
32) 독자들에 대한 대답, "미일반동들은 왜 ≪환태평양공동체≫를 조작하려고 하는가", 『남조선문제』 1986년 6호, 42쪽.
33) 위의 논문, 43쪽.

적으로 해결하기 위한 대책이라고 주장하였다. 이러한 주장은 1980
년대 중반부터 북한의 외교가 정체되고, 국제적인 환경이 호전되면
서 한국이 전개하는 외교가 유리하게 작용하자 초조감에서 전개된
것으로 이해할 수 있다. 이러한 상황하에서 북한은 3국 간에 전개되
는 협력관계, 다시 말해 한미 간의 군사적인 협력관계의 강화와 한
일 간의 경제적 협력관계의 진전은 자신들에게 불리하게 작용할 것
으로 판단하고 미제가 한반도에서 새로운 전쟁을 도발하려고 한다고
비판하였다. 그리고 당시 북한이 주장하는 긴장완화의 조건은 3자
회담, 미군철수 등이라고 주장하였다. 그러나 원래 긴장완화라는 의
미로부터 보면 위협적인 요소를 제거하는 것, 즉 북한의 대남침략
의도를 제거하는 것이다. 그러나 북한은 반대로 한미일 3각 관계를
전쟁을 도발하기 위한 것이라고 비판하고 한반도와 극동에서 핵전
쟁의 위험이 극도에 이르고 있다[34]고 주장한다.

1980년대 북한은 한국에 의해 전개되는 한미일 관계 및 아시아태
평양지역에 있어서 경제적 상호의존의 강화에 대하여 매우 위협적
으로 느끼면서 한국의 국제적 고립화를 목적으로 그들의 외교를 전
개하였다. 북한은 기본적으로 한국은 미국이 전개하는 식민지 예속
화정책으로 미국의 군사침략기지와 군사적 부속물로 되었다고 주장
한다. 계속해서 미국이 전개하는 대 한국외교, 안전보장 정책에 대
해 강하게 비판하는 자세를 취하였다. 그리고 미국의 행동은 민족적
독립과 나라의 통일을 위해 노력하는 한국의 강력한 저항을 불러일
으켰으며 항의와 규탄의 목소리가 높아졌다고 주장하였다.[35] 당시
북한은 미국정부와 한국정부 사이에 전개되는 각종 협정들을 미국

34) 정성진, "긴장완화하는 조선문제의 평화적 해결을 위한 선결조건", 『남조
    선문제』 1984년 3호, 5쪽.
35) 려영식, "남조선괴뢰군에 대한 미제의 새로운 지배체재(1)", 『남조선문제』
    1980년 2호, 48쪽.

이 범죄적 목적으로 사용하려 한다고 비판하면서, 미국이 한반도에서 새로운 지배체제를 확립하려 한다고 주장하였다. 특히 한미연합사령부의 활동과 한국군의 현대화 계획을 전쟁준비라고 주장하면서 한미군사위원회와 한미연합사령부를 새로운 침략기구[36]라고 주장하였다. 이러한 북한의 주장은 거듭되는 북한의 위협에 대응하는 차원에서 전개된 한미 안전보장 협력정책에 신경질적으로 반응한 결과라고 볼 수 있다. 그리고 한미 양국의 신속한 대응으로 1970년대까지 북한이 전개한 선전활동과 전략들은 1980년대부터 국제무대에서 점점 의미를 잃어가고, 북한이 조성하는 새로운 위기에 대응하기 위하여 새로운 한미동맹관계가 전개되었다.

또한 북한은 미국이 전개하는 침략정책을 충실히 집행하는 기구가 한국이라고 보았다. 이러한 그들의 시각은 미국이 전개하는 제국주의 정책에 한국이 종속되어 있다고 보면서 한국정부를 매국배족적인 정부[37]라고 비판하였다. 1980년대 접어들어 미국이 전개하는 동북아시아 안전보장정책은 한국과 일본이 상호 협력하는 형태로 진행되면서 북한이 전개하는 비동맹운동이 방해받는다고 생각하였을 것이다. 당시 북한은 한국이 미국의 요구에 따라 신형무기와 작전장비를 구입하여 한국전역을 군사침략 기지화[38]하였다고 비판하였다. 한국의 이러한 움직임은 전쟁을 시작하기 위한 것이 아니라 군사적으로 우위에 있는 북한의 기습공격에 대비하는 차원에서 전개되었으며, 향토예비군과 민방위대 등이 조직되게 된 것도 북한의 전쟁도발에 대비하기 위한 것이었다. 그러나 북한은 한미 양국 사이에서 진행되는 동맹 강화를 비롯한 협력관계를 제국주의 논리로 설명하

36) 위의 논문, 49쪽.
37) 전필승, "미제의 침략정책에 복무하는 남조선 괴뢰정권", 『남조선문제』 1980년 5호, 36쪽.
38) 위의 논문, 36쪽.

면서, 민족허무주의 사상이니 외세의존 사상이라고 단정 짓는 잘못을 저질렀다.

그리고 한국이 전개하는 대일정책 혹은 한일관계에 대하여 북한은 미국과 똑같이 비판하였다. 특히 일본으로부터 대형 차관이 도입되고, 한국이 미국 일본과 밀접한 관계를 갖게 되자 더욱 북한은 한국을 비판하였을 것이다. 북한은 한반도에 국제긴장 상태가 존재한다고 전제하고 바로 일본 군국주의자들의 해외팽창책동이라고 주장한다.[39] 당시 한국은 미일관계를 긴밀히 하면서 외교관계의 다변화를 모색하던 시기였다. 그리고 한국의 외교목표는 한미동맹관계를 보다 성숙시키고, 밀도있는 동반자 관계를 발전시키며, 불행했던 과거의 경험을 교훈으로 삼아 상호존중과 이해를 토대로 한일관계를 구축해 나간다는 것이었다. 그리고 이념과 체제에 관계없이 비동맹국가 및 비적대성 공산주의 국가들과 관계개선을 위하여 노력한다는 것들이 대통령의 연두교서를 통해 제시되었다.[40] 이러한 한국의 목표는 미국에서 새롭게 당선된 레이건 대통령과 함께 채택된 한미 공동성명을 통하여 정식으로 인식되었다. 미국에 의한 한국의 방위 공약 재확인, 주한미지상군 전투병력의 철수계획 철회 그리고 한국군의 방위력을 향상시키기 위한 다양한 계획들이 약속되었다.[41] 당시 일본정부 역시 한미 간에 진행되는 안전보장 문제의 긴밀화에 자연스럽게 반응을 보이기 시작하였다. 1981년 5월 8일 미일정상회담에서 일본은 미일양국 간 적절한 역할분담을 하면서 자국의 방위와 극동의 평화와 안정을 확보한다는 입장을 취하였다. 당시 북한은 레이건 대통령을 역대 대통령 가운데 가장 침략적이며 호전적이라고

---

39) 진용부, "나까소네의 ≪신국가주의≫와 남조선", 『남조선문제』 1987년 2호, 54쪽.
40) 小此木政夫, 앞의 글(1983), 156쪽.
41) 위의 논문.

비판하면서, 동시에 미국과 북한의 관계개선을 타진하였다. 이러한 입장은 조선노동당 제6회 대회 김일성의 보고에서도 잘 나타나 있다. 그리고 1980년대 일본 국내에서 헌법개정 논의가 전개되었다. 이러한 논의에 대해 북한은 헌법이 개정되면 군국주의 재생을 억제하던 형식적인 조치마저 없어져 군국주의 재무장은 합법성을 띠게 된다고 생각하였다.[42] 그리고 미국에 의해 유사시 일본의 역할을 분명히 하기 위하여 헌법개정을 진행하고 있다고 강하게 비판하였다. 이러한 북한의 반응은 한반도 유사시 일본 전지역을 한반도 침략기지로 한다는 가정 아래 이루어졌다고 볼 수 있다.

또한 북한은 유엔을 무대로 일본이 한반도 통일을 반대하는 행동을 하고 있다고 비판하였다. 기본적으로 일본 군국주의자들은 군국화와 파쇼화를 통해 해외침략의 길로 나가고 있다고 전제하고, 미국의 아시아 전략에 편승하여 한국에 대한 방위지원을 강화하면서 유엔을 중심으로 한반도 통일을 가로막는 범죄적 책동을 감행하고 있다고 인식하였다.[43] 북한은 일본이 미제의 분열주의 노선을 추종하면서 유엔무대에서 그들의 통일을 가로막고 있다고 인식하였다.

1980년대를 통하여 북한은 자신들이 주장하는 3자회담을 강하게 주장하였다. 자신들의 새로운 제안이라고 강조하면서 이것이야말로 한반도에서 항구적인 평화를 보장하고 평화적인 통일을 이룩할 수 있다고 주장하였다. 당시 한국이 가장 위험한 화약고이고 미국의 핵전쟁기지로 전변되었으며 매우 긴장된 상황이 계속되고 있다고 전제하였다.[44] 그리고 대화가 되려면 남과 북 사이에 긴장상태를 완화

---

42) 계정복, "일본반동들의 ≪개헌≫책동과 그 위험성", 『남조선문제』 1983년 5호, 44쪽.

43) 원태림, "유엔을 무대로 감행되는 일본반동들의 조선통일방해책동", 『남조선문제』 1983년 7호, 42쪽.

44) 정성진, "긴장완화하는 조선문제의 평화적 해결을 위한 선결조건", 『남조선문제』 1984년 3호, 5쪽.

하고 북한에서 전쟁위험을 제거해야 한다고 강조한다. 또한 미국과 북한이 평화협정을 체결하고 남북 사이에 불가침선언을 채택하면 한반도에서 민족자체의 힘으로 자주적으로 통일이 가능하다고 주장하였다.[45] 북한의 이러한 주장은 한미, 한일관계가 매우 협력적으로 진행되면서 한국 경제와 군사, 외교 분야의 빠른 성장을 보이자 초조해서 나온 것이었을 것이다. 당시 북한은 한국처럼 소련과 중국 사이에서 경제적, 군사적인 원조를 얻기 어려운 상황이었기 때문에 더욱 한국이 진행하는 한미일 협력 관계의 발전은 북한에게 충격을 주었을 것이다. 그렇기 때문에 북한은 1980년대를 통하여 비동맹외교를 유지해가면서 계속 미국과의 관계 개선을 목표로 여러 가지 제안을 반복하였을 가능성이 높다.

이러한 상황이 진행되는 가운데 1980년대 후반 미국과 소련 사이에 국제적인 냉전을 종식시키기 위하여 여러 가지 움직임이 활발하게 전개되었다. 미소 간의 대화는 또 한 번 한반도에 여러 가지 형태로 영향을 끼치게 되었다.

1980년대 북한의 대 남한 국제관계의 특징은 기본적으로 한반도를 둘러싼 동아시아 국제정치가 긴장완화 국면에 접어들자 북한은 자신들에게 유리하다는 판단 아래 동유럽과 제3세계를 중심으로 적극적인 외교활동을 전개하였다. 동시에 미국과 일본이 전개하는 동아시아 전략들이 자신들에게 불리하자 민감하게 반응을 보이면서 새로운 정책적 대응을 시작하였다. 당시 동아시아에서 한미일 협력관계가 진전되고 세계적으로 경제적 상호의존이 진전되었다. 이러한 상황이 전개되자 북한은 비동맹외교를 전개하면서 미국과 관계 개선을 하려고 노력하였다. 북한이 전개한 여러 가지 정책들이 어려워지자 그 책임을 미국과 일본에게 전가시키면서 비판하기 시작하였다.

---

45) 위의 논문, 6쪽.

사회주의 국가들을 비판할 여지조차 없어지고 대신 한국의 국제정치를 좌우하는 미국과 일본을 강하게 비판하면서 동북아시아에 있어서의 정책과 유엔에서의 정책들을 비판하는 형태를 취하고 있다. 이렇게 하면서 다른 한편으로는 미국과의 대화를 제의하는 형태의 전략들을 전개하고 있다. 이것은 현재도 북한이 사용하는 형태의 전술전략이라고 볼 수 있다.

4. 1990년대 이후 연구 경향

동유럽 사회주의 국가들의 붕괴 이후 북한은 체제붕괴위기에 직면하자 철저하게 체제유지를 위한 노력을 전개하였다. 김일성 체제는 사회주의와 민족주의를 강조하면서 김정일 체제를 완성시켜 나갔다. 이러한 그들의 노력은 대외관계에서도 잘 나타났다. 특히 북한은 국가의 안보문제를 중시하면서 군중심의 사회를 강조해나갔다. 김정일은 조선인민군을 우리식 사회주의의 기둥이라고 생각하고, 고난의 행군이 끝나는 1998년은 사회주의 강행군의 해라고 주장하면서 모든 일에서 혁명적인 군인정신을 강조해 나갔다. 다시 말해 김정일은 사회주의 강성대국은 군에 의해 실현된다고 강조하고 군인정신에 입각한 사회를 건설하여 위기에 처한 북한체제를 유지해 나가겠다는 구상을 한 것이다. 이러한 국가구상은 과거 김일성 때와는 다른 모습으로 변해가고 있음을 알 수 있으며 이러한 변화는 정상적이 아님을 알 수 있다. 그러므로 북한이 전개한 대외관계 또한 김일성 때와는 다른 형태의 관계가 전개되었음을 짐작할 수 있다. 물론 김일성 때도 자신들의 대외관계는 자주성에 입각한 원리, 원칙을 주장하면서 전개하였으나, 김정일 체제에서는 국방위원회가 막강한 힘을 가지고 있으며 외교를 담당하는 전문가는 외교행정을 담당하는 인물들로 충원되었으며 과거와 같은 인물들이 등용되지 못하였다.

북한의 냉전종식 후 인식은 대체로 미국이 전개하는 정책과 북한
의 민족자주성 논리를 대립적으로 이해하였으며 이러한 인식에 기
초하여 글로벌리즘을 비판하였다. 당시 냉전종식 후 세계질서를 미
국이 주도하는 '1극세계'라고 규정하고 세계주의를 통하여 세계화를
실현하려고 한다고 생각하였다. 북한을 비롯한 몇몇 국가가 불량배
국가로 규정되자, 북한은 미국이 자주성과 민족적 독립을 지켜나가
려는 자신들을 침략하려 한다고 주장하였다. 냉전종식 후 전개한 미
국의 정책을 현대제국주의의 반동이론이라고 규정하면서 세계주의를
비판하였다.[46] 먼저, 세계주의는 제국주의의 침략과 지배를 정당화
하는 역할을 하고 있다는 것이다. 또한 그것은 미 제국주의의 간섭
과 강점정책을 미화 분식하고 미국의 세계지배전략을 실현하는 사
상이라는 것이다. 그리고 세계주의는 나라와 민족의 자주성을 부정
하는 사상적 독소라는 것이다. 북한이 항상 주장하는 나라와 민족의
생명이 자주성이라는 것에 위배되고, 미국이 전개하는 세계주의는
이러한 민족의 자주성을 부정하고 자신들을 침략하려는 것이라고 인
식하고 있다.[47]

북한은 미국에 의해서 전개되는 세계화 논리를 반제반미투쟁을
강화하는데 이용하였다. 즉 세계화를 간섭의 장이라고 보고 서방국
가들에 주권국가들이 정치, 경제, 사상문화가 침투되고 간섭된다고
인식하였다. 북한의 이러한 인식은 변화하는 국제관계를 무시하고
있으며, 글로벌화로 인하여 우리들이 살고 있는 삶 자체가 보다 복잡
해지고 정치가 다원화되는 것을 부정하는 자세를 취하고 있음을 알
수 있다. 특히 정치, 경제, 문화면에 있어서의 글로벌화는 전통적인
국제관계를 변화시켜 새로운 형태의 국제관계를 재구성하고 있다.

---

46) 김소영, "세계주의의 반동성", 『정치법률연구』 2003년 2호, 30쪽.
47) 위의 논문, 31쪽.

이러한 변화 속에서 모든 국가들은 글로벌화가 가져오는 장·단점을 깊이 연구하면서 대응하고 있다. 물론 모든 국가들은 국가의 발전단계나 경제에 있어서 역사적 전통의 차이를 가지고 있다. 그러나 글로벌화로 국가와 시장과 시민사회가 서로 밀접한 관계를 유지하게 된다는 것을 직시하지 못하고, 북한은 이러한 거대한 변화를 비판하는데 급급한 결과 적극적으로 대응하지 못하는 결과를 초래하였다.

북한이 주장하는 세계화론은 제국주의의 침략적, 호전적 본성이며 가장 반동적인 세계정복론이며 지배주의 이론이라고 주장한다. 즉 독점자본을 이상화하고 현대 부르죠아 반동이론을 정책화한 것[48]이라고 주장한다. 그러나 반글로벌화론은 편협한 민족주의와 원리주의와는 다르다는 것을 이해하여야 한다. 자주성과 독선적인 주장만을 강조할 경우 보편적인 가치와 국경을 넘어 전개되는 시민사회의 연대와 문화적 다양성을 무시하는 결과를 낳게 된다.

1990년대는 사회주의 국가들이 붕괴하고 북한이 최악의 국내정치 경제 상황이 진행되었던 시기다. 북한이 전개한 정책은 글로벌화를 비판하면서 자신들의 국내체제를 강화하는 것이었다. 이러한 과정에서 북한은 때로는 미국과의 교섭을 전개하기 위하여 여러 가지 대화를 진행하면서도 위협하는 60년대의 형태를 가끔 사용하였다. 거대한 변화 속에서 북한은 미국과 일본이 전개하는 대 한국정책을 비판하기보다는 글로벌 차원에서 전개된 거대담론을 비판하면서 군사 중심의 체제를 강화해나갔다.

---

48) 최철웅, "미제의 ≪세계화≫책동의 반동적 본질", 『정치법률연구』 2005년 3호, 46쪽.

Ⅳ. 맺음말

북한의 대 한국 국제관계연구는 네 가지 형태로 진행되었다. 먼저, 초강경 도발정책을 전개하였다. 1960년대 북한은 미국이 전개하는 동아시아정책과 한일국교정상화를 계기로 공세적인 자세를 취하였다. 주변국가들의 상황을 고려하면서 자신들의 목표를 달성하기 위하여 긴장을 조성하면서 도발적인 행동도 전개하였다. 그 결과 1960년대는 호전적인 북한의 이미지가 국제사회에 강하게 알려졌다. 1960년대의 북한외교가 북한의 한국 국제관계연구에 있어서 가장 도발전인 전략을 전개한 시기였다고 볼 수 있다.

두 번째로, 사회주의와 개발도상국가와는 협력하는 실리외교를 전개하면서 남북긴장완화 외교를 추구하였다. 1970년대 북한이 전개한 대 한국 국제관계는 미국과 일본이 전개하는 전략에 대응하는 형태로 전개되었다. 한국의 동맹관계의 추이에 따라 북한은 자신들의 자주성을 강조하면서 대공산권 외교를 전개하기도 하고 한국정책을 비판하였다. 국제적으로 긴장완화가 진전되면서 북한은 자신들의 실리를 위한 외교를 전개하였다. 모든 국가들이 긴장완화를 전개하면서 자신들의 국익을 추구하는 과정에서 북한도 사회주의 국가들과 개발 국가들과의 관계를 강화하는 정책을 추구하였다.

세 번째로, 북한은 미국 중심의 대화노선을 고수하면서 미일이 전개하는 대 한국정책을 비판하였다. 1980년대 북한의 대 남한 국제관계의 특징은 기본적으로 한반도를 둘러싼 동아시아 국제정치가 긴장완화 국면에 접어들자 북한은 자신들에게 유리하다는 판단 아래 동유럽과 제3세계를 중심으로 적극적인 외교활동을 전개하였다. 동시에 미국과 일본이 전개하는 동아시아 전략들이 자신들에 불리하자 민감하게 반응을 보이면서 새로운 정책적 대응을 시작하였다. 당시 동아시아에서 한미일 협력관계가 진전되고 세계적으로 경제적 상호의존이 진전되었다. 이러한 상황이 전개되자 북한은 비동맹외교를 전개하면서 미국과의 관계를 개선하였다. 북한이 전개한 여러 가지 정책들이 어려워지자 그 책임을 미국과 일본에게 전가시키면서 비판하기 시작하였다. 그리고 북한은 사회주의 국가들을 비판할 여지조차 없어지자 대신 한국의 국제정치를 좌우하는 미국과 일본을 강하게 비판하면서 동북아시아에 있어서의 정책과 유엔에서의 정책들을 비판하는 형태를 취하고 있다. 이렇게 하면서 다른 한편으로는 미국과의 대화를 제의하는 형태의 전략들을 전개하였다. 이러한 형태는 현재도 북한이 사용하는 형태의 전술전략이라고 볼 수 있다.

  마지막으로, 북한은 체제붕괴를 염려하면서 글로벌화를 비판하고, 동시에 미국 중심의 국제질서를 비판하였다. 1990년대는 동유럽 사회주의 국가들이 붕괴하고 북한이 최악의 국내정치경제 상황에 직면한 시기였다. 이 시기 북한이 전개한 정책은 글로벌화를 비판하는 자신들의 국내체제를 강화하는 것이 유일한 생존방법이었다.

찾 아 보 기

저자소개(원고게재순)

강성윤

- (現)동국대학교 북한학과 명예교수
  동국대학교 북한학과 교수, 북한학연구소 소장
- 『분단반세기 북한연구사』(공저), 『북한의 정치』(공저), 『북한학입문』(공저), 『북한정치의 이해』(공저), 『김정일과 현대북한』(공역), 『북한의 학문세계』(편저) 등

김동한

- 동국대학교 북한학연구소 연구교수
- 『북한의 법제정비 동향과 특징』, 『북한의 당·국가기구·군대』(공저), 『북한인권법제연구』(공저), 『현대북한의 이해』(공저), 『북한의 법과 법이론』(공저) 등

진유정

- 동국대학교 북한학연구소 연구교수
- 「북한의 경제학 학문체계와 연구현황」, 「근대국제체계의 변화와 연속성에 관한 연구」, 「정당기능에 관한 소고」 등

이주철

- KBS 남북교류협력단 박사연구원
- 「1950년대 북한 농업협동화의 곡물생산성과 연구」, 「북한주민의 외부정보 수용태도 변화」, 「북한주민의 남한방송 수용실태와 의식 변화」, 『조선로동당 당원조직 연구: 1945~1960』 등

이미란

- 동국대학교 북한학연구소 연구교수
- 「직장조직 내 여성의 주체화 양식: 젠더 정체성과 실천전략을 중심으로」

한정미

- 하나원
- 「판소리 사설의 민요수용양상과 연창자들의 민요수용에 대한 인식」, 「북한의 설화인식과 전설의 도구화」, 「북한의 민요수용시각과 통속민요의 문제」, 『북한의 문예정책과 구비문학의 활용』 등

김용현

- 동국대학교 북한학과 교수
- 『북한학입문』(공저), 『로동신문을 통해 본 북한변화』(공저), 『북한의 정치』(공저), 『북한현대사』(공저) 등

전미영

- 동국대학교 북한학연구소 연구교수
- 『김일성의 말, 그 대중설득의 전략』, 『로동신문을 통해 본 북한 변화』(공저), 『북한학 총서: 북한의 언어와 문학』(공저), 『김정일정권의 정세인식: 선군담론 분석을 중심으로』, 『현대 북한연구의 쟁점2』(공저) 등

이종국

- 동북아역사재단 연구위원
- 『현대북한체제론』(공저), 『21세기 개혁국가 일본』(공저), 『자치체외교의 국제비교』(공저), 『北朝鮮と人間の安全保障』(공저) 등